彰化學 032

親近彰化文學作家

林明德◎編著

晨星出版

【叢書序】

啓動彰化學
——共同完成大夢想

林明德

二十多年來，台灣主體意識逐漸抬頭，社區營造也蔚為趨勢。各縣市鄉鎮紛紛編纂史志，大家來寫村史則方興未艾。而有志之士更是積極投入研究，於是金門學、宜蘭學、澎湖學、苗栗學、台中學、屏東學……，相繼推出，騰傳一時。

大致上說來，這些學術現象的形成過程，個人曾直接或間接參與，於其原委當有某種程度的了解，也引起相當深刻的反思。

一九九六年，我從服務二十五年的輔大退休，獲聘於彰化師大國文系。教學、研究之餘，仍然繼續台灣民俗藝術的田調工作。一九九九年，個人接受彰化縣文化局的委託，進行為期一年的飲食文化調查研究，帶領四位研究生進出二十六個鄉鎮市，訪問二百三十多個飲食點，最後繳交《彰化縣飲食文化》（三十五萬字）的成果。

當時，我曾說過：往昔，有一府二鹿三艋舺的符碼；今天，飲食文化見證半線風華。這是先民的智慧結晶，也是彰化的珍貴資源之一。

彰化一帶，舊稱半線，是來自平埔族「半線社」之名。清雍正元年（1723），正式立縣；四年（1726）創建孔

廟，先賢以「設學立教，以彰雅化」期許，並命名為「彰化縣」。在地理上，彰化位於台灣中部，除東部邊緣少許山巒外，大部分屬於平原，濁水溪流過，土地肥沃，農業發達，有「台灣第一穀倉」之美譽。三百年來，彰化族群多元，人文薈萃，並且累積許多有形、無形的文化資產，其風華之多采多姿，與府城相比，恐怕毫不遜色。

二十五座古蹟群，各式各樣民居，既傳釋先民的營造智慧，也呈現了獨特的綜合藝術；戲曲彰化，多音交響，南管、北管、高甲戲、歌仔戲與布袋戲，傳唱斯土斯民的心聲與夢想；繁複的民間工藝，精緻的傳統家俱，在在流露令人欣羨的生活美學；而人傑地靈，文風鼎盛，舊、新文學引領風騷，成果斐然；至於潛藏民間的文學，既生動又多樣，還有待進一步的挖掘與整理。

這些元素是彰化的底蘊，它們共同型塑了「人文彰化」的圖像。

十二年，我親近彰化，探勘寶藏，逐漸發現其人文的豐饒多元。在因緣俱足之下，透過產官學合作的模式，正式推出「啟動彰化學」的構想。

基本上，啟動彰化學，是項多元的整合工程，大概包括五個面相：課程設計結合理論與實際，彰化師大國文系、台文所開設的鄉土教學專題、台灣文化專題、田野調查、民間文學、彰化縣作家講座與文化列車等，是扎根也是開拓文化人口的基礎課程，此其一；為彰化學國際化作出宣示，二〇〇七彰化文學國際學術研討會聚集國內外學者五十多人，進行八場次二十六篇的論述，為彰化文學研究聚焦，也增加彰化學的國際能見度，此其二；彰化師大文學院立足彰化，於人文扎根、師資培育、在職進修與社會服務扮演相當重要

角色，二〇〇七重點發展計畫以「彰化學」為主，包括：地理系〈中部地區地理環境空間分析〉、美術系〈彰化地區藝術與人文展演空間〉與國文系〈建置彰化詩學電子資料庫〉三個子題，橫向聯繫、思索交集，以整合彰化人文資源，並獲得校方的大力支持，此其三；文學院接受彰化縣文化局的委託，承辦二〇〇七彰化學研討會，我們將進行人力規劃，結合國內學者專家的經驗與智慧，全方位多領域的探索彰化內涵，再現人文彰化的風貌，為文化創意產業提供一個思考的空間，此其四；為了開拓彰化學，我們成立編委會，擬訂宗教、歷史、地理、生物、政治、社會、民俗、民間文學、古典文學、現代文學、傳統建築、傳統表演藝術、傳統手工藝與飲食文化等系列，敦請學者專家撰寫，其終極目標乃在挖掘彰化人文底蘊，累積人文資源，此其五。

彰化師大扎根半線三十六年，近年來，配合政策積極轉型為綜合大學，努力參與社區總體營造，實踐校園家園化，締造優質的人文空間，經營境教，以發揮潛移默化的效果，並且開出產官學合作的契機，推出專案，互相奧援，善盡知識分子的責任，回饋社會。在白沙山莊，師生以「立卦山福慧雙修大師彰師大，依湖畔學思並重明德化德明。」互相勉勵。

從私立輔大退休，轉進國立彰師大，我的教授生涯經常被視為逆向操作，於台灣教育界屬於特例；五年後，又將再次退休。個人提出一個大夢想，期望結合眾多因緣，啟動彰化學，以深耕人文彰化。為了有系統的累積其多元資源，精心設計多種系列，我們力邀學者專家分門別類、循序漸進推出彰化學叢書，預計每年十二冊，五年六十冊。並將這套叢書獻給彰化、台灣與國際社會。

　　基本上，叢書的出版是產官學合作的最佳典範，也毋寧是台灣學的嶄新里程碑。感謝彰化縣文化局、全興、頂新、帝寶等文教基金會與彰化師大張惠博校長的支持。專業出版社晨星的合作，在編輯、美編上，為叢書塑造風格，能新人耳目；彰化人杜忠誥教授，親自題寫「彰化學」三字，名家出手為叢書增色不少，在此一併感謝。

　　回想這套叢書的出版，從起心動念，因緣俱足，到逐步推出，其過程真是不可思議。

　　「讓我們共同完成一個大夢想吧。」我除了心存感激外，只能如是說。

‧林明德（1946～），台灣高雄縣人。國立政治大學中文博士。現任國立彰化師範大學國文學系教授兼副校長。投入民俗藝術研究三十年，致力挖掘族群人文，整合民俗藝術，強調民俗是一切藝術的土壤。著有《台澎金馬地區匾聯調查研究》（1994）、《文學典範的反思》（1996）、《彰化縣飲食文化》（2002）、《阮註定是搬戲的命》（2003）、《台中飲食風華》（2006）、《斟酌雅俗》（2009）。

【推薦序】
親近彰化文學作家

林明德

　　彰化一帶，舊稱半線，是來自平埔族「半線社」之名。清雍正元年（1723），正式立縣；四年（1726）創建孔廟，先賢以「設學立教，以彰雅化」期許，並命名爲「彰化縣」。在地理上，彰化位於台灣中部，除東部邊緣少許山巒外，大部分屬於平原，濁水溪流過，土地肥沃，農業發達，有「台灣第一穀倉」之美譽。三百年來，彰化族群多元，人文薈萃，並且累積許多有形、無形的文化資產，其風華之多采多姿，與府城相比，毫不遜色。

　　二十五座古蹟群，各式各樣民居，既傳釋先民的營造智慧，也呈現了獨特的綜合藝術之美；戲曲彰化，多音交響，南管、北管、高甲戲、歌仔戲與布袋戲，傳唱斯土斯民的心聲與夢想；繁複的民間工藝，精緻的傳統家俱，在在流露令人欣羨的生活美學；而人傑地靈，文風鼎盛，舊、新文學引領風騷，成果斐然；至於潛藏民間的文學，既生動又多樣，還有待進一步的挖掘與整理。

　　這些元素是彰化的底蘊，它們共同型塑了「人文彰化」的圖像。

　　十五年來，我親近彰化，探勘寶藏，逐漸發現其人文的繁複。在因緣俱足之下，透過產官學合作的模式，正式推出「啓動彰化學」的構想。

　　爲了　動彰化學，我們成立編委會，擬訂宗教、歷史、地理、生物、政治、社會、民俗、民間文學、古典文學、現代文

學、傳統建築、傳統表演藝術、傳統手工藝與飲食文化……等系列，敦請學者專家撰寫，以挖掘彰化人文底蘊，累積人文資源，而終極指向是締造文化奇蹟；不過，近程的文化工程乃在創造文學奇蹟。

為了配合地方文化館的設置，彰化縣文化處特別以彰化文學館為訴求，希望幾年內，在三樓開館以展示彰化縣文學的景觀。

彰化文學概括古典與現代文學作家作品，自一六八三年迄今，歷經清領時期、日治時期、戰後到現代，大概有一○○人之譜；其文類則有漢詩文與現代詩、散文、小說。二○○八年，我接受文化局委託，進行全縣文學家與作品的普查，以符合文學館軟體展示之需，不過為期僅三個月。

本計畫以年代為經、作家作品為緯，建構彰化文學三百年大事紀，並先推出七人，包括古典文學一人、現代文學六人。內容分為：

　　（一）作家生平（各時期相片、戶籍謄本、學經歷、年
　　　　　表、……）。
　　（二）作品（作品整理、手稿影印、……）。
　　（三）相關研究資料彙編。
　　（四）訪談紀錄。
　　（五）參考資料。
　　（六）數位錄影（相片、書影、……、光碟建檔）。

計畫由我與協同主持人負責，帶領工作小組八人（成員包含彰化師大國文所、台文所研究生），投入作家作品調查研查，我們繳交的成果，包括：

1、建構彰化文學大事紀。

2、完成古典文學、現代文學作家作品七人。

　　二〇〇七年，爲有系統開拓彰化學各面向，我們以產學合作的方式出版《彰化學叢書》，結合學者專家共同挖掘彰化的人文底蘊，預計五年六十冊（目前，已出版三十二冊）。

　　啓動彰化學，是一個大夢想，也是必須共同、長期來完成的大夢想。而爲了創造文學奇蹟，充實彰化文學館的意象，我們進行軟、硬體的相關思索，並且走訪國立台灣文學館、賴和紀念館、鍾理和紀念館與南投文學館。我們深信以彰化文學的多元與厚度，其軟體之豐繁，足以成爲深具地區文學特色的館藏，配合館址的展示空間與動線，當可型塑獨特的館相。

　　爲展示初步的成果，我們特別在彰化學叢書，出版《親近彰化文學作家》，全書包括賴和、林亨泰、錦連、曹開、施文炳、吳晟、林武憲、康原、蕭蕭、愚溪、宋澤萊、李昂與石德華等十三人，文類涵蓋漢詩、新詩、小說、兒童文學與報導文學，每位作家的書寫次序，由小傳、訪談、印象、創作事紀、研究資料，以至作家生平，循序漸進，知感並重，配合圖像，以跡近作家的內心世界。原稿經由個人多次審查、修正，終於定稿。非常感謝最初參與的研究生羣，尤其博士生陳鴻逸的投入與襄助。至於賴和部分，因黃明川、林瑞明與賴和紀念館的鼎力幫忙，才得以完成，特別誌謝。

　　我們將成果展示給縣民、台灣社會，證明了彰化文學的豐厚，確信透過整合資源，創造文學奇蹟之可待；其實，更積極的意義，是爲彰化縣文學館催生。

彰化學

【目錄】contents

台灣新文學之父

—— 賴和

作家小傳

　　賴和（1894～1943），本名賴河，一名賴癸河，筆名懶雲、甫三、走街先、安都生等。一八九四年生於台灣彰化。幼年學習漢文，奠定深厚的古典文學基礎。一九〇九年，十六歲考進台灣總督府醫學校。一九一七年在彰化開設「賴和醫院」，懸壺濟世。一九一八年前往廈門，任職於鼓浪嶼租界的「博愛醫院」，次年退職返台。在廈門期間他深深感受到中國五四新文學運動對於文化、社會的巨大影響。

　　一九二一年，賴和加入台灣文化協會，並當選為理事。一九二五年發表第一首新詩〈覺悟下的犧牲——寄二林的同志〉，從此積極投入台灣新文學的創作，例如：小說〈鬥鬧熱〉、〈一桿秤仔〉，新詩〈南國哀歌〉、〈流離曲〉、〈農民謠〉，散文〈前進〉等。

　　賴和深具人道精神，憐憫貧苦民眾，平日所得大多用之於

救濟貧困，在彰化市民心目中，儼然是「彰化媽祖」的化身。在擔任民報文藝欄主編時，他對後進的鼓勵與提拔，更是不遺餘力。之外，賴和也發揮漢文書寫的潛力，經營風格獨特的漢詩一千多首，其新舊文學的造詣，於此可見。

賴和的作品有許多聚焦於被壓迫的人民與日本殖民政權的不義，他曾說：「……我生不幸為俘囚，豈關種族他人優。弱肉久矣恣強食，至使兩間平等失。正義由來本可憑，乾坤旋轉愧未能。眼前救死無長策，悲歌欲把頭顱擲……」（〈飲酒〉），不僅是「為義鬥爭」的心聲，也是他一生抗日精神的寫照。

一九四一年，他被拘入獄五十天，在獄中以草紙寫下〈獄中日記〉，反映台灣人民既沉重又無奈的心情。

一九四三年，賴和逝世，行年五十。後世尊稱為「台灣新文學之父」。

（林明德撰寫，照片由賴和紀念館提供）

彰化學

與作家面對面

黃明川：一八九五年六月底，日本軍根據馬關條約，登陸台灣，雖然遭遇到抗日義軍的反擊，但是靠著它現代化的武器，和精良的軍事訓練，八月底就攻到大肚溪的北岸了。日本的近衛師團，是剛從滿州征調過來，在遼東，它打敗清朝的六個統帥營部，並且毀滅了北洋艦隊的基地。大肚溪以南是一個平原，並無天然的地利，義軍因此退到當初叫做定軍山的八卦山，日本人兵分三路，在付出攻台最大的代價，才佔領山頂的定寨營部。事後，日本在山頂建紀念碑，紀念在此陣亡的能久親王。

八卦山之役的前一年，小說家也是詩人的賴和，出生在彰化的一個客家人家庭，他的老爸和阿公，都是做道士弄鐃出身，賺錢才有辦法讓他這一代去私塾學漢文。但是，他在小逸堂和黃倬其先生學習的這段期間，卻是決定他這輩子堅持漢族、反抗日本最重要的階段。他後來甚至有剪斷辮子就不像人的感覺。

賴和在彰化第一公學校唸完，就北上到當時的台灣總督府醫學校，學習現代的醫療技術。畢業後，在嘉義服務兩年。然後回到自己的家鄉彰化街開業。沒多久，他又轉往日本在廈門租界的博愛醫院就職。賴和停留在博愛醫院的短短一年，並不是很快樂。不過他能夠認識新的朋友，並且接觸到五四運動，開拓了他的視野。其中中國籍的翁俊明，是中國國民黨對台工作的主要成員。

林瑞明：他在福建可能有機會看到較多的新文學運動的刊物作

品，我覺得這對他有影響，但是他寫作用白話文是回來以後，一九二五年才開始，中途還有很多的時間，是他的準備期。在他的漢詩稿本裡面，一方面寫漢詩，一方面開始寫白話詩。在他的稿本裡面差不多有二十三首，他先有這二十三首的鍛鍊後，到一九二五年出來的時候，就比別人表現得還好。

黃明川：回來台灣以後，賴和積極參與政治活動，一九二一年，他加入台灣文化協會，並且當選理事。他一方面自己學習寫白話文，一方面在後面默默幫助，民族自決的推動，他後來和施至善、王敏川被稱做彰化三支柱。在政治和文學兩方面都有很大的影響力。那時候，白話文尚未被文學界全面接受。

簡炯仁：白話文的運動影響台灣文化協會，台灣整個的革命運動和中國一樣。早期，像連雅堂他們這些人，就是作漢詩，看一些風花雪月，做一些無病呻吟。所以他們感覺說若要革命，一定要讓群眾覺醒，要群眾覺醒，一定要寫和群眾生活有關係的東西，讓群眾看得懂，可以感動的東西。

王曉波：你要「我手寫我口」，要寫白話文，台灣人又不會講北京國語，在這種情況底下要怎麼寫呢？這就發生很大的問題了。張我軍基本上是一個新文學的理論家，賴和是新文學的創作家，做為一個新文學的創作家，他用各種方式，來模仿來學習所謂的北京話，才能夠寫台灣新文學。

黃明川：一九一五年噍吧哖事件爆發，不幸失敗，余清芳和他在台南西來庵起事的抗日分子被捕殺。判死刑的有八百六十六人，戰死的有上千個。此後武裝抗日的

組織，就漸漸消失。一九二三年發生治警事件，賴和和其他四十八位台灣議會期成同盟會的會員被抓入監牢，這個衝擊，致使賴和的漢詩，開始加入現實政治的想法，他出獄的時候這麼寫：「莽莽乾坤舉目非，此身拼與世相違。誰知到處人爭看，反似沙場戰勝歸。」（〈出獄歸家〉）

出獄之後，賴和和其他的受難者，不但在台北、彰化、台南同時召開「同獄會」，他也奔走文化協會，在台中州各支部演講。他後來的漢詩，不時用「日」代表大日本帝國，來表示他期待日本早一日滅亡的心聲。

一九二五年，北斗二林庄，蔗農組合的農民罷工，抵制林本源會社強制收割甘蔗，發生台灣史上

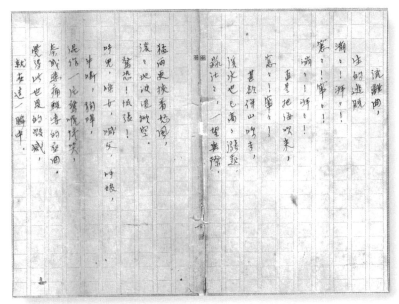

▲賴和手稿〈流離曲〉（賴和紀念館提供）。

第一次的農民運動。日治初期，台灣的蔗農，自製糖
暨生產蔗糖，各地糖廠成立之後，農民歸屬給糖廠，
變成糖廠剝削的對象。這次日本不但在二林庄實施戒
嚴，並且扣押八十幾名的農民。

林載爵：賴和的「弱者的覺悟」，或者「弱者的犧牲」，是很
特別的。他意思是說做一個弱者，爲什麼最後必須要
犧牲，最後必須要奮鬥。因爲做一個弱者，他的生命
是沒有任何價值的。

黃明川：賴和的白話詩，和現實事件搭得很緊。同一年
（1925），他寫〈流離曲〉，抗議總督府實施退職官
員，用低價批領農地的政策。引起農民流離失所，背
景也是在大肚溪附近。賴和使用大量的動詞，重重疊
疊，我們若讀到他的詩句，就能馬上感受到人的形
影，若讀深下去，就能聽到流離者傳來一陣一陣生不
如死的哀嚎。這首白話詩同時採用類似迴文詩的技
巧，用詞短，意思簡單。好像在現場聽到人在煎熬
（痛苦），聽到人在打拚流汗一樣。〈流離曲〉分爲
三章二千三百字，是日治時代最長的詩作，同時也是
賴和同情台灣農民最深的感慨。〈流離曲〉發表後不
久，賴和也開始嘗試用台文寫詩，想要達到嘴講的跟
手寫的一致的理想。

　　殖民統治者，不但剝削漢族，同時也壓迫原住民
族，付出超量的勞動。開墾山林。在賴和發表〈流離
曲〉之後一個月，就爆發了震動全台的霧社事件。泰
雅族馬赫坡社的頭目莫那努道，帶領三百名族人，攻
擊霧社的日本人。日本政府馬上發動別族來協助，並
且動用軍隊和新式武器，霧社的泰雅族，最後被消滅

一半以上，莫那努道也戰死在野山中。

林瑞明：他的作品，在處理原住民的問題時，他都站在原住民這邊，你可以說這是人道主義。但是在另一篇小說〈善訟的人的故事〉，主要的角色是一個帶有原住民血統的人，為大家謀取福利。但是我曾在採訪的時候，聽賴家的人說，他們在家裡不能講生番兩字，不能講生番不能講番仔。所以我有一點懷疑，或者他也是有原住民的血統。我在整理漢詩的時候，發現他有一首〈石印化番〉：「番人無歷史不傳，一事曾聞傳祖先。追逐白鹿忘近遠，遂來浩蕩潭水邊。……漢民冒險入山深，潭澄始染競爭血。……飾胸黥面風尚存，殺人馘首冤早釋。漢人肆詐漸欺凌，求活終年苦力役。社中婦女姿態佳，下山多作漢人妻。至今壯夫無配偶，丁口減失生率低。……」。所謂化番，就是已經比較漢化的原住民。石印這個地方，就在日月潭這一帶。

黃明川：二林事件引起台灣工會運動，以及台共勢力的興旺，因此日本政府鎮壓的手段，越來越嚴。很多賴和的朋友多次入獄，賴和的詩也一首一首，流露出無奈的苦楚。一九三一年日本佔領滿州，八卦山變成了彰化人對日本，大東亞野心最好的見證。

李篤恭：日本軍攻到台灣的時候，在八卦山發生很激烈的戰爭，叫做八卦山之役。彰化城陷落之後，日本人在這裡，造了一座北白川紀念塔。當然日本時代，常常叫我們來這裡拜拜，拜北白川什麼的。不過我們心裡都很恨他的。

黃明川：台灣人在日本時代，不容許學政治。賴和開診所為彰

化市民看病，完全抱著人道的服務精神，他反對異族的歧視。不時用他的穿著來表示。在當時，他是彰化一位人人稱讚的醫界良心。

張國英（藥局生）：一天一、兩百個患者，要怎麼處理，實在是很忙。頭腦忙，身體也忙，精神的損耗很大，早上有吃飯嗎？不曾吃飯，早上起來就上三輪車出診去了。所以後來阿和姆才叫牛奶，早上若剛好配送來時，那罐牛奶拿給他，他就帶在車上空閒時喝下，這樣就過一餐了。有吃沒吃都沒關係，早上一大早拖車仔龍就來。有時五點有時六點，就來敲門，請阿和仔先去出診，往診一趟回來才開始看病人，從牛稠子一直看到山腳，看到快官去，走一圈回來，中午才轉去市內。拖車仔龍都先預定好，明天要到哪裡都先預定，頭腦都記得，就這樣去轉。阿和仔先無眠無日奉獻社會。三更半夜，氣喘的肚子痛的，有時候要生小孩的，都來敲門，所以他的睡眠不夠。

張　呼（漢醫師）：從平民到上、中、下階層，都以濟世為目的，若說貧窮、困苦，到年尾他都不曾去向人收帳。過年時若沒來還的，就把帳簿燒掉了。

賴賢政：這樣不會造成過完年才要來還的。他說帳簿已經燒掉了，不用了。這樣欠錢的人也比較安心。

黃明川：一九三八年，賴和因為沒有依照麻醉規定，用鴉片替病人止痛，被迫停業半年。他利用這段時間，帶著兒子賴燊和兩位親族的中學畢業生，到日本唸書，並且轉往滿州和北京遊覽。當時，正逢中日戰爭。台灣總督府強制廢止報紙的漢文版，並且解散台灣人民的政治組織。賴和整整有四年不再動筆，一直到他第二次

入獄為止。

身為醫生，賴和也寫過一些看病的詩，透露出他行醫的理想。

林瑞明：他漢詩的特點，基本上就是文字很淺，但是文字淺意思深，這對作詩的人來說，是最困難的。像〈實習竹枝詞〉：「……細將苦痛訴余知，身中猶存寒潮熱。胃口能無苦飢渴，此病到今經幾日。可曾服藥可曾醫，幾番打診兼聽診。不辨清音或濁音，更還按脈別浮沉。斷作癆傷疑未穩，欲言寒熱病方深。」這種漢詩，在中國古詩裡恐怕不曾出現過，因為他是一位醫生的身分，他作漢詩，便把這個經驗帶入漢詩裡頭，這有它相當的意義在。我感覺在台灣漢詩傳統裡面，他這種表現提供新的發展可能。

呂興昌：他的詩有一個特色，就是語言非常生活化，賴和是一

▲應社三週年紀念（由賴和紀念館提供）。

位從民間來的作家，他也很注重民間文學的收集記錄。有一次，他經過施琅墓時，寫了一首詩，這個施琅就是引清兵進入台灣的那位靖海侯，「靖海功勳終泡影，世間爭說鄭延平。」這樣的詩在那個年代，所表現出來的，實際好像是說借異族來統治我們漢族這個觀點，象徵著好像日本人統治台灣一樣。

李篤恭：當時台灣漢詩社有兩百多社，中間阿罩霧（霧社）的櫟社最出名。是林獻堂他們那個社，彰化是應社最出名，彰化這一帶的詩人，比如賴和、楊老居、林篤勳、吳起材、吳蘅秋、陳虛谷、楊守愚，這些台灣先賢都會聚集在一起吟詩。

楊雲鵬：當年大家做伙，其中他是最有才華的人，對人都很親切。所以我們應社的人都稱他為「大師兄」。

黃明川：應社成立於一九三九年，剛開始時只有九位同仁，這些同仁和賴和往來非常的密切。尤其是他用台文寫作遭遇到讀者無法理解的問題，最後幾年，漢詩變成他比較順手的表達方式。（右邊的應社三週年紀念相片，也同時是賴和最後的遺照。）

　　賴和的診所因為市子尾拓寬，來往的車輛增加，診所也曾有一次的改建。

　　台灣的抗日分子多數是醫生，在彰化的先賢尤其住的很近。賴和和王燈岸住在市子尾，陳虛谷在鐵道邊，石錫勳是女子公學校南邊，許乃昌和許嘉種離北門口不遠，吳清波較靠北邊，李中慶剛好在車路口，黃周和黃呈聰面對第一公學校。其他的王敏川、楊守愚和楊老居，離賴和家走路才五分鐘而已。楊老居早就過世，但是他留下來的雙層洋樓還在，楊先生和他

彰化學

的第二代都當醫生，地方雖然已經放棄，但是昔日診
所使用的屏風和病床，都還看得到。

林鍊成：他舊式的台灣厝，三個店面，最右邊是他的診察室，
中間才設一個藥局，左邊設一個會客室，會客室有擺
新聞擺書籍。他的一些朋友，有時候就在那裡下棋，
看起來很熱鬧。

吳慶堂：他的書籍很多，我在那裡也得到很多知識，他那裡什
麼書都有，不管是大陸的或西洋的。（賴）和先死的
時候，我就跑回莿桐腳，一直哭回莿桐腳，傷感很
深。

黃明川：賴和行醫濟世，和用文學抗日的精神，至今仍然使人
懷念。總括他的一生，白話文小說，是他在台灣文學
史上，最高的成就。

陳萬益：賴和的小說，所反應的，像楊逵講的，他是一位普羅

▲賴和醫院診所舊址（由賴和紀念館提供）。

文學家，普羅文學家的觀點。咱現在可以做一個新的解釋，在賴和的小說裡，有一個很值得重視的特色，他完全站在社會大眾的立場來寫小說，不僅如此，他還能將我們老百姓口頭所講的故事，流傳的民間的題材，吸收進來，展現在他的小說裡頭。

賴　淡：就像有個例子，彈月琴的乞丐的歌謠，我父親是不嫌棄對方是什麼樣的人，他就去找他。那就是瞎眼朱，彈月琴的乞丐，與他當朋友來往。

林載爵：他把重點全部放在三個對象上面：一個是台灣的貧

▲賴和獨照，由吳慶堂攝影（由賴和紀念館提供）。

民，下層階級的人民；一個是新舊知識分子；另一個是日本的統治者，主要人物就是警察。他從一九二五年到一九三五年，這十年裡面，所創作的小說，裡面所談的人物，全部都集中在這三部分。

梁景峰：他的人物都很鮮活，不管是書生，或者是菜販或者警察，就是讓這些人物主動的演出，這是非常鮮活的一個方式。

陳芳明：台灣文學裡面，所表達出來的那種反殖民的精神、反帝國主義的精神、照顧社會弱小者的精神，都在他的小說裡面表現出來，所以我看他的小說時，我感覺到過去的政治運動者，怎樣關心台灣的社會，怎樣去找台灣人的出路時，他是一個原型，因為他最早寫出

▲ 賴和文稿：〈一個同志的批信〉。

成熟的小說來，而且他又帶出很多新的文學家來。這些新的文學家，後來也都變成台灣很重要的文學領導者，譬如楊逵、王詩琅，都受到他的影響。

楊碧川：台灣在一九三○年代末期，發生台灣白話文的論戰。台灣白話文的論戰，是針對中國式的北京話白話文提出挑戰，說那個東西是中國的文化，不是台灣的，所以台灣是不是要提出一種台灣人自己講的話和字的白話文。

李魁賢：看得出賴和也受到這個運動的影響。在一九三○年到一九三一年，包括新樂府和農民謠。我們就看得出他都用台灣文字在表達。

黃明川：〈一個同志的批信〉是賴和第一次用台文思考，台文完成的小說。其中也摻一些日常的日本漢字，是文學本土化革命性的作品。

林瑞明：這和以前不同，以前是中國白話文為基調，加入台灣諺語、俗語、俚語。這次是顛覆過來，以台文為基調，但是也是會遇到有些無法表達的字，就摻一些北京話的詞彙。這是他的嘗試，但是嘗試的結果，讀者的反應並不好，看不懂嘛！

黃明川：賴和用台文寫作的企圖，和當時政治情勢的變遷有很深的關係。中國共產黨和第三國際的思潮，致使文化協會分裂。

簡炯仁：一九二七年還沒分裂以前，早期的文化協會，裡面若提到右派或左派的人，他的整個目標是民族自決，後來引申到台灣獨立，台灣民族的解放，文化協會分裂最主要的原因，是右派的人認為土著資本家，其實就是民族資本家，但是左派的論調認為，台灣根本沒有

民族資本家。因為這些資本家，都被日本收買了。

黃明川：賴和並沒有特別的政治立場，一直保持團結，要求聯合陣線，共同對付日本帝國。一九四一年十二月八日，日本偷襲珍珠港，前一天，賴和就被警察捉走，總共被監禁五十天。之後賴和的健康就敗壞了。

林瑞明：第二次的原因，簡單來說，就是一九四〇年代，他和彰化地區的人有一個俱樂部，他故意取一個名字叫做HANSEN CLUB，其實這是雙關語。HANSEN就是半線，半線是彰化的古地名，但是半線兩個字，日文發音就是HANSEN，HANSEN剛好和反戰，完全同樣的發音。翁俊明從事對台工作，又聽到反戰俱樂部，他們拼湊起來，就把他抓走了。

黃明川：賴和寫作的前半期，時常提到祖國，他曾寫過輓詞悼念孫逸仙先生，敬佩他對中國四萬萬人的貢獻。

林瑞明：他有民族主義的想法，但是這想法會受到當時的社會運動，或者共產主義思想，或者什麼的衝擊，所以慢慢這個民族主義到底是什麼民族主義？變成有爭議性。「旗中黃虎尚如生，國建共和竟不成。天限台灣難獨立，古今歷歷證分明。」這是他的原稿，裡面有一句話很有意思，「天限台灣難獨立」，但他後來改稿改做「旗中黃虎尚如生，國建共和怎不成。天與台灣原獨立，我疑記載久分明。」把「天限台灣難獨立」改成「天與台灣原獨立」，像這種我就覺得，他有在思考台灣的問題。

黃明川：不幸的，賴和在出獄後一年，即因心臟病過世。

張國英：他有很強烈的民族觀念，太過打拚，對當時的統治者很不利，所以日本政府就加以取締。

鍾鐵民：大家認為賴和是台灣文學之父，我認為講得很對，我也欽服賴和先生，所以你看我們的紀念館，第一張文學家照片就是賴和先生。

陳芳明：他是男性啊！但是人們叫他做彰化的媽祖，就這一點可以看出來，這種菩薩精神，已經被人們接受了。

張國英：彰化人對他的敬仰，幾乎把他當神明一樣，不知道怎麼去搖旗吶喊，墓草快要被拔光。說墓草也可以當藥？！

黃明川：戰後沒人提起賴和，一直到一九六〇年代。才有梁景峰文章的發表，和李南衡全面的收集。

李南衡：賴和先生過世的時候，他的財產就是一台破腳踏車。他的兒子賴燊，在日本唸書無法趕回來，他的房子蓋一半還沒蓋好。沒有錢蓋，就用他的人壽保險所領的錢，來蓋房子和還債。

黃明川：賴和因為抗日，也於日本時代過世，靈位被奉祀在彰化的忠烈祠，不料，不久有人密報他是台灣共產黨，又被撤銷。後來經過侯立朝、黃順興、李篤恭、王曉波、鄭學稼、尉天驄等人的呼籲和爭取，才能夠再復位。

王曉波：賴和之所以得到平反，恐怕也有點歷史的偶然，就是侯立朝寫信給林洋港，而林洋港的機要秘書，正好是侯立朝的同學，否則的話，恐怕只是狗吠火車、蚊子叮牛角，不痛不癢的。

李南衡：十個以上的前輩作家，親口講給我聽，就是說蔣介石有一次召見台灣的學者，裡頭有一位是林衡道先生。林衡道先生見到老蔣就說，他很不滿。老蔣說你不滿什麼。他說像那種共產黨賴和，他為什麼可以進去忠

彰化學

烈祠。蔣介石都沒有問原因，就把賴和先生從忠烈祠
請出來。當然這件事情很多人傳說，所以林衡道先生
日後有說，說他有被蔣介石召見，但是他不曾講過這
件事情。但賴和先生在忠烈祠好好的，怎麼會被請出
來？當然是有人請出來，至於什麼人請出來的，已經
變成一個謎了。

林衡道：沒有看過光復，死對他比較好哦！光復以後再遇著
二二八事變，老早就給人家打死啦，對不對？這個
話我們不敢講，還好是日本時代死的，若活到光復以
後，二二八事變有沒有辦法跑？很多事情歷史上真的
還不能講的。

李篤恭：武德殿是日本時代日本武術的練習場，大部分警察在
這裡練習，有時候軍隊、日本的小學生來這裡訓練，
咱台灣小孩無法在這裡練習，戰後改成忠烈祠，當初
改成忠烈祠時，大家有來拜有來看。但是四十多年的
教育，沒有注重台灣歷史。所以現在五六十歲以下的
人，都不知道台灣歷史，不知道台灣先賢的意義。我
看現在彰化人，大部分都不知道有這間忠烈祠，荒廢
了……

（訪談內容由黃明川提供，照片由賴和紀念館提供）

作家印象

一、文學與時代

賴和是仁醫，也是日治時期著名的社會運動者，從一九二一年十月加入台灣文化協會之後，一直以文化抵抗的方式，堅決反對日本的殖民統治。

在台灣新文化啟蒙時期，他是將「現代以前之學藝文化」轉變為「現代性學藝文化」的重要推動者之一。賴和以他的新文學創作，首先奠定了台灣新文學的基礎，並深遠影響同時代及後一輩的台灣作家，形成蓬蓬勃勃的台灣新文學運動。在他生前，即以文學成就被文學界尊稱為台灣新文學之父。賴和的文學，當然一部分由於他的天分，一部分受到五四新文學思潮的影響，得風氣之先，而更重要的則是透過社會運動實踐而來，所以他的文學與時代有密切的關係。

賴和的思想主要是透過文學表現出來，他並且是日治時代台灣新文學的主要推動者，研究日治時代的台灣新文學，必須先通過賴和，方能掌握台灣新文學運動的內涵與精神。

二、「人病猶可醫，國病不可醫」——賴和的從醫之路

賴和，原名賴河，清光緒二十年（1894）四月二十五日生於彰化街市仔尾，為父賴天送、母戴氏允之長子。賴和出生這年七月一日因朝鮮問題引發甲午戰爭，在新興帝國主義日本的強大戰力下，滿清海陸兩戰皆敗。翌年四月十七日簽定馬關條約，其中之一款即割讓台澎。隨後台灣民眾雖經頑強抵抗，但終遭日本以武力佔領。賴和和當時絕大多數的同胞一樣，從此

被迫轉籍日本。

生存在這樣劇烈變化的世代，賴和從小仍留著辮子在傳統環境中成長。直到上公學校，「意識裏，仍覺得沒有一條辮子拖在背後，就不像是人」，這是當時台灣社會普遍留存的現象，顯示台灣不是外來的日本文化所能輕易同化。甚至賴和後來接受當時所能受的最高等教育——台灣總督府醫學校（台大醫學院前身）五年醫學教育——成為醫生之後，仍有「我生不幸為俘囚」之嘆。這種強烈的民族意識，成為他思想的底流，不論在社會運動或新文學運動中皆貫流其中。

賴和十歲時先被家人送入私塾學習漢文，然後在日政府政策下始入公學校「讀日本書」，每天早晨上公學校之前先上私塾早讀，下課後再到私塾上課。十四歲入小逸堂拜黃倬其（黃漢）為師。賴和公學校畢業後，起先家人不允其再進上級

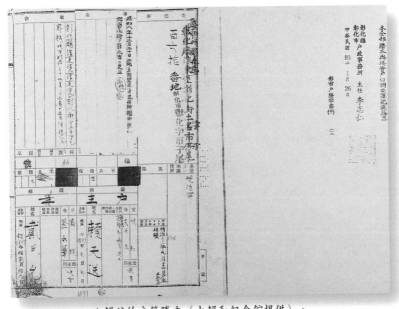

▲賴父的戶籍謄本（由賴和紀念館提供）。

學校，有人勸他去做補大人（巡查補——助理警察），賴和不願意。一九〇九年五月，賴和十六歲，考入總督府醫學校十三期。醫學校教育使得賴和超越了他原先的家庭背景，爾後以醫生的身分行醫濟世，被低他一期的蔣渭水邀請加入台灣文化協會爲理事，使得賴和與台灣文化抵抗的運動，緊密的結合起來。

　　賴和一九一四年四月醫學校畢業，仍留在台北實習。一九一五年始由學校的推薦，前往嘉義醫院就任醫職。同年十一月，與西勢仔王浦四女王氏草結婚。婚後仍回嘉義醫院，但任職將近一年，所擔任的仍然是筆生（筆錄病歷的實習醫生）和翻譯的事務，不被承認是完全的醫生。賴和無法忍受這樣的歧視待遇，提出陳述，結果非僅不能見容，並且衝突對立的更厲害，終於辭去醫院的職務。於一九一七年六月返鄉，在彰化市仔尾故居自行開設賴和醫院。一九一九年七月左右渡海前往廈門，服務於設在鼓浪嶼租界的博愛醫院。

　　由於博愛醫院和背後的台灣總督府有密切的關係，賴和的思想和他所處的位置，是矛盾性的存在，不能輕易調和。加上故國神的亂局，以及於同安見到有人於市中公然爲人注射嗎啡，而趨之者絡繹不絕，賴和深深感嘆「人病猶可醫，國病不可醫」，再停留於博愛醫院，亦無可爲。而九二〇年四月次男志煜於故鄉出生時，更牽動了他思鄉的情懷，於是在五月間掛冠歸來。

　　自一九二〇年六月之後，賴和一直在彰化行醫，每天病患超過百人以上，賴和出身民間回到民間，以他的醫術醫德，贏得當地民眾出自內心的愛戴。

三、抵抗的精神、抵抗的文學

　　台灣新文學是由白話文出發，賴和得風氣之先，早在一九二一～一九二四年，在他傳統詩的稿本，練習寫白話詩文，奠定了寫作基礎。而身為台灣新文學的開拓者，賴和的重要意義在於通過他的文學創作，將台灣一九二〇年以後的文學理論，具體化地呈現出來，由他「打下第一鋤，撒下第一粒種子」。從他早期發表的作品，再一次檢討白話文使用的問題，可以肯定的說，賴和以他辛苦磨練來的中文國白話文基調，加上不可或缺的台灣色彩，形成他文字的特殊風格，以作品更進一步帶動台灣新文學的風潮。

　　賴和的新文學活動，始自一九二五年發表第一篇隨筆〈無題〉，終於一九三六年元月發表小說〈赴了春宴回來〉。從一九三六年初之後，至一九四三年一月三十一日逝世，前後整

▲廈門博愛醫院同仁合照（由賴和紀念館提供）。

整七年不曾發表一篇新文學作品。換言之，在新文學運動的高潮時期，中日文新作家人才輩出，而賴和已退出他心血灌漑出來的園地了。當然，一九三七年六月底，台灣總督府強制僅存的《台灣新民報》、《台灣新文學》相繼廢除漢文欄，賴和又堅持用漢文創作，已英雄無用武之地，停止新文學的創作，以文化遺民的精神寫傳統詩，正是一種文化抵抗的姿態。但多年磨練出來的新文學寫作技巧就這樣放棄了，亦是台灣新文學的重大損失。

賴和在作品的發表上，起步很早，他正式發表的第一篇作品，即被同時起步的楊雲萍在戰後稱許爲「台灣新文學運動起來，頭一篇可紀念的散文，其形式清新，文字優婉，顯見賴和有極大的文學才情。更重要的是賴和的作品，絕大多數緊扣著台灣的重大問題而寫，殖民體制下的台灣有兩個重大的問題，一是政治，一是經濟，他都觸及到了。政治上，他批判警察，因爲警察是執法的代表，如〈一桿秤仔〉、〈惹事〉等篇，透過譴責執法的警察，可以將比較抽象的政治問題，落實下來，給予形象，達到批判的目的；經濟上，主要針對製糖會社，在他的新詩〈覺悟下的犧牲〉，小說〈豐作〉都反映了經濟問題，〈流離曲〉反映了土地問題，也表達了農民被壓迫、剝削的慘況；更難得的，他同情原住民的遭遇，〈南國哀歌〉反映了霧社事件，給人與原住民同命的感受，是日本殖民底下台灣文學少數反映原住民問題的作品之一。簡單的說，凡是重要的問題，賴和經過思考在文學上都有了回應，並且提出了批判性的看法。

四、「我生不幸為俘囚」的感嘆

　　賴和一生中曾經兩次入獄。第一次是一九二三年十二月十六日「治警事件」，總督府警務局檢舉台灣議會期成同盟會會員，北自宜蘭南至高雄，將議會運動關係人一網打盡，當天並扣押四十一人。事件發生時，台灣一切對外通訊都被當局所控制，特務橫行，全島一時風聲鶴唳。蔣渭水將此事件稱之爲「台灣的獅子（志工）狩」。二十歲的賴和，亦被囚於台中銀水殿，後移送台北監獄，迄隔年一月七日始以不起訴處分、出獄，總共被監禁二十四天。在獄中有〈囚繫台中銀水殿三首〉、〈繫台北監獄〉、〈讀佛書〉等詩，被釋放之後又有〈出獄作〉、〈出獄歸家〉等作品，反映了賴和在治警事件中的志氣與豪情。

▲賴和手稿：〈南國哀歌〉（由賴和紀念館提供）。

　　第二次入獄，發生於一九四一年十二月八日，亦即珍珠港事變的當天，美國和日本宣戰後，中國的戰況，也因美國的參戰，而有了重大的轉機。值得注意的是，台灣總督府這時發動警務局和憲兵單位僅拘捕賴和一人，目的是爲了查明賴和與台灣醫學校同班同學翁俊明的關係。當時翁俊明在香港籌設中國國民黨台灣省黨部，對台灣進行工作。四十八歲的賴和因此遭了一場牢獄之災。在被拘留五十多天，始於一九四二年元月因病重出獄，隔年一月三十一日病逝。

　　一九四一年底的入獄，賴和曾在〈獄中日記〉中，表現了人性最眞實的一面，他亦有平常人徬徨、受驚、膽怯……的弱點，由是更令人佩服他一生最堅強的反抗者的作爲，畢竟賴和也是血肉之軀，也是芸芸眾生中的一人，而在殖民地台灣，反抗日本帝國主義統治，絕對是要付出代價的！〈獄中日記〉是眞實的、歷史的文獻，也是以生命爲代價的感人作品。

▲治警事件出獄照（由賴和紀念館提供）。

▲賴和手稿:〈獄中日記〉(由賴和紀念館提供)。

五、賴和在文學史上的位置

　　賴和通過他辛苦的創作歷程，因應日本殖民下台灣的環境，他開創了台灣新文學的一片新天地。一邊寫作一邊行醫的賴和，雖於一九三六年停止新文學的寫作，但他的醫者身分與仁心，被當地的民眾稱爲「和仔先」，也有人稱之爲「彰化媽祖」。也因他無私的奉獻精神，死後墓草被當地民眾傳說可以治病。一般民眾也許不會了解賴和在社會運動、新文學運動的貢獻，但他的仁醫形象卻鮮明地活在廣大的民眾心中。

　　一九五一年四月十四日，賴和以抗日志士的身分，入祀忠烈祠；一九五八年九月三日又被以「台共匪幹」的理由撤出忠烈祠；賴和生前因抗日思想，繫獄以致病發，「病因積憤醫難救」，沒想到一九五〇年代白色恐怖時期仍一度「死爲沉冤恨莫消」。經由文化界熱心人士多年的奔走呼籲，終於一九八四年一月十九日內政部查明，於四月二十五日賴和九十歲冥誕，各界在彰化舉行紀念會，並在當天再度入祀忠烈祠。

　　在日治時期，賴和以他的文學作品，爲時代留下了「眞正的印象」，投以強烈的控訴，充分反映了日本殖民統治下的台灣之聲。這是寶貴的文學遺產，不僅在台灣新文學運動中佔有主導的作用，也是五四文學革命的具體實踐，由於當時台灣直接處在帝國主義的壓迫下，他的文學表現也更爲強烈、深刻、動人；批評舊社會的陰暗面，也相對的反映了文化啓蒙期的進步意識，我們有理由賦予賴和崇高的評價，並需反省其所處的位置。

（摘錄自林瑞明《台灣文學與時代精神——賴和研究論集》，
照片由賴和紀念館提供）

創作年表

年份	事紀
1908	〈題畫扇〉。（尚未正式學詩前，寫作的第一首漢詩）
1913	〈重典周甲窗兒之墳即賦所感〉。
1914	〈記小逸堂諸窗友〉。
1917	〈中秋環翠樓小集〉、〈環翠樓送別〉等漢詩。
1918	寫作〈去國吟〉、〈元夜渡黑水洋〉、〈端午寄肖白先生〉、〈中秋寄在台諳舊識〉、〈同七律八首〉等漢詩。
1919	寫作〈別廈門〉、〈歸去來〉等漢詩。
1920	寫作〈申酉歲晚書懷〉等漢詩。
1921	寫作〈會飲於文苑世兄宅〉等漢詩。
1922	寫作〈壬戌元旦試筆〉等漢詩。 二月：寫作漢詩〈阿燦彌月喜作〉。 六月：應《台灣》第一回徵詩，發表〈劉銘傳〉兩首。 十月：發表漢詩〈秋日登高感懷四首〉、〈懷友〉於《台灣》三年八號。 十二月：發表漢詩〈秋日登高偶感〉《台灣》三年九號。
1923	一月：發表漢詩〈文天祥〉於《台灣》四年一號。 寫作〈癸亥元旦試筆〉、〈元小集各賦書懷一手不拘體韻〉、〈賀年詩〉、〈大人五十一生日奉詩稱慶〉等漢詩。 四月：發表〈最新聲律起蒙〉於《台灣》四年四號。 五月：寫作漢詩〈三十生日〉。 九月：寫介於散文與小說體的〈僧寮閒話〉。 十一月：塾師黃倬其逝世，先生寫古文〈小逸堂記〉紀念。 十二月：寫作〈囚繫台中銀水殿〉、〈囚出聞吳小魯怡園籠鶴〉、〈繫台北監獄〉、〈出獄作〉、〈出獄歸家〉等漢詩。
1924	寫作〈留髯〉、〈近日心思紛然向在獄中毫無思慮鎮日安泰猶覺可憐〉、〈自愧〉、〈書憤四首〉、〈論詩〉等漢詩。 五月：寫作漢詩〈去日容易成事艱難一剎那已非春光百忙中又來生日〉。 發表漢詩〈阿芙蓉〉於《台灣民報》二卷二十三號。
1925	八月：發表第一篇隨筆〈無題〉、〈答覆台灣民報特社五問〉於《台灣民報》六十七號。 十二月：發表第一首新詩：〈覺悟下的犧牲〉於《台灣民報》八十四號。 寫作漢詩〈重過嘉義〉、〈嘉義公園〉等漢詩。

年份	事紀
1926	一月：發表第一篇白話小說〈鬥鬧熱〉及隨筆〈答台灣民報社問〉於《台灣民報》八十六號。 發表〈讀台日紙的「新舊文學之比較」〉於《台灣民報》八十九號。 二月：發表小說〈一桿秤仔〉於《台灣民報》九十二、九十三號。 三月：發表〈謹復某老先生〉於《台灣民報》九十七號。
1927	一月：發表〈忘不了的過年〉於《台灣民報》一百三十八號。 七月：發表〈對台中一中罷學問題的批判〉於《台灣民報》一百六十五號。 發表小說〈補大人〉於《新生》第一集。
1928	一月：發表小說〈不如意的過年〉於《台灣民報》一百八十九號。 五月：發表隨筆〈前進〉於《台灣大眾時報》創刊號。 七、八月：發表隨筆〈無聊的回憶〉於《台灣民報》二百一十八、二百二十二號。
1930	一月：發表小說〈蛇先生〉於《台灣新民報》二百九十四、二百九十六號。 五月：發表小說〈彫古董〉於《台灣民報》三百一十二、三百一十四號。 九月：發表新詩〈流離曲〉、〈生與死〉於《台灣新民報》三百二十九、三百三十二號。 十月：發表小說〈棋盤邊〉、隨筆〈開頭我們要明瞭地聲明〉於《現代生活》創刊號。 十二月：發表〈新樂府〉於《台灣新民報》三百四十三號。
1931	一月：發表隨筆〈希望我們的喇叭手吹奏激勵民眾的進行曲〉、小說〈辱！？〉；新詩〈農民謠〉於《台灣新民報》三百四十五號；新詩〈滅亡〉於《台灣新民報》三百四十七號。 三月：發表小說〈浪漫外記〉於《台灣新民報》三百五十四、三百五十六號。 四、五月：發表新詩〈南國哀歌〉於《台灣新民報》三百六十一、三百六十二號。 十月：發表新詩〈低氣壓的山頂〉《台灣新民報》，三百八十八號。 六月：發表新詩〈思兒〉於《台灣新民報》三百七十號。 十二月：發表〈祝曉鐘的發刊〉於《曉鐘》創刊號。
1932	一月：發表小說〈歸家〉於《南音》創刊號；發表〈相思歌〉及隨筆〈紀念一個值得紀念的朋友〉於《台灣新民報》三百九十六號。 一月：發表小說〈豐作〉於《台灣新民報》三百九十六、三百九十七號。 一月至七月：發表小說〈惹事〉於《南音》一卷二號、六號、九、十合刊號。 二月：發表隨筆〈城（我們地方的故事）〉、〈台灣話文的新字問題〉於《南音》一卷三號。

年份	事紀
1934	與楊守愚共同具名發表〈喪禮婚禮改革的具體案〉、〈就迷信而言〉於《革新》。 十二月：發表小說〈善訟的人的故事〉於《台灣文藝》二卷一號。
1935	二月：發表〈呆囝仔〉（《台灣文藝》，二卷二號）。 十二月：發表小說〈一個同志的批信〉於《台灣新文學》創刊號。
1936	一月：〈豐作〉（楊逵譯）發表於日本《文學案內》。 四月：發表〈寒夜〉、〈苦雨〉於《台灣新文學》一卷三號。 五月：發表〈台灣民間文學集序〉。 六月：發表〈田園雜詩〉於《台灣新文學》一卷五號。 七月：發表〈新竹枝歌〉於《台灣新文學》一卷六號。
1939	寫作〈應社首集於小杏園感賦〉、〈虛谷招諸同社默園小集〉等漢詩。
1940	年初〈前進〉、〈棋盤邊〉、〈辱〉、〈惹事〉、〈赴了春宴回來〉等五篇作品收於李獻璋編《台灣小說選》，印刷中被禁止刊行。 十二月：〈晚霽〉、〈過苑裡街〉、〈寒夜〉等十四首漢詩，收於黃洪炎（可軒）《瀛海詩集》。
1941	在獄中寫〈獄中日記〉。

（由賴和紀念館提供）

參考文獻

一、專著

· 陳金順，《賴和價值一千籤》（台南：台南市圖書館，2008）。

· 陳建忠，《賴和的文學與思想研究》（高雄：春暉，2004）。

· 沙卡布拉揚（鄭穗影），《賴和文學的現實與理想》（台語改定稿）
  （東京：綠蔭社、台灣地球語學會策畫，2001）。

· 林瑞明編，《賴和全集》（台北：前衛出版社，2001）。

· 康原，《賴和與八卦山》（台北：教育部兒童讀物出版資金管理委員
  會，2001）。

· 吳秀菁，《台灣新文學之父──賴和》（台北：春暉影業公司，
  2000）。

· 施懿琳，《從沈光文到賴和：台灣古典文學的發展與特色》（高雄：春
  暉，2000）。

· 廣播電視事業發展基金會，《縱橫書海台灣新文學之父──賴和》（台
  北：廣播電視事業發展基金會推廣處，1997）。

· 黎煥雄，《迷走地圖第四部：賴和》（台北：行政院文建會，1995）。

· 清華大學台灣研究室、賴和文教基金會，《賴和及其同時代的作家日據
  時期台灣文學國際學術會議論文集》（新竹：國立清華大學中國文學
  系，1994）。

· 賴和紀念館編，《賴和研究資料彙編》（彰化：彰化縣立文化中心，
  1994）。

· 賴和，《賴和漢詩初編》，林瑞明編，（彰化：彰化縣立文化中心，
  1994）。

· 李篤恭編，《磺溪一完人──賴和先生百年紀念文集》（台北：前衛出
  版社，1994）。

· 林瑞明，《台灣文學與時代精神──賴和研究論集》（台北：允晨文

化，1993）。

· 翁光宇，《賴和、楊逵、吳濁流、鍾理和作品欣賞》（南寧：廣西教育
  出版社，1992）。

· 林瑞明，《賴和的文學與社會運動之研究》（台南：久洋，1989）。

· 紀念賴和先生九十冥誕籌備會，《賴和先生平反紀念集》（台灣：紀念
  賴和先生九十冥誕籌備會，1984）。

· 編輯部，《賴和短篇小説選》（北京：時事出版社，1984）。

· 李南衡編，《賴和先生全集》（日據下台灣新文學明集1）（台北：明
  潭出版社，1979）。

二、碩博士論文

· 廖美玲，《魯迅與賴和小説主題之比較研究》（雲林：雲林科技大學漢
  學資料整理研究所碩士班碩士論文，2010）。

· 李桂媚，《台灣新詩標點符號運用──以彰化詩人為例》（台北：國立
  台北教育大學台灣文化研究所碩士論文，2010）。

· 伍家慧，《愛爾蘭及台灣的國家意識覺醒：葉慈與賴和的比較研究》
  （台北：中國文化大學英國語文學研究所碩士論文，2009）。

· 劉孟宜，《日治時期台灣小説中的主題意識與台灣話文書寫──以賴
  和、蔡秋桐、郭秋生之作品為例》（台中：國立中興大學台灣文學研
  究所碩士論文，2009）

· 謝美娟，《日治時期小説裡的農工書寫──以賴和、楊逵和楊守愚為中
  心》（台中：國立中興大學台灣文學研究所碩士論文，2009）。

· 李南衡，《台灣小説中e外來語演變──以賴和kap王禎和e作品作
  例》（台北：台灣師範大學台灣文化及語言文學研究所碩士論文，
  2008）。

· 王幸華，《日治時期台灣新文學之醫病書寫研究》（台中：東海大學中
  國文學系博士班博士論文，2008）。

- 呂美親，《日本時代台語小說研究》（新竹：國立清華大學台灣文學研究所碩士論文，2007）。
- 孫幸娟，《賴和小說的台灣閩南語詞彙探討》（高雄：國立中山大學中國文學系研究所碩士論文，2006）。
- 黃勝治，《殖民體制下的反抗思潮——賴和的社會改革思想》（台北：東吳大學社會學系碩士班碩士論文，2006）。
- 鄭皇泉，《賴和小說敘事研究》（嘉義：南華大學文學研究所碩士論文，2006）。
- 黃立雄，《賴和文學作品中的抗日意識研究》（新竹，玄奘大學中國語文學系碩士班碩士論文，2006）。
- 鄧慧恩，《日據時期外來思潮的譯介研究：以賴和、楊逵、張我軍為中心》（新竹：國立清華大學台灣文學研究所碩士論文，2006）。
- 許育嘉，《賴和漢詩修辭美學研究》（嘉義：南華大學文學所碩士論文，2003）。
- 蘇娟巧，《賴和漢詩意象研究》（彰化：彰化師範大學國文學系在職進修專班碩士論文，2003）。
- 簡志龍，《賴和漢詩中的社會現象分析與研究》（屏東：屏東師範學院國民教育研究所碩士論文，2003）。
- 林秀蓉，《日治時期台灣醫事作家及其作品研究——以蔣渭水、賴和、吳新榮、王昶雄、詹冰為主》（高雄：國立高雄師範大學國文學系博士班博士論文，2002）。
- 邵幼梅，《賴和小說研究》（高雄：國立高雄師範大學國文教學碩士班碩士論文，2002）。
- 陳芳萍，《彰化應社及其詩作研究（1939～1969）》（新竹：國立清華大學中文系研究所碩士論文，2002）。
- 賴松輝，《日據時期台灣小說思想與書寫模式之研究（1920～1937）》（台南：國立成功大學中文系研究所博士論文，2002）。

- 陳建忠，《書寫台灣・台灣書寫：賴和的文學與思想研究》（新竹：國立清華大學中文系研究所博士論文，2001）。
- 張雅惠，《日治時期的醫師與台灣醫學人文——以蔣渭水、賴和、吳新榮為例》（台北：台北醫學院醫學研究所碩士論文，2001）。
- 陳淑娟，《賴和漢詩的主題思想研究》（台中：靜宜大學中文系研究所碩士論文，2000）。
- 游勝冠，《殖民進步主義與日據時代台灣文學的文化抗爭》（新竹，國立清華大學中文系研究所博士論文，2000）。
- 陳明娟，《日治時期文學作品所呈現的台灣社會——賴和、楊逵、吳濁流的作品分析》（台北：東吳大學社會學研究所碩士論文，1990）。

三、單篇期刊論文

- 朱惠足，〈殖民地的規訓與教化——日治時期台灣小說中的警民關係〉，《台灣文學研究學報》第10期（2010年4月），頁117-148。
- 林運鴻，〈左翼知識分子賴和：殖民現代性與本土之抵抗〉，《台灣文學評論》第10卷第1期（2010年1月），頁50-60。
- 宋邦珍，〈現代小說家對傳統醫療的省思——以魯迅的〈藥〉、賴和的〈蛇先生〉、〈未來的希望〉為例〉，《新生學報》第5期（2009年11月），頁133-142。
- 徐月芳，〈賴和小說發出時代「吶喊」〉，《台北海洋技術學院學報》第2卷第2期（2009年9月），頁45-76。
- 曾秀英，〈良醫風範傳千古——賴和後裔巧妙緣〉，《人醫心傳》第66期（2009年6月），頁50-53。
- 林衡哲，〈台灣醫師對台灣文化、文學的貢獻〉，《台灣文學評論》第9卷第1期（2009年1月），頁181-196。
- 翁聖峰，〈賴和的雅俗文學觀試論〉，《彰化文獻》第12期（2008年12月），頁31-48。

- 陳南宏，〈菜市場旁的賴和紀念館〉，《台灣文學館通訊》第20期（2008年8月），頁56-60。
- 林明志，〈紀念館重新出發賴和精神永流傳〉，《書香遠傳》第62期（2008年7月），頁39-41。
- 張榕真，〈走向民間的文學作家——從賴和到康原〉，《彰化藝文》第40期（2008年7月），頁68-71
- 梁明雄，〈文學與時代——日據時期台灣現代文學的發展〉，《稻江學報》第3卷第1期（2008年6月），頁296-313。
- 陳建忠，〈賴和〈一桿秤仔〉〉，《新活水》第17期（2008年3月），頁38-45。
- 陳沛淇，〈從「本文的內部規律」論賴和新詩的現實性〉，《台灣詩學學刊》第10期（2007年11月），頁53-76。
- 賴玉樹，〈名山詩繼古人風——讀賴和詠史詩〉，《萬能學報》第29期（2007年7月），頁107、109-121。
- 梁明雄，〈台灣文學鄉土性的考察——以日治時期作家作品為例〉，《稻江學報》第2卷第1期（2007年4月），頁97-109。
- 郭侑欣，〈當聽診器遇見草藥——〈蛇先生〉與〈無醫村〉中的疾病和醫療敘事〉，《台灣文學研究學報》第4期（2007年4月），頁227-257
- 翁聖峰，〈高中國文賴和教材試論〉，《國民教育》第47卷第3期（2007年2月），頁57-62。
- 曹武賀，〈從賴和文學館出發體驗礦溪文化精神〉，《書香遠傳》第43期（2006年12月），頁10-11。
- 林明志，〈賴和精神台灣文化協會縮影〉，《書香遠傳》第41期（2006年10月），頁6-7。
- 橫路啓子，〈賴和「歸家」論〉，《日本語日本文學》第31期（2006年7月），頁38-59。
- 解昆樺，〈欲語還休顯隱不定的革命敘事——賴和小說中的法律經驗與

彰化學

反抗童話〉，《笠詩刊》第252期（2006年4月），頁111-115。

· 陳思嫻，〈鬧熱，走唱賴和〉，《聯合文學》第22卷第5期（2006年3月），頁154-157。

· 楊明璋，〈論賴和小説敘述的多語言現象〉，《國文天地》第21卷第9期（2006年2月），頁20-24。

· 王美惠，〈台灣新文學「反迷信」主題的書寫——以賴和、楊守愚比較為例〉，《崑山科技大學學報》第2期（2005年11月），頁151-168。

· 黃秀燕，〈賴和小説中的表現手法〉，《中國語文》第97卷第2期（2005年8月），頁40-44。

· 楊淑婷，〈把文學變成歌：賴和走唱團「鬧熱」〉，《文化視窗》第77期（2005年7月），頁40-43。

· 邱雅芳，〈殖民地醫學與疾病敘事——賴和作品的再閱讀〉，《台灣文獻》第55卷4期（2004年12月），頁275-309。

· 陳建忠，〈在毀滅中頌揚新生：賴和敘事詩與台灣的反抗詩學〉，《台灣文學館通訊》第6期（2004年12月），頁17-33。

· 方耀乾，〈反帝、反殖民拼圖——論賴和的事件詩〉，《海翁台語文學》第36期（2004年12月），頁4-16。

· 林明德，〈細讀賴和〈一桿秤仔〉〉，「台灣文學國際研討會——研究現況及海外的接受」（法國，波爾多第三大學，2004年11月）。

· 陳旻志，〈賴和小説與台灣國民性的論証〉，《白沙人文社會學報》第3期，（2004年10月），頁231-240。

· 陳姿妃，〈論賴和〈一桿秤仔〉〉之反殖民主義觀〉，《國文天地》第20卷第5期（2004年10月），頁34-39。

· 陳淑娟，〈賴和漢詩中的「酒」字探析——兼論其生命觀與處世哲學〉，《國文學誌》第8期（2004年6月），頁195-240。

· 黃錫淇，〈簡論賴和〈一桿秤仔〉的社會背景與小説意涵〉，《空大學訊》第326期（2004年5月），頁28-32。

- 林思慧，〈賴和特輯——一枝筆，寫出一個時代〉，《少年台灣》第24期（2004年5月），頁18-41。
- 賴悅顏，〈鍾老與賴和紀念館〉，《文學台灣》第50期（2004年4月），頁32-34。
- 胡民祥，〈賴和文學語言的辯證〉，《海翁台語文學》第25期（2004年1月），頁4-29。
- 應鳳凰，〈賴和的〈一桿秤仔〉〉，《台灣文學花園》（台北：玉山社出版公司，2003）。
- 郭侑欣，〈從賴和漢詩探究他的國族認同〉，《仁德學報》第2期（2003年10月），頁193-206。
- 康原，〈文學彰化的新地標——前進：簡介賴和先生與精神堡壘〉，《生活彰化》第7期（2003年9月），頁22-23。
- 户田一康，〈賴和的日文能力——從日本語教育的觀點來看台灣文學〉，《東吳日語教育學報》第26期（2003年7月），頁275-300。
- 葉俊谷，〈迷信下的反動——試析賴和的迷信書寫〉，《中外文學》第32卷第1期（2003年6月），頁127-143。
- 方麗娟，〈日治時期醫事作家研究——論賴和「未來的希望」〉，《馬偕護理專科學校學報》第3期（2003年5月），頁81-102。
- 康原，〈鳥溪畔的賴和與紀念館〉，《文化生活》第6卷第2期（2003年4月），頁22-28。
- 彭明偉，〈賴和小説三論〉，《台灣文藝》第186期（2003年2月），頁50-58。
- 陸傳傑，〈深耕文學鄉土詩詠庶民滄桑台灣新文學之父賴和〉，《大地地理雜誌》第179期（2003年2月），頁16-39。
- 黃惠禎，〈楊逵與賴和的文學因緣〉，《台灣文學學報》第3期（2002年12月），頁143-168。
- 黃國超，〈在文學帽中遇見賴和——吟哦半線的滋味〉，《文化視窗》

第46期（2002年12月），頁95-97。

· 户田一康，〈不可名狀的悲哀──從日本人的眼裡看賴和〉，《國文天地》第18卷第7期（2002年12月），頁67-70。

· 李若鶯，〈賴和相思古念情〉，《國文天地》第18卷第6期（2002年11月），頁104-108。

· 陳建忠，〈解構殖民主義神話──論賴和文學的反殖民主義思想〉，《中外文學》第31卷第6期（2002年11月），頁93-131。

· 蕭蕭，〈賴和呈現的現實主義美學〉，《台灣月刊》第238期（2002年10月），頁4-7。

· 劉紅林，〈「台灣的魯迅」──賴和文化思想論〉，《台灣研究集刊》第77期（2002年9月）。

· 莊永清，〈賴和漢詩詩觀及其漢文化意識〉，《高苑學報》第8卷（2002年7月），頁163-186。

· 盧玲穎，〈他的十大能力──台灣文學之父：賴和〉，《人本教育札記》第157期（2002年7月），頁74-75。

· 石美玲，〈賴和小說中的閩南語詞彙解讀及其特點分析〉，《興大人文學報》第32期（2002年6月），頁197-245。

· 陳建忠，〈反殖民戰線的內部批判──再探「賴和與台灣文化協會」〉，《台灣史料研究》第19期（2002年6月），頁178-197。

· 陳淑娟，〈頭顱換得自由身，始是人間一個人──賴和漢詩中的人本思想〉，《國文天地》第17卷第10期（2002年3月），頁23-29。

· 游勝冠，〈我生不幸為俘囚，豈關種族他人優──由歷史的差異性看賴和不同於魯迅的啟蒙立場〉，《國文天地》第17卷第10期（2002年3月），頁4-8。

· 陳建忠，〈反殖民文學的文學形式──論賴和小說中的對話性敘事〉，《國文天地》第17卷第10期（2002年3月），頁9-16。

· 施家雯，〈〈惹事〉與〈浪漫外紀〉的流氓形象〉，《國文天地》第17

卷第10期（2002年3月），頁17-22。

· 楊翠，〈裂縫與出口——試探日治時期台灣知識份子的精神構圖：以賴和、林幼春為例〉，《中台灣古典文學學術研討會論文集》（台中：台中縣文化局，2002）。

· 薛順雄，〈賴和「抗日」漢語舊詩探析〉，「日治時期台灣傳統文學學術研討會」（台中：東海大學中文系主辦，2002）。

· 康原，〈賴和先生與他的紀念館〉，《文化生活》第5卷第2期（2001年11月），頁66-72。

· 應鳳凰，〈文學篇——台灣新文學之父：賴和的故事〉，《小作家月刊》第8卷第6期（2001年10月），頁8-12。

· 徐志平，〈賴和新詩〈覺悟下的犧牲〉析論〉，《台灣歷史學會會訊》第12期（2001年9月），頁5-12。

· 葉笛，〈被俘囚的詩人賴和〉，《創世紀詩雜誌》第128期（2001年9月），頁133-140。

· 陳淑娟，〈賴和漢詩的台灣自主性思想研究〉，《彰化文獻》第2期（2001年3月），頁173-216。

· 林瑞明，〈台灣新文學運動的兩匹駿馬——賴和與楊雲萍〉，《聯合文學》第17卷第5期（2001年3月），頁76-81。

· 廖振富，〈台灣中部地區的古典詩人及其作品〉，《國文天地》第16卷第9期（2001年2月），頁56-60。

· 藍建春，〈文學史與賴和——以「台灣新／現代文學史之父」的論述為例〉，《台灣文學學報》第2期（2001年2月），頁1-31。

· 林莊生，〈賴和的舊詩〉，《兩個海外台灣人的閒情心思》（台北：前衛出版社，2000）。

· 林瑞明，〈賴和與台灣新文學運動〉，《歷史月刊》第154期（2000年11月），頁65-69。

· 鍾怡彥，〈賴和漢詩中的農業問題〉，《第十九屆中區中文研究生論文

發表會論文集》（台中：國立中興大學中文系，2000）。

- 陳韻如，〈在諷刺中呈顯現實——論賴和短篇小説中的「反諷」〉，《中國現代文學理論》第19期（2000年9月），頁449-469。

- 林衡哲，〈讓賴和精神復活〉，《醫望》第31期（2000年8、9月）。

- 黃美玲，〈賴和創作中新舊文學並存的意義〉，《台南女子技術學院學報》第19期（2000年8月），頁9、11-18。

- 葉彥邦，〈論日本糖業帝國主義下台灣農民的經濟地位——以賴和筆下的蔗農為例〉，《人文學報》第24期（2000年8月），頁65-98。

- 吳興文，〈賴和、林海音及其地——八十九年五月～六月〉，《文訊》第177期（2000年7月），頁12-18。

- 林秀蓉，〈台灣醫生文學探析——以蔣渭水〈臨床講義〉、賴和〈蛇先生〉為例〉，《問學》第3期（2000年7月），頁155-174。

- 曉冰，〈被迫害的台灣文學心靈——淺談賴和精神〉，《淡水牛津文藝》第8期（2000年7月），頁149-150。

- 楊宗翰，〈典範的生成？——關於台灣文學史「再現賴和」之檢討〉，《國文天地》第182期（2000年7月）。

- 曉冰，〈被迫害的台灣文學心靈——淺談賴和精神〉，《淡水牛津文藝》第8期（2000年7月）。

- 廖淑芳，〈魯迅、賴和鄉土經驗的比較——以其民俗與迷信書寫為例〉，《台灣文學學報》第1期（2000年6月），頁215-237。

- 康原，〈詩未凋零——懷念逝去的詩人：賴和夢見賴和〉，《聯合文學》第16卷第8期（2000年6月），頁26-28。

- 陳建忠，〈黑暗之光——談賴和詩化散文〈前進〉中的時代感〉，《台灣新文學》第15期（2000年6月），頁156-162。

- 陳韻如，〈在諷刺中呈顯現實——論賴和短篇小説中的「反諷」〉，《東吳中文研究集刊》第7期（2000年6月），頁171-188。

- 洪珊慧，〈賴和文學中的諷刺風格〉，《長庚護專學報》第2期（2000

年3月），頁119-129。

· 梁明雄，〈賴和及其時代的台灣漢語民間文學初探〉，「海峽兩岸民間文學學術研討會」（新竹，元智大學中語系，2000）。

· 游勝冠，〈啊！時代的進步和人們的幸福原來是兩回事——賴和面對殖民現代化的態度初探〉，《殖民地經驗與台灣文學——第一屆台杏台灣文學學術研討會論文集》，江自得主編（台北：遠流出版公司，2000）。

· 張恆豪，〈覺悟者——〈一桿秤仔〉與《克拉格比》〉，《殖民地經驗與台灣文學——第一屆台杏台灣文學學術研討會論文集》，江自得主編（台北：遠流出版公司，2000）。

· 王珍華，〈由「一桿秤仔」看賴和的文學精神及其語言特色〉，《源遠學報》第11期（1999年12月），頁109-120。

· 張良澤，〈賴和出土作品〉，《淡水牛津文藝》第5期（1999年10月），頁137-143。

· 林純芬，〈「導讀」反顧前賢，智慧在其中——賴和及其小說〈蛇先生〉簡介〉，《聯合文學》第15卷第12期，（1999年10月），頁77-82。

· 張恆豪，〈覺悟者——〈一桿秤仔〉與《克拉格比》〉，《淡水牛津台灣文學研究集刊》第2期（1999年8月），頁1-10。

· 張恆豪，〈讓「庶民記憶」在「個人心靈」裏復甦——談〈善訟的人的故事〉、〈夜猿〉的民間故事〉，《淡水牛津文藝》第4期（1999年7月）。

· 康原，〈台灣新文學之父——賴和先生〉，《明道文藝》第281期（1999年8月），頁57-63。

· 張清萱，〈林瑞明《台灣文學與時代精神——賴和研究論集》評介〉，《台灣文藝》第168/169期（1999年6月），頁116-121。

· 方耀乾，〈反帝、反殖民拼圖：論賴和的事件詩〉，《菅芒花台語文

學》第2期（1999年4月）。

・胡民祥，〈賴和文學語言的辯證〉，《菅芒花台語文學》第2期（1999年4月）。

・施懿琳，〈賴和漢詩的新思想及其寫作特色〉，《中正大學中文學術年刊》第2期（1999年3月），頁151-189。

・林秀蓉，〈賴和「蛇先生」寫實意識探析〉，《中國現代文學理論》第13期（1999年3月），頁73-84。

・陳芳明，〈賴和隨筆與獄中日記〉，《種子落地——台灣散文專題》（彰化：財團法人賴和文教基金會，1999）。

・吳承頴，〈日治時期台灣文學的特質——以賴和作品為例〉，「中央大學歷史研究所研一研究生論文發表會」（桃園：中央大學歷史研究所，1999年）。

・劉紋綜，〈論賴和小說中的兩種形象——知識分子與「鱸鰻」〉，「第四屆靜宜大學中國文學研究所研究生論文研討會」（台中：靜宜大學中國文學研究所，1999）。

・游勝冠，〈日本殖民進步主義與本土主義的文化抗爭——本土主義發展脈絡中的民間文學〉，《民間文學與作家文學研討會論文集》（新竹：清華大學中國文學系，1998）。

・張恆豪，〈賴和、張文環小說中的民間素材與作家文學經驗——以〈善訟的人的故事〉、〈夜猿〉為例〉，《民間文學與作家文學研討會論文集》（新竹：清華大學中國文學系，1998）。

・陳萬益，〈啓蒙與傾聽——論賴和小說的人民性〉，《民間文學與作家文學研討會論文集》（新竹：清華大學中國文學系，1998）。

・陳建忠，〈民間之歌，民族之詩——日據時期民間文學採集與新文學運動之關係初探〉，《民間文學與作家文學研討會論文集》（新竹：清華大學中國文學系，1998）。

・編輯，〈賴和生平及財團法人賴和文教基金會簡介〉，《台灣文獻》第

49卷第4期（1998年12月），頁395-399。

- 陳淑娟，〈賴和之一題二作——小說與五古之書寫特質分析〉，《常民文化通訊》第12期（1998年12月）。
- 康原，〈賴和筆下的八卦山〉，《台灣文藝》第165期（1998年10月），頁11-18。
- 徐士賢，〈從賴和到呂赫若：一桿秤仔與牛車之比較〉，《世新大學學報》第8期（1998年10月），頁295-311。
- 林政華，〈賴和的文學精神及其超越〉，《台北師院語文集刊》第3期（1998年8月），頁49、51-63。
- 宋澤萊，〈論台語小說中驚人的前衛性與民族性——試介賴和、黃石輝、宋澤萊、陳雷、王貞文的台語小說〉，《台灣新文學》第10期（1998年6月），頁262-290。
- 林文義，〈福爾摩莎——與賴和相遇〉，《新觀念》第113期（1998年3月），頁7。
- 方耀乾，〈反帝、反殖民拼圖——論賴和新詩〉，《漢家雜誌》第56期（1998年3月），頁7-14。
- 陳昭瑛，〈一根金花：論賴和的〈一桿秤仔〉〉，《中國現代文學理論》第9期（1998年3月），頁23-36。
- 廖淑芳，〈理想主義者的荊棘之路——賴和左翼思想兼探〉，《第四屆府城文學獎得獎作品專集》（台南：台南市立文化中心，1998）。
- 游喚等著，〈〈一桿秤子〉賞析〉，《現代小說精讀》（台北：五南圖書出版公司，1998）。
- 葉石濤，〈賴和與新文學運動〉，《台灣文學入門——台灣文學五十七問》（台北：文學台灣出版社，1997）。
- 陳明台，〈人的確認——試論賴和的人本意識〉，《台灣文學研究論集》（台北：文史哲出版社，1997）。
- 施淑，〈賴和小說的思想性質〉，《兩岸文學論集》（台北：新地文學

出版社，1997）。

・薛順雄，〈賴和舊俗文學作品的時代意義〉，《台灣文學中的歷史經驗》，東海大學中文系編（台北：文津出版社，1997）。

・下村作次郎著，邱振瑞譯，〈賴和的〈豐作〉——一九三六年《朝鮮・台灣・中國新銳作家集》〉，《從文學讀台灣》（台北：前衛出版社，1997）。

・林政華，〈〈歸家〉挖掘台人的國民性〉，《台灣小説名著新探》（台北：文史哲出版社，1997）。

・趙殷尚，〈賴和的書房經驗〉，《台灣新文學》第9期（1997年12月），頁292-301。

・馬漢茂，〈從賴和看日據時代台灣小説的孤島狀態——兼論方才起步的西方研究和翻譯〉，《台灣新文學》第9期（1997年12月），頁218-226。

・陳兆珍，〈試論賴和詩中之抗議精神〉，《世界新聞傳播學院人文學報》第7期（1997年7月），頁249-289。

・趙天儀，〈賴和與台語詩歌〉，《種子落地：台語詩歌專集》（彰化：財團法人賴和文教基金會，1997）。

・陳萬益，〈從民間來，到民間去——賴和的文學立場〉，《中國文學史暨文學批評學術研討會論文集》（台北：政治大學中文系，1996）。

・廖振富，〈林幼春、賴和與台灣文學〉，《文學台灣》第17期（1996年11月）。

・陳兆珍，〈賴和小説的寫作技巧〉，《台灣研究集刊》第54期（1996年11月）。

・康原，〈台語新詩的奠基者——兼談賴和的台語詩歌〉，《台灣新文學》第5期（1996年8月），頁296-304。

・陳怡君，〈像賴和這樣的詩人〉，《拾穗》第81期，（1996年7月），頁52-53。

- 廖振富，〈林幼春、賴和與台灣文學〉，《文學台灣》第17期（1996年1月），頁177-214。
- 周慶塘，〈賴和抗日文學作品探析〉，《牛津人文集刊》第1期（1995年10月），頁41-67。
- 梁明雄，〈文學的賴和‧賴和的文學〉，《台灣文獻》第46卷第3期（1995年9月），頁63-81。
- 楊劍龍，〈影響與開拓——論魯迅對賴和小說的影響〉，《文藝理論與批評》第55期（1995年9月）。
- 陳芳明，〈賴和與台灣左翼文學系譜——殖民地作家的抵抗與挫折〉，《聯合文學》第11卷第6期（1995年4月），頁128-144。
- 陳昭如，〈二○以及九○年代知青的困惑——我看河左岸的《賴和》〉，《歷史迷霧中的族群》（台北：前衛出版社，1995）。
- 陳偉智，〈混音多姿的台灣（文學）——賴和〈一個同志的批信〉的閱讀與詮釋〉，「台灣文學研討會」（台北：淡水工商管理學院台灣文學系，1995）。
- 陳昭如，〈日治時期台灣新文學中的法律意識——以賴和為中心的討論〉，「台灣文學研討會」（台北：淡水工商管理學院台灣文學系，1995）。
- 陳萬益，〈賴和舊詩的時代精神〉，《種子落地——台灣文學評論集》（彰化：財團法人賴和文教基金會，1995）。
- 吳晟，〈從賴和新詩談社會現實〉，《種子落地——台灣文學評論集》（彰化：財團法人賴和文教基金會，1995）。
- 陳芳明，〈賴和與台灣殖民地左翼文學〉，《第三屆磺溪文藝營論文集》（彰化：磺溪文化學會編印，1994）。
- 彭瑞金，〈賴和小說〈豐作〉〉，《台灣文藝》第146期（1994年12月）。
- 蔡芳玲，〈賴和小說中的人物形象〉，《台灣文學觀察雜誌》第9期

（1994年11月）。

·呂興昌，〈百年不孤寂——紀念賴和百年誕辰的意義〉，《文學台灣》第12期（1994年10月）。

·陳淑美，〈重新認識「台灣新文學之父」：賴和〉，《光華》第19卷第8期（1994年8月），頁102-111。

·林瑞明，〈山川有幸遇詩人〉，《文學台灣》第11期（1994年7月）。

·呂興忠，〈賴和〈富戶人的歷史〉初探〉，《文學台灣》第11期（1994年7月），頁170-188。

·陳永興，〈賴和先生，您在何方？一個台灣學醫青年的反省〉，《台灣文藝》第87期（1984年3月）。

·汪舟，〈天地至今留正氣，浩然千古見文章——紀念台灣著名作家賴和先生誕辰100週年〉，《台聲》第116期（1994年6月）。

·林柏維，〈醫國也醫民——台灣新文學之父賴和〉，《醫望》第2期（1994年6月），頁47-50。

·海峽評論編輯部，〈同室操戈，一統雄心傷未達：紀念賴和先生一百周年誕辰〉，《海峽評論》第42期（1994年6月），頁38-52。

·呂興忠，〈賴和小說〈富戶人的歷史〉初探〉，《彰中學報》第20期（1994年5月），頁17-28。

·歐陽鳴，〈悲劇的悲哀悲哀的悲劇詛咒的含蓄含蓄的詛咒——〈一桿秤仔〉賞析〉，《我愛黑眼珠——台灣優秀小說賞析》（北京：工商出版社，1994）。

·林瑞明，〈台灣文學與時代精神——賴和研究論集自序〉，《文學台灣》第8期（1993年10月），頁36-42。

·游喚，〈賴和文學中的典故〉，《明道文藝》第192期（1992年3月），頁22-27。

·陳明柔，〈前進！向著那不知到著處的道上——由賴和小說中的人物悲歌談起〉，《問學集》第2期（1991年12月），頁71-79。

- 林亨泰，〈賴和的反向思考〉，《彰化人》第11期（1992年1月）。
- 呂興忠，〈賴和小說的技巧與思想〉，《彰化人》第11期（1992年1月）。
- 林瑞明，〈重讀王詩琅〈賴懶雲論〉〉，《台灣文藝》第7期（1991年10月），頁32-41。
- 彭瑞金，〈打下第一鋤，撒下第一粒種籽──賴和與台灣新文學〉，《國文天地》第7卷第5期（1991年10月），頁12-16。
- 吳慶堂，〈「昨日重現──記憶中彰化市大家最難忘的人與事」座談會〉，《彰化人》第4期（1991年6月）。
- 林瑞明，〈賴和與台灣文化協會（一九二一至一九三一）〉（下），《台灣風物》第39卷第1期（1989年3月），頁1-37。
- 林瑞明，〈賴和與台灣文化協會（一九二一至一九三一）〉（上），《台灣風物》第38卷第4期（1988年12月），頁1-46。
- 巫永福，〈台灣新文學運動與賴和〉，《文學界》第26期（1988年6月），頁42-58。
- 葉寄民，〈不死的野草──台灣新文學的奶母賴和〉，《台灣學術研究會誌》第2期（1987年11月）。
- 林銘章，〈賴和（1894～1943）〉，《傳記文學》第51卷第4期（1987年10月），頁143-144。
- 林瑞明，〈賴和與台灣新文學運動〉，《國立成功大學歷史學報》第12期（1985年12月），頁283-363。
- 葉石濤，〈為什麼賴和先生是台灣新文學之父？〉，《沒有土地，哪有文學？》（台北：遠景出版社，1985）。
- 李南衡，〈認識「賴和先生」〉，《新書月刊》第7期（1984年4月），頁40-41。
- 汪舟，〈向賴和先生致敬！紀念台灣新文學之父賴和先生九十誕辰〉，《台聲》第3期（1984年3月）。

- 林文彰，〈賴和先生平反之後〉，《夏潮》第3期（1984年3月）。
- 陳映真、居伯均、侯立朝、楊逵、陳若曦，〈慶賀賴和先生平反講演會〉，《中華雜誌》第248期（1984年3月），頁20-38。
- 王曉波，〈有關賴和先生的忠奸之辨〉，《中華雜誌》第248（1984年3月）。
- 王曉波，〈紛紛擾擾世相異，是非久已顛倒置——台灣新文學之父賴和先生平反的經過〉，《文季》第1卷第5期（1984年1月）。
- 李篤恭，〈一群高邁、聰慧而勇敢的人們：回憶賴和先生及其他〉（下），《中華雜誌》第243期（1983年10月），頁50-54。
- 李篤恭，〈一群高邁、聰慧而勇敢的人們：回憶賴和先生及其他〉（上），《中華雜誌》第240期（1983年7月），頁43-46。
- 王曉波，〈請平反賴和先生以慰抗日殉國台胞英靈〉，《中華雜誌》第240期（1983年7月）。
- 施淑，〈秤仔與秤錘：論賴和小說的思想性〉，《台灣文藝》第80期（1983年1月），頁48-54。
- 陳明台，〈人的確認：試論賴和先生的人本意識〉，《台灣文藝》第80期（1983年1月），頁39-47。
- 李魁賢，〈賴和詩中的反抗精神〉，《笠》第111期（1982年10月），頁26-34。
- 洪醒夫，〈賴和〈善訟的人的故事〉賞析〉，《大家文學選・小說選》（台北：明光出版社，1981）。
- 舒蘭，〈中國新詩史話第五章第八節賴和〉，《新文藝》第290期（1980年5月），頁70-74。
- 李南衡，〈台灣最偉大的人道主義者——賴和先生〉，《醫望》第3卷第1期（1979年11月），頁65。
- 梁德民（梁景峰），〈賴和是誰？〉，《夏潮》第1卷第6期（1976年9月1日）。

- 一剛（王詩琅），〈懶雲做城隍〉，《台北文物》「北部新文學新劇運動專號」第3卷第2期（1954年8月20日）。
- 史民（吳新榮），〈賴和在台灣是革命傳統〉，《台灣文學》第2輯（1948年9月15日）。
- 楊逵，〈幼春不死！賴和猶存！〉，《文化交流》第1輯（1947年1月15日）。
- 朱石峰，〈回憶懶雲先生〉，《台灣文學》第3卷第2期（1943年4月28日）。
- 楊守愚，〈小說與懶雲〉，《台灣文學》第3卷第2期（1943年4月28日）。
- 毓文（廖漢臣），〈甫三先生——諸同好者的面影之一〉，《台灣文藝》第2卷第1期（1934年12月）。

四、報章雜誌相關評論

- 吳佩玲、簡慧珍，〈春祭台籍抗日烈士入忠烈祠〉，《聯合報》第B2版（2010年3月30日）。
- 簡慧珍，〈賴和漢詩學者解讀：「日據就談台獨」〉，《聯合報》第B2版（2004年5月30日）。
- 陳建忠，〈另一個人間——文學行旅之一〉，《台灣日報副刊》（2002年10月8日）。
- 陳建忠，〈先知的獨白：賴和散文中的抒情性格與知性特質〉，《自由時報》副刊35版（2001年5月27日）。
- 李魁賢，〈文學精神的皈依〉，《台灣日報》第21版（2001年5月27日）。
- 賴悅顏，〈生命的超越——寫在第十屆賴和獎之前〉，《台灣日報》第21版（2001年5月27日）。
- 劉慧真，〈鍛造一把全新的秤子——賴和的行動文學〉，《聯合報副刊》第37版（2000年9月3日）。

- 陳文芬，〈台灣新文學之父一百冥誕賴和全集、手稿影像集出版〉，《中國時報》第11版（2000年8月27日）。
- 彭瑞金，〈文學、迷信、正信〉，《台灣日報副刊》（2000年8月13日）。
- 康原，〈發揚磺溪精神——從文學鬥鬧熱談起〉，《台灣日報》第31版（2000年7月13日）。
- 黃武忠，〈〈一桿秤子〉的聯想〉，《台灣日報》第31版（2000年7月1日）。
- 呂興忠，〈遇見我的學生秦得參〉，《台灣日報》第31版（2000年4月18日）。
- 彭瑞金，〈賴和生日為台灣文藝節——新政府與台灣文學（三）〉，《台灣日報》第31版（2000年4月16日）。
- 陳慧文，〈可憐她死了——從賴和作品看日據時代的台灣女性〉，《民眾日報》第17版（2000年3月29日）。
- 楊照，〈複雜、悲觀的啓蒙者——《賴和小說集》〉，《中國時報人間副刊》第37版（1999年4月6日）。
- 謝志偉，〈蔗農，磅秤與賴和——二林事件的文學反思〉，《自由時報》（1998年7月28日）。
- 王莉莉，〈賴和——台灣新文學之父〉，《中華日報》第10版（1998年3月21日）。
- 賴澤涵，〈台灣的魯迅〉，《兒童日報》第2版（1997年12月19日）。
- 康原，〈井的傳說——賴和詩中的古井〉，《台灣日報副刊》（1997年6月17日）。
- 陳銘芳，〈賴和筆下的蛇先生〉，《台灣新生報》第17版（1997年4月8日）。
- 康原，〈野寺安閑不計秋——我讀賴和筆下的劍潭寺〉，《中華日報》第14版（1997年1月17日）。
- 康原，〈消失的小逸堂——賴和在這裡踏出文學的第一個腳印〉，《中央日報》第19版（1997年1月8日）。

- 康原，〈火車裡的故事——兼談賴和的〈客車裡〉〉，《台灣時報》第22版（1996年11月29日）。
- 林政華，〈賴和〈惹事〉裡的偵探技巧〉，《民眾日報》第27版（1996年11月3日）。
- 康原，〈賴和的寂寞心情——〈寂寞〉與〈寂寞的人生〉詩之比較〉，《台灣日報》（1996年10月13日）。
- 林政華，〈賴和〈蛇先生〉別有一番涵義〉，《民眾日報》第27版（1996年8月13日）。
- 林政華，〈賴和〈不如意的過年〉沈痛的諷刺〉，《民眾日報》第27版（1996年8月4日）。
- 林政華，〈〈一桿秤子〉裡的強烈暗示〉，《民眾日報》第27版（1996年7月10日）。
- 林政華，〈賴和首篇反日本殖民小說〈鬥鬧熱〉〉，《中央日報》第19版（1996年6月26日）。
- 王曉波，〈賴和抗議些什麼？〉，《自立晚報副刊》（1996年6月8日）。
- 鍾肇政，〈迎賴和，祭詩魂〉，《自立晚報副刊》（1996年6月7日）。
- 趙天福，〈迎賴和，祭詩魂〉，《自立晚報副刊》（1996年6月7日）。
- 康原，〈悲憫與正義——從「迎賴和祭詩魂」談賴和精神〉，《台灣時報》第22版（1996年5月24日）。
- 葉石濤，〈賴和的寫實主義〉，《台灣新聞報》第19版（1995年10月14日）。
- 葉石濤，〈賴和與新文學運動〉，《台灣新聞報》第19版（1995年10月7日）。
- 施坤鑑，〈賴和先生感懷詩初探〉，《台灣時報》第22版（1995年9月19日）。
- 康原，〈認識賴和，鍾愛台灣——讀《台灣文學與時代精神》有感〉，《自立晚報》第23版（1995年6月15日）。
- 宋澤萊，〈從賴和看當前台灣文學創作處境〉，《自由時報》第29版

（1995年5月27-28日）。

．王灝，〈用文學為歷史作見證，談賴和先生〈覺悟下的犧牲〉〉，《自由時報》第29版（1995年5月27日）。

．林亨泰，〈具有文明批判性格的賴和精神〉，《自由時報》第29版（1995年5月21日）。

．康原，〈台灣歌謠紀事——賴和醫生百年冥誕紀念〉，《自由時報》第29版（1995年4月13日）。

．康原，〈賴和筆下的彰化城〉，《聯合報》第33版（1995年4月4日）。

．楊千鶴，〈採訪台灣新文學之父賴和〉，《聯合晚報》第15版（1994年12月24日）。

．鄭清文，〈賴和的三篇小說〉，《台灣時報》第22版（1994年12月15日）。

．鍾肇政，〈賴和三書〉，《自由時報》第29版（1994年9月28日）。

．王昶雄，〈梅花天地心，讀《賴和漢詩初編》〉，《自立晚報》第19版（1994年9月4日）。

．林瑞明，〈回想賴和研究〉，《台灣時報》第22版（1994年8月24日）。

．鍾肇政，〈磺溪一完人——紀念賴和百齡文集出版〉，《自由時報》第29版（1994年8月10日）。

．林瑞明，〈永遠的賴和〉，《自立晚報》第19版（1994年7月25日）。

．鍾肇政，〈紀念台灣文學之父賴和——兼介賴和獎及其得獎人〉，《自立晚報》（1994年5月28日）。

．周美惠，〈賴和百年誕辰不建紀念碑〉，《聯合報》第35版（1994年5月25日）。

．張娟芬，〈一種文人，兩種面貌——賴和百歲冥誕在兩岸〉，《中國時報開卷版》（1994年5月19日）。

．編輯部，〈紀念「台灣新文學之」北京作協辦座談會　賴和百歲冥誕中共藉機宣傳〉，《聯合報》第10版（1994年4月20日）。

．周美惠，〈賴和、謝雪紅登上舞台與觀眾對話台灣近代史〉，《聯合

報》第25版（1994年3月30日）。

· 李爽學，〈我生不幸為俘囚──評林瑞明《台灣文學與時代精神》〉，《中時晚報副刊》（1993年12月19日）。

· 王昶雄，〈打頭陣的賴和──哲人「走得其時」〉，《自立晚報》第19版（1993年11月26日）。

· 陳芳明，〈百年孤寂的賴和〉，《民眾日報》第24版（1993年11月20日）。

· 鍾肇政，〈懷念賴和紀念賴和兼談李篤恭的努力〉，《自由時報》第25版（1993年10月20日）。

· 鍾肇政，〈賴和研究〉，《自由時報》（1993年10月13日）。

· 呂興忠，〈從賴和到洪醒夫──談台灣新文學的原鄉〉，《中華日報》第11版（1993年5月22日）。

· 林柏維，〈鬥鬧熱的一桿秤子〉，《自由時報》（1993年1月18日）。

· 李篤恭，〈賴和醫院不見了認識我們的先賢是建構明日希望與理想的礎石〉，《台灣新聞報》第13版（1992年12月24日）。

· 凌宜，〈大家做陣「鬥鬧熱」〉，《自立晚報》第5版（1991年2月24日）。

· 鍾肇政，〈台灣新文學的先驅──賴和在鬥鬧熱日會上的演講〉，《自立早報》第19版（1990年3月16日）。

· 林瑞明主講，〈「賴和研究面面觀」座談會〉，《民眾日報》（1990年2月1日-3日）。

· 李南衡，〈以作品鼓舞屈辱者奮鬥求生〉，《民生報》第9版（1987年7月31日）。

· 黃得時，〈台灣新文學播種者──賴和〉，《聯合報》（1984年4月4-5日）。

· 編輯部，〈賴和受謗平反〉，《自立晚報》（1984年2月13日）。

· 高天生，〈覺悟下的犧牲──賴和醫師的文學生涯〉，《自立副刊》（1983年8月9日）。

· 巫永福，〈光復節談和仔先〉，《民眾日報》（1979年10月25日）。

· 王曉波，〈台灣新文學之父──賴和與他的思想〉，《台灣時報副刊》

（1979年4月26-27日）。

- 南鷗，〈紀念我們的導師王敏川與賴和先生〉，《和平日報》「新世紀」第12版（1946年6月6日）。

- 朱石峰（點人），〈我與賴和先生——讀〈獄中日記〉有感〉，《和平日報》「新青年」副刊第2版（1946年5月13日）。

- 編輯部，〈（賴和去世消息）〉，《興南新聞》（1943年2月4日）。

五、傳記、專訪及其他

1. 傳記

- 白文進，〈賴和——台灣新文學之父〉，《影響台灣50人》（台北：圓神出版社，2002）。

- 醫望雜誌社，〈賴和〉，《福爾摩沙的聽診器——二十六位台灣醫界人物的故事》（台北：新新聞文化事業公司，2001）。

- 李懷、桂華，〈行醫濟世的新文學之父——賴和〉，《文學台灣人》（台北：遠流出版事業股份有限公司，2001）。

- 康原，〈彰化媽祖〉，《八卦山》（彰化：彰化縣立文化局，2001）。

- 編輯部，〈台灣新文學之父——賴和〉，《經典》第31期（2001年2月），頁58-59。

- 莊永明，〈台灣新文學之父賴和〉，《台灣百人傳2》（台北：時報文化出版公司，2000）。

- 李玉屏，〈台灣新文學之父——賴和〉，《國語日報》第5版（2000年8月19日）。

- 溫知禮，〈台灣新文學之父——賴和的一生〉，《台灣鄉土雜誌》第42期（2000年7月）。

- 趙遐秋，〈賴和台灣新文學的偉大奠基人〉，《台灣鄉土文學八大家——鄉土意識與愛國主義》（北京：台海出版社，1999）。

· 彭瑞金，〈賴和——台灣新文學的領航者〉，《台灣文學步道》（高雄：高雄縣立文化中心，1998）。

· 郭月媚訪談，〈從關係人追憶生前賴和〉，《彰化縣口述歷史（三）》（彰化：彰化縣立文化中心，1998）。

· 汪舟，〈「杜鵑豈有興亡恨，心血雖乾亦自啼」——記「台灣新文學之父」賴和先生〉，《台灣同胞抗日五十年紀實》（北京：中國婦女出版社，1998年）。

· 吉田莊人著、彤雲譯，〈掀起新文學運動台灣新文學之父·賴和〉，《從人物看台灣百年史》（台北：武陵出版有限公司，1998）。

· 蔣宗君，〈坐在角落裡寫文學的「和仔先」——賴和〉，《新觀念》第109期（1997年11月）。

· 康原，〈賴和先生的親情〉，《聯合報副刊》第37版（1996年11月24日）。

· 黃土地，〈賴和台灣新文學之父〉，《聯合報》第17版（1996年5月12日）。

· 林衡哲，〈台灣現代文學之父——賴和〉，《台灣文化季刊》第9期（1988年6月）。

· 武治純，〈台灣新文學之父——賴和〉，《壓不扁的玫瑰花——台灣鄉土文學初探》（中國通縣：中國廣播電視出版社，1985）。

· 彭瑞金，〈開拓台灣新文學的——賴和〉，《歷史的倒影——日據時代台灣新文學作家作品選讀》（高雄：河畔出版社，1982）。

· 楊雲萍，〈賴和〉，《台灣史上的人物》（台北：成文出版社，1981）。

· 黃武忠，〈台灣新文學的開拓者——賴和〉，《日據時代台灣新文學作家小傳》（台北：時報文化出版事業有限公司，1980）。

· 陳香，〈賴和其人及其詩〉，《聯合報》第12版（1979年2月19日-20日）。

· 王詩琅，〈賴和論〉，《民眾日報》（1978年10月6日）。

· 編輯部，〈流芳千古、廟食千秋：台灣先烈芳名〉，《和平日報》第2版（1946年6月4日）。

2. 其他

· 劉明岩,〈5／28定賴和日彰化開先例〉,《聯合報》第B1版(2010年5月26日)

· 簡慧珍,〈賴和紀念館陸學者參訪〉,《聯合報》第B2版(2009年8月22日)。

· 簡慧珍,〈賴和紀念館晉升為文化館〉,《聯合報》第C1版(2008年5月29日)。

· 江良誠,〈台灣文化日重現歷史場景〉,《聯合報》第C1版(2007年10月18日)。

· 簡慧珍,〈談詩學讀賴和彰化文壇好熱鬧〉,《聯合報》第C2版(2005年5月29日)。

· 陳家翊,〈賴和紀念館傳承台灣文學之美〉,《書香遠傳》第5期(2003年10月),頁20-23。

· 王寶星,〈詠賴和俳句十首連作:紀念賴和先生一〇六冥誕,第九屆賴和獎頒獎典禮暨賴和大全集新書出版發表有感〉,《台灣書訊》(台北:草根出版事業有限公司,2000)。

· 楊碧川編,〈賴和〉,《台灣歷史辭典》(台北:前衛出版社,1997)。

· 林瑞明,〈賴和先生年表〉,《台灣文學的歷史考察》(台北:允晨文化實業公司,1996)。

· 康原,〈台灣文學與賴和紀念館〉,《台灣時報》第26版(1995年11月5日)。

· 張超主編,〈賴和〉,《台港澳及海外華人作家辭典》(江蘇:南京大學出版社,1994)。

· 楊千鶴,〈賴和印象〉,《台灣新聞報》第17版(1994年8月3日)。

· 蔡子民等,〈同室操戈,一統雄心傷未達:紀念賴和先生一百週年誕辰

〔賴和〕〉，《海峽評論》第42期（1994年6月）。

· 陳萬益，〈秉承賴和精神開創文學新局談「賴和文學獎」的旨趣〉，
《自立晚報》（1994年5月28日）。

· 謝金蓉，〈林瑞明與賴和轟轟烈烈糾纏了十年〉，《新新聞週刊》第
342期（1993年9月）。

· 賴悅顏，〈賴和紀念館收存雜誌類目錄〉，《彰化人》第11期（1992年
1月）。

· 陳遼主編，〈賴和〉，《台港澳與海外華文文學辭典》（山西：山西教
育出版社，1990年）。

· 徐迺翔主編，〈賴和〉，《台灣新文學辭典》（成都：四川人民出版
社，1989）。

· 林衡哲，〈台灣現代文學之父──賴和〉，《雕出台灣文化之夢──林
衡哲選集》（台北：台灣出版社，1988）。

· 胡風，〈紀念賴和先生〉，《胡風晚年作品選》（廣西：漓江出版社，
1987）。

· 王晉民、鄺白曼主編，〈賴和〉，《台灣與海外華人作家小傳》（福
建：福建人民出版社，1983）。

· 王詩琅，〈閒談懶雲〉，《聯合報副刊》（1982年6月28日）。

· 中村哲，〈台灣の賴和氏〉，《知識階級の政治的立場》（日本：小石
川書房，1948年）。

· 台灣新民報社調查部編，〈賴和〉，《台灣人士鑑》（日刊五週年紀念
出版）（台北：台灣新民報社，1937年）。

· 台灣新民報社調查部編，〈賴和〉，《台灣人士鑑》（日刊一週年紀念
出版）（台北：台灣新民報社，1934年）。

作家大事紀

年份	事紀
1894年	五月二十八日（陰曆四月二十四日）：申時生於彰化街市仔尾，父賴天送，母戴氏允，原取單名河，又名癸河。賴家田產十甲左右，年收租三百石。
1895年	夫人王氏草出生於彰化浮景頭（西勢仔），父王浦係阿罩霧林家佃農。 十二月二十九日（陰曆十二月三日）：弟葵冬出生，因家人迷信將其過繼給彰化廖姓人家（戶籍名廖棟），成年後亦隨生父學作道士。
1903年	祖父賴知去世，享年五十九歲。 十月二十六日：入彰化第一公學校（原設於彰化孔廟，今中山國小）。
1907年	春：入設於彰化南壇（今南山寺）側之小逸堂，拜師黃倬其（黃漢）學習漢文，學生中有，黃文陶、石錫烈、陳吳傳、楊以專…等人，筆硯相親。晚年合組晉一會，逢十晉一，集會歡祝生日。
1908年	夏：先生尚未正式學詩前，寫作第一首漢詩〈題畫扇〉。
1909年	三月：畢業於彰化第一公學校本科第七回。 四月二十日：考入台灣總督府醫學校第十三期，同學有杜聰明、翁俊明、吳定江……等人，全體住宿，採自治制度。 五月二十日起：戶籍寄居於台北廳大加堡三板橋上名東門外十三番地。
1910年	四月十九日：預科一年畢，升入本科。 十一月十二日：弟滄洧（賢穎）出生。
1914年	四月十五日：醫學校畢業，同期三十一位畢業生中列名十五。 十二月：就職於嘉義醫院。同月七日戶籍寄留於嘉義廳嘉義西堡嘉義街土名東門外十七番地。
1915年	十一月二十日起：戶籍寄留於嘉義廳嘉義西堡山子頂庄四百六十七番地。
1917年	六月：返回彰化開設賴和醫院。
1918年	一月一日：長男志宏出生，一月二十二日去世。 二月起：以醫員身分任職於廈門博愛醫院。
1919年	七月：從廈門博愛醫院退職歸台，仍行醫於彰化，寫作〈別廈門〉、〈歸去來〉等。
1920年	四月十六日：次男志煜出生，八月二十八日去世。 二月：參加台灣議會設置請願運動。
1921年	十月十七日：加入台灣文化協會並當選理事。 南社十五週年，賴和以白話文寫祝賀詞。

年份	事紀
1922年	一月十八日：三男燊出生。 六月應《台灣》第一回徵詩，發表〈劉銘傳〉兩首，分別入選為第二名和第十三名。 十月十七日：先生加入蔣渭水發起的「新台灣聯盟」。
1923年	一月十六日：台灣議會期成同盟會，向總督府提出結社申請，先生名列其中。遭受禁止後，二月十六日於東京重建。 八月：官方試圖以「阿片取締細則」告發先生，後裁決無罪。 十一月：塾師黃倬其逝世，先生寫古文〈小逸堂記〉紀念。 十二月十六日：因治警事件第一次入獄，初囚於台中水銀殿，後移送台北監獄。
1924年	一月七日：不起訴處分，出獄。 六月十七日：文協彰化支部成立附設讀報社及施行免費診療，先生與彰化十一位醫生擔任特約醫生。 十一月二日：文化協會第四回總會在彰化召開。 十一月八日：於文化協會彰化支部通俗學術演講：〈對人的幾個疑問〉。
1925年	任文協理是大正十四年理事。 二月：與陳虛谷等人成立「流連思索俱樂部」。 四月：作孫逸仙先生追悼會輓聯、輓詞。 五月七日：先生前往文協斗六支部演講：〈長生術〉。 五月十七日：四男悵出生。 八月：發表第一篇隨筆〈無題〉及〈答覆台灣民報特社五問〉（《台灣民報》，六十七號）。 九月廿三日：先生出席大甲第八回文化演講會，講題〈修己律〉。 十月十七日：先生出席召開台中林姓宗祠之文化協會總會，代表彰化支部報告會務。 十一月七日：先生前往斗六農村講演會上演講。 十二月：發表第一首新詩：〈覺悟下的犧牲〉（《台灣民報》，八十四號）。
1926年	一月發表第一篇白話小說〈鬥鬧熱〉（《台灣民報》，八十六號）。 一月十六日：新文學運動健將張我軍先生前來彰化拜訪先生。 五月十五、六日：出席霧峰萊園召開的文化協會理事會。 八月廿三日：與吳石麟發起「政談演說會」。 九月廿九日：與連溫卿、蔣渭水、林柏廷、邱德金……等人，提案政治結社。 十二月十七日：長女鑄出生。
1927年	一月三日：台灣文化協會開臨時總會於台中，左右兩派分裂，先生任新文協臨時中央委員。 三月七日：四男悵去世。

年份	事紀
1927年	四月五日：新生學會成立，為發起人之一。（同為發起人者：陳炘、吳蘅秋、陳虛谷、莊垂勝、陳紹馨、高天成、楊肇嘉、張煥珪、連震冬、楊友濂等廿六人。） 五月廿九日：任台灣民眾黨臨時委員。 六月十二日：擬成立「株式會社大眾時報社」，未成。 七月：任台灣民眾黨幹事。 八月三十一日：先生與林篤勳、許嘉種、楊家城等民眾黨員發起政壇演說會。
1928年	三月九日：民眾黨彰化支部舉辦自治制度改革政壇演說會，先生演講〈我們的政治要求〉。 三月二十五日：「株式會社大眾時報社」成立，先生任監察役（董事林碧梧、王敏川、張信義、莊孟侯、黃信國、楊老居，監事張喬蔭、莊泗川、吳石麟、林三奇、賴和。） 四月十五日：文協會台中總工會成立，四弟通堯是主事役員之一。 九月十九日：五男出生。 十月三十一日：新文協於台中召開第二回全島代表大會，被命令解散。
1929年	一月廿七日：先生出任《台灣新民報》相役談。 九月十日：長女鑄去世。 十一月三日：台灣文化協會第三回全島代表大會於彰化街彰化座召開，楊老居任議長，賴和任副議長，在此次中連溫卿遭除名。
1930年	八月《台灣戰線》發行，楊克培主持，賴和與謝雪紅、郭德金均列名其中，並任《台灣新民報》客員。（同為客員者：黃朝琴、陳逢源、陳虛谷、林佛樹。） 九月：參加《現代生活》創刊事宜。 十一月一日：文協彰化支部舉辦「打倒反動團體鬥爭委員會全島巡迴演講會」。賴和醫院遭到日警搜查。
1931年	一月：任《台灣新民報》相談役（顧問）客員。 一月四日：新文協於彰化召開第四屆代表大會，王敏川當選中央委員。 一月十六日：賴和出席台灣民眾黨彰化支部黨員大會，先生任議長。 二月八日：次女彩鈺出生。
1932年	一月：先生與葉榮鐘、郭秋生等人創辦《南音》。 一月：繼任《台灣新民報》相談役及客員。 四月十五日：任日刊《台灣新民報》學藝欄客員（同為客員者：林攀龍、陳虛谷、謝星樓）。 五月十九日：楊逵的成名作〈新聞配達夫〉（〈送報夫〉）前篇，經賴和之手於《台灣新民報》十九日連載至廿七日第四百五十一號終止。

年份	事紀
1932年	六月一日：六男洪出生。
1934年	二月五日：六男洪去世。 五月六日：「台灣文藝聯盟」成立，公推賴和為委員長，固辭，改推張深切為委員長。（常務委員五人，賴和、張深切、賴慶、賴明弘、何集璧）。 十月：先生與楊守愚共具名發表：〈喪禮婚禮改革的具體案〉、〈就迷信而言〉於《革新》（大溪革新會）。
1935年	十月：為李獻璋編的《台灣民間文學及》寫序文。 十二月：楊逵脫離《台灣文藝》，另出版漢文文學雜誌《台灣新文學》，編輯有賴和、楊守愚、吳新榮、郭水潭、葉榮鐘、陳瑞榮、楊逵、王詩琅等十九名。至一九三七年六月停刊，共出十五期。
1936年	四月：賴燊就讀私立台北中學（今泰北中學）。 五月九日：三女彩芷出生。
1937年	任日章商事株式會社監察役。 八月：彰化市醫師會創立，賴和出席，並合影留念。
1938年	二月五、六日：賴和與同級生共十六人宿泊草山大屯及在台北江山樓舉行的醫學校第一次同級會。 先生任彰化第一公學校後援會市仔尾區代表委員及創立四十週年紀念事業「世話役」（幹事）。
1939	三月：因患者感染傷寒初期症狀，未依法定傳染病規則向有關當局申報，竟遭重罰被迫停業半年。利用空among與楊木（雪峰）赴日本，轉滿洲，前往北京遊歷。 九月廿八日：應社成立。懶雲、陳虛谷、楊守愚等人同為成員。
1941年	三月：賴燊前往日本就讀駒澤大學預科。 三弟賢浦病逝。 十二月八日：（珍珠港事變當日），第二次入獄，約五十日，在獄中寫〈獄中日記〉，三十九日後，因病體弱停筆，讀佛書。
1942年	一月：病重出獄。 八月：賴燊結婚，隨即再前往日本就讀。 九月廿五日：應社同仁集會，並留影紀念。
1943年	年初，住院於台北帝大附設醫院。 一月三十一日：逝世。

（由賴和紀念館提供）

在深巷裡遇見詩人林亨泰

作家小傳

　　林亨泰（1924～），生於台中州北斗郡北斗街西北斗六百三十六番地外祖母家中（今彰化縣北斗鎮）。十四歲時，母親難產死亡，父親再娶，少年林亨泰的心靈受此打擊很深，並造成較為內向的個性，讓林亨泰因苦悶而開始習作日文短詩。

　　台灣師範大學教育系畢業，曾任教於北斗中學、彰化高工、中州工專、建國工專、中山醫學院、台中商專（今國立台中技術學院）、東海大學等。一九四七年因朱實介紹而加入「銀鈴會」，一九五六年參加紀弦主導「現代派」，一九六四年為「笠」詩社發起人之一，並擔任《笠》詩刊首任主編。

　　林亨泰的創作以詩及論述為主，著名詩作有〈風景〉兩首、〈賴皮狗〉、〈爪痕集〉等。一九九二年，林亨泰獲頒「榮後台灣詩獎」，評審肯定他：「在半世紀的詩文學志業

裡，林亨泰先生以紮實的創作和評論建立了詩人和批評家的地位。他真摯地站在現實基礎上，並堅持知性視野，呈現了獨特的形象，堪稱台灣戰後詩現實主義者的典範。」

晚年中風後的林亨泰，書寫的語言從中文轉回日文，重新使用日語來創作，對他來說，日語是他從小所學習、接觸的，更可以說是他的母語。復健後一年便發表多首詩作，如：〈平等心〉、〈誕生〉等，反應對生命新體會與反思。除此之外，另有未發表的盧騷的《愛彌兒》讀後感六十首詩作，亦是日文書寫，可謂詩壇奇蹟。

與作家面對面

林明德：這次來拜訪林老師。首先想請教您，家中的詩學淵源
　　　　是怎樣的情形？

林亨泰：這要從頭講起，我出生時，我的外祖父已經過世。不
　　　　過我手上有他的相片，發表在《台灣文學評論》上
　　　　（起身到書櫃找書），這邊是抽印本，照得比較不明
　　　　顯，可以給你們一本。以前母親帶我去掃墓時，都會
　　　　去外公那兒，墓碑上都會寫詩人傅之墓，小時候就有
　　　　「詩人」的印象。等到我大一點時，我的舅舅……我
　　　　外公家其實沒有生男生，只有女生，所以這個舅舅是
　　　　兄弟那邊認來養的，他說外公死去的時候，他的朋友
　　　　都把那些作品拿走了，只剩下廟口有幾首詩。有人研
　　　　究櫟社，這裡之前有徵稿，我的外祖父也有作品在裡
　　　　面。我因為沒有研究漢詩，以為這是沒深度的作品，
　　　　後來台中商專的一個教授，叫廖……

康　　原：廖振富啦，現在在中興大學台文所當教授。

林亨泰：他說我阿公跟外公的哥哥都有寫漢詩，而且程度不
　　　　錯。廖教授稱讚說：「全組詩思想頗為進步，批判
　　　　性極強。」然後是我表姐，她大我四歲，她是我外公
　　　　哥哥的孫女。她對文學也是很有興趣，她本來是念彰
　　　　工，大學念女子學院，後來嫁到台中一個有名的詩
　　　　人，夫婦兩人都很會寫詩。

林明德：您戰前時代的漢詩或新詩的啟蒙如何？

林亨泰：日本時代中學是五年制，那時有漢文，也是念四書、
　　　　論語、孟子。日本是中學的國文課本有新詩，漢詩如
　　　　唐詩宋詞也是有，日語的新詩從課本學來。日本時期

　　　　我是嚮往當教師，對詩雖然有涉獵，但真正開始還是
　　　　戰後。

林明德：戰後怎樣跨越語言障礙？

林亨泰：讀師大時，我書桌都向壁，我寫的詩都貼在壁上，等
　　　　到有新作品寫出時，再撕掉舊詩，把新的作品貼上
　　　　去。認識朱實也是從師大開始。我們雖不相識，但同
　　　　間宿舍卻有彰化人，朱實是來找這個彰化人時發現我
　　　　牆上的詩，所以邀我加入「銀鈴會」，就是從這開始
　　　　的。

康　原：所以「銀鈴會」對你影響很大。

林亨泰：對、對。

林明德：跨越語言是指？

林亨泰：之前我曾跟張彥勳要過一些資料，約一九四八年，我
　　　　跟張彥勳、蕭翔文、朱實等在楊貴先家裡，參加研究
　　　　會，教我們怎麼研究文學、怎麼寫小說，大概四五天
　　　　左右。銀鈴會時代中文都還不太行，都用日文投稿。
　　　　我們那個時代都是從日文轉變成中文。

林明德：銀鈴會跟楊逵的關係是怎麼樣？

林亨泰：張彥勳小時候就認識楊逵了，張彥勳的父親跟楊逵、
　　　　葉陶是很好的朋友，後來也被密告捉走，說是有左翼
　　　　思想。

林明德：當時您參加這個讀書會，他們的思想有影響你對社會
　　　　批判的意識嗎？

林亨泰：當時楊貴先在《潮流》有發表文章，我們都很崇拜
　　　　他，當然有受到影響。

康　原：您是怎麼加入「現代派」？

林亨泰：我當時回到北斗，才到彰化。當時北斗沒有書店，

彰化才有，我在逛書店時看到《現代詩》的雜誌，
大約從第六到第七期開始看，也是季刊，當時翻譯很
多法國高科多等人的現代派，相當讚揚。我是因為遇
到四六事件所以有所覺悟，打算封筆不寫，一直看到
這些，發表在白色恐怖時空下，這些東西可以闖關成
功，應該有可寫之處，所以才又開始寫詩，寫現代主
義、現代派的東西。後來以筆名「恆太」投稿登出我
的作品，但不知道是我，經過很多年，一直到方思在
出版詩集，我有預訂，但報紙上刊登說已經寄出，但
我卻一直沒有收到，所以用本名致函紀弦詢問所預約
之方思詩集《夜》為何久未收到，紀弦回信說正與葉
泥多方打聽其下落，才發現「恆太」是我。《自立晚
報》有人幫我翻譯，我日文詩集約民國三十九年就出
現，有些人有拿到，像是兒童教育的楊喚……。前陣
子《聯合報》刊登他留下來的詩，但一看就知道是我
寫的詩，就是那篇〈女教師〉，是我的詩，他翻譯
的，但別人以為是他的。

林明德：楊喚也認識日文？

林亨泰：他是東北人，紀弦也認識，他是日本留學生，也受日
本影響，但他們不喜歡講日本話。

林明德：一九八〇年代，你創作的時候，對批判社會的詩，有
沒有與當時議題相關的作品？

林亨泰：有有，之前〈主權的更替〉，改成〈獨裁政權〉，本
來不寫原因，但台灣筆會要刊我的詩，我就寫因為
一九八八年，正月十三，蔣經國去世，我們在台中文
英館開的研討會，第三屆亞洲詩人會議，剛好張香華
她來邀稿，但是沒刊登，改在《台灣文藝》發表，我

是認爲〈獨裁政權〉更爲適合。

林明德：從這開始，之後還有嗎？

林亨泰：對、對，還有很多。

康　原：像〈賴皮狗〉也是，對嗎？

林亨泰：那一首也是，不過〈獨裁政權〉批判思想最爲明顯。

林明德：一九九〇年中期曾經因爲腦血管栓塞而倒下，之後對寫作有何影響？此後有怎樣的作品？

林亨泰：我在《聯合報》發表〈平等心〉，大約一九九六年五月——我中風時是一九九五年五月，約一年後就發表這首詩，此後大概都是這樣的作風，跟之前有顯然不同。

林明德：這首是中風後寫的，對思考有影響嗎？

林亨泰：有的，這詩剛開始說瞭解自己生命的、無法頂替的……要瞭解自己的、瞭解別人的生命，這就是生存、性命的可貴。像〈誕生〉不是人的誕生，而是內

▲林亨泰著作的書影。

　　側的誕生，都是生病後產生的體會。

林明德：這都是生病之後對生命的體悟、詮釋，未來有怎樣的
　　　　寫作計畫？

林亨泰：我已經寫了六十首《愛彌兒》的讀後詩，我用日文寫
　　　　的，巾力在幫我翻譯，有幾首已經發表了，很多還沒
　　　　發表。

林明德：都用日文寫的？說來日文等於您的母語。

　　　　　（林亨泰口述，林明德、康原提問，蘇茵慧錄音、記錄）

作家印象

一、楔子

　　林亨泰在《靈魂的產聲》的後記中，曾經記下：「人生的第一次初啼聲是剛出生在媽媽懷裡；第二次是青春期，也就是靈魂的初啼聲，也就是詩歌與夢；第三次初啼聲是反映人生現實，表達意志的初啼聲。」

　　二○○八年十一月的冬晚，第一次訪問林亨泰老師，第一次走入詩人的世界中，在這之前，我對「林亨泰」這個名字的定義，也僅僅是個詩人。不曾接觸不甚瞭解，走入林亨泰老師的家中，我對這句話有更深刻的體會。

二、見面初啼聲

　　林亨泰老師家座落於彰化市建寶街的小巷弄中，紅色的

▲林亨泰的家。

磚牆內是一棟白色兩層小樓房，還記得初踏入林亨泰老師家，首先被兩旁的書牆所震撼，接著眼前所望見的，也都是堆滿書的櫃子，就連樓梯口也都放著一疊又一疊的書，桌上放著拆開的、沒拆開過的、做上標籤記號的、正在閱讀的書本，這似乎與想像中詩人的家不太一樣。

書桌旁的昏黃燈光微微照著林老師滿是皺紋的臉龐，親切卻略帶點緊張的招呼大家。這又與我想像中的詩人不同了，本以為應該是位嚴肅的老詩人，沒想到推翻了我原先的刻板印象。

我在林亨泰老師家的客廳隨意的瀏覽，發現老師的書籍種類相當多，除了中文書之外，還有日文及外文書，由此可見林亨泰老師的語言能力是相當厲害的。電視機旁還有一個收納資料夾的書架，裡頭一本本的資料夾，從偶有顏色老舊的封面來看，可以得知林亨泰老師對於資料的蒐集也是相當可觀。旁邊架上放著幾座獎盃，我拿起相機拍下，這些都代表著林亨泰老師的成就與榮譽。

這次的訪談問題中，是依照著林亨泰老師一生的詩路歷程而進行採訪。在林亨泰老師微弱的聲音卻堅定的語氣中，我似乎搭上一班開往過去的火車，走進時光的隧道中，跟著林亨泰老師起伏的聲調，似乎有那樣的情景歷歷在目般……銀鈴會時期、白色恐怖、如何跨越語言、笠詩社、中風之後仍寫作不懈，從此觀之，可發現林亨泰老師的詩路歷程，也可說是台灣現代詩發展的縮影。

訪談過程中，有幾次停頓下來，林亨泰老師帶著羞赧的笑說：「不好意思，很久沒有講這麼多話了。」或是說：「年紀大了，有些事記得不是那麼清楚了。」雖然如此，每想到一個問題，林亨泰老師總是不厭其煩站起身，走到書櫃前去翻找相

關資料，總希望能給予我們一個完整的答案。

在我回家整理錄音檔時，逐一打成文字，再重新檢閱後，發現每個問題背後，還可以牽引出更多的問題，也有不同的發現，爲了能進一步了解老詩人的創作與生命，我與林亨泰老師約了下一次的見面時間，希望透過閒聊的方式，能有更多的收穫。

三、童年之樂樂無窮

第二次的見面是一個天氣晴朗的午后，我獨自一人前往。林亨泰老師爲我準備了一壺花草茶，我們在靜謐的屋內閒聊著。

林亨泰老師說，他出生於台中州北斗郡北斗街西北斗

▲林亨泰與家人的合照。

六百三十六番地的外祖母家中（今彰化縣北斗鎮），而正巧我曾經在東螺溪水流過的北斗居住了近四年，殊不知在北斗土地上孕育了一位用詩見證台灣歷史的詩人，實在汗顏。

當我問起林亨泰老師外祖母家中，是大約在北斗的哪一個方位時，老師興致勃勃在白紙上開始畫著地圖，並且開始為我解說方向，附近大概有哪些明顯的地標。

事後我曾到過北斗，到老街上找尋林亨泰老師的故居。老師在之前就曾說過，他外祖母的家大部份已經被拆掉，前面的院子也改建成別人的華美別墅，估計我應該是找不到了。果然，當我照著老師給的提示與地圖時，已經不復見老師童年時所居住的三合院舊貌了，別墅的主人也不願意讓我進到院子裡去拍攝，所以只好作罷。

林亨泰老師說他從小就喜愛有節奏感的音樂，以前居住在三合院時，曾經跟一群小朋友坐在大廳裡，大家背靠著兩旁的牆，說是牆，其實也只是木板做成的隔間，這時候就會用手肘撞木板，並且拍打自己的身體，不論是拍手、拍大腿等等，就像是在開音樂會一樣，這可是他童年的樂趣之一。

我跟老師問起了照片，想請求老師提供一些舊時的照片，想放入資料蒐集中。林亨泰老師腳步蹣跚到書櫃前，翻出了一本又一本的照片，每一本上都標示著主題，像說故事般，老師指著照片又喃喃地說起照片背後的因緣。

翻到這張照片時，林亨泰老師記憶猶新的說：「因為父親工作的關係，搬至烏日糖廠的員工宿舍去居住，當時宿舍外頭都是用植物藤蔓所圍繞的竹籬笆。有日，發現有隻金龜子停留在上頭，調皮捕抓之下卻誤傷了自己額頭，血流如注。」照片上還留有額頭上受傷包紮的痕跡。

四、銀鈴會與笠詩社

　　因爲母親去逝後，父親續弦的關係，促使林亨泰老師個性較爲孤獨，中學時期，林亨泰老師將自己埋在書堆裡，吸取日本與歐美新文學思潮之思想，來忘卻現實生活的痛楚。戰後一年，林亨泰老師考入台灣師範學院，在宿舍中，他將寫好的詩張貼在書桌的牆上，也因爲如此而認識了朱實，並且加入「銀鈴會」，認識張彥勳以及楊逵。一九四九年，林亨泰老師的日文詩集《靈魂的產聲》出版。

　　「銀鈴會」解散後，林亨泰老師因深受政治迫害，加上禁用日文的政策，面臨書寫工具轉換的考驗，停筆數年。某一次在逛書店時，發現紀弦先生主編的《現代詩》，又再度重拾創

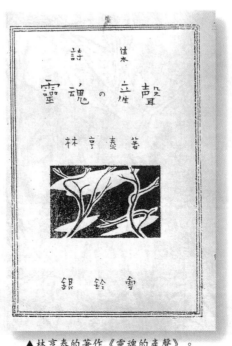

▲林亨泰的著作《靈魂的產聲》。

作之筆，此時林亨泰老師開始發表「符號詩」，引起詩壇廣大的討論，例如：〈風景〉詩，至今仍受評論者所討論。

　　一九六〇年代後，林亨泰老師成為「笠詩社」的創立者之一。當時的文壇，盛行反共文藝與現代主義，而「笠」詩社則主張詩與現時是聯繫的，並且注重現實。

五、用詩吟唱生命

　　一九九二年十月，林亨泰老師榮獲由莊柏林所頒贈的第二屆「榮後台灣詩獎」，肯定他在詩創作上的成就，該屆評審給予林亨泰老師的讚詞如下：「在半世紀的詩文學志業裡，林亨泰先生以紮實的創作和評論建立了詩人和批評家的地位。他眞

▲林亨泰的獎盃聘書。

摯地站在現實基礎上，並堅持知性視野，呈現了獨特的形象，堪稱台灣戰後詩現實主義者的典範。」

一九九五年，林亨泰老師中風，而停止寫作，花了一年復健時間，努力讓身體與行動力能早日恢復。雖然成效有限，目前腳步仍然有些許緩慢，但創作之筆卻已經重新回到軌道上，陸續發表詩作，將這段期間對生命產生的新體會與省思，透過文字來呈現。

有趣的是，林亨泰老師在中風後，書寫的語言從中文轉換回到日文，重新使用日語來創作。對他來說，日語是他從小所學習、接觸的，更可以說是他的母語。翻開最近老師所書寫的詩作手稿，不論是盧騷的《愛彌兒》讀後感六十首詩作，亦或是未發表的，老師一字一字，工整地用日文書寫著。

在老師的相本中，我看見他年輕時期與許多文友的合照，對文學活動、文學社團的熱絡。近年來，林亨泰老師因為年紀的關係而較少參與文學活動，但對於時事仍保有一份關心與批判，透過文字表達他的心聲。

在小小的幾坪空間裡，林亨泰老師仍持續寫作，每日堅持著讀書，一位在深巷裡的老詩人，用詩吟唱生命，用生命創作詩。

（蘇茵慧　撰寫）

創作年表

年份	事紀
1949年4月15日	詩集：《靈魂的產聲》（台中：光文社出版）。
1955年3月	詩集：《長的咽喉》（台中：新光書店出版）。
1968年9月	論著：《J.S.布魯那的教育理論》（台中：新光書店出版）。
1969年9月	翻譯：《保羅梵樂希的方法序說》（台北：田園出版社）。
1978年7月	合著：《創作性教學法》（台北：台北市政府教育局）。
1984年3月	詩集：《林亨泰詩集》（台北：時報文化出版）。
1986年1月	評論：《現代詩的基本精神》（豐原：笠詩社出版）。
1986年2月	詩集：《爪痕集》（台北：笠詩社出版）。
1990年5月	詩集：《跨不過的歷史》（台北：尚書文化出版）。
1993年6月	合集：《見者之言》（彰化：彰化文化中心）。
1994年6月	評論：《尋找現代詩的原點》（彰化：彰化文化中心）。
1998年9月	合集：《林亨泰全集》（彰化：彰化文化中心）。
2007年9月	詩集：《林亨泰詩集》（高雄：春暉出版社）。

參考文獻

一、專著

· 蕭蕭編，《林亨泰的天地──林亨泰新詩研究》（台中：晨星出版社，2010年）。

· 林亨泰著／林巾力譯，《生命之詩──林亨泰中日文詩集》（台中：晨星出版社，2009年）。

· 林巾力，《福爾摩沙詩哲：林亨泰》（台北：印刻出版社，2007年）。

· 康原，《八卦山下的詩人・林亨泰》（台北：玉山出版社，2006年）。

· 侯育秀、王宗仁編，《福爾摩沙詩哲：林亨泰文學會議》（彰化：彰化縣文化中心，2002年）。

· 呂興昌編，《林亨泰研究資料彙編》（彰化：彰化縣文化中心，1994年）。

二、碩博士論文

· 柯夌伶，《林亨泰新詩研究》（台南：成功大學中國文學研究所碩士論文，1999年）

· 阮美慧，《笠詩社跨越語言一代詩人研究》（台中：東海大學中國文學研究所碩士論文，1997年）。

三、單篇期刊論文

· 康原，〈林亨泰：85歲還在寫詩〉，《文訊》第276期（2008年10月），頁86。

· 陳銘堯，〈不一樣的風景──讀林亨泰〈風景〉詩〉，《笠詩刊》第267期（2008年10月），頁114-118。

· 楊風，〈晦澀詩的實質美與形式美──以周夢蝶、旅人和林亨泰為中心〉，《台灣現代詩》第14期（2008年6月），頁43-67。

- 康原，〈台灣詩人林亨泰〉，《追蹤彰化平原》（台中：晨星出版社，2008年），頁144-155。

- 胡彩蓮，〈台灣現代主義詩人林亨泰研究〉，《彰中學報》第24期（2007年1月），頁257-284。

- 蕭蕭，〈林亨泰：建構台灣的新詩理論——細論林亨泰所開展的八方詩路〉，《土地哲學與彰化詩學》（台中：晨星出版社，2007年），頁41-83。

- 蔣美華，〈走過「現代」・定位「本土」的「現實」詩美學——康原《八卦山下的詩人・林亨泰》評介〉，《文訊》第253期（2006年11月），頁16-18。

- 蕭蕭，〈林亨泰的詩：八卦所開展的多向現實諷喻〉，《明道文藝》第368期（2006年11月），頁66-80。

- 林巾力，〈想像「現代詩」：以林亨泰五〇年代的「現代主義」建構為例〉，《中外文學》第410期（2006年7月），頁111-140。

- 台灣文學館，〈作家身影——陳千武・林亨泰・鍾肇政〉，《台灣文學館通訊》第11期（2006年6月），頁8-13。

- 康原，〈散文——少年詩人林亨泰〉，《幼獅文藝》第630期（2006年6月），頁110-114。

- 康原，〈賞讀林亨泰的詩——〈鞦韆〉與〈弄髒了的臉〉〉，《台灣現代詩》第5期，（2006年3月），頁91-95。

- 陳義芝，〈1950年代林亨泰的前衛試探〉，《台灣詩學論壇二號》，（2006年3月）。

- 柯慶明，〈防風林與絲杉——論林亨泰與白萩詩中的台灣意象〉，《台灣現代文學的視野》（台北：麥田出版社，2006年），頁279-316。

- 彭瑞金，〈林亨泰——走過現代、定位本土的詩人〉，《台灣文學50家》（台北：玉山社出版公司，2005年），頁282-289。

- 蔡依伶，〈家在彰化，林亨泰〉，《印刻文學生活誌》第14期（2004年

彰化學

10月），頁94-101。

- 黃崇軒，〈詩、語言與真實的密不可分：第八屆國家文藝獎文學類得主：林亨泰〉，《台灣文學館通訊》第5期（2004年9月），頁60-63。

- 蕭蕭，〈林亨泰呈現的現實主義美學〉，《台灣新詩美學》（台北：爾雅出版社，2004年），頁181-207。

- 方艾鈞，〈林亨泰：以現代詩探索生命深層〉，《書香遠傳》第5期（2003年10月），頁40-41。

- 陶保璽，〈景也，亨泰！舍也，亨泰！思也，亨泰！讀林亨泰的詩，兼論圖象詩的思惟走勢〉，《台灣新詩十家論》（台北：二魚文化，2003年），頁333-372。

- 葉狼，〈致林亨泰〉，《笠詩刊》第233期（2002年2月），頁82。

- 蕭蕭、白靈編，〈林亨泰簡介〉，《新詩讀本》（台北：二魚文化公司，2002年），頁102-103。

- 趙天儀，〈論林亨泰的詩與詩論——現實主義與現代主義的對話〉，《台灣詩學季刊》第37期（2001年11月），頁9-16。

- 康原，〈跨越語言的台灣詩人——林亨泰與陳千武〉，《台灣月刊》第238期（2001年10月），頁19-21。

- 丁旭輝，〈林亨泰符號詩研究〉，《國立編譯館館刊》第30卷第1、2期合刊本（2001年12月），頁349-367。

- 陳凌，〈詩史之眸〉，《台灣詩學季刊》第37期（2001年11月），頁6-7。

- 蕭蕭，〈台灣現實主義詩作的美學特質——以林亨泰為驗證重點〉，《台灣詩學季刊》第37期（2001年11月），頁45-64。

- 郭楓，〈感覺靈光的詩美投影——評析林亨泰詩作藝術〉，《台灣詩學季刊》第37期（2001年11月），頁31-44。

- 三木直大，〈林亨泰中文詩的語言問題——以五○年代現代詩運動前期為中心〉，《台灣詩學季刊》第37期（2001年11月），頁17-30。

- 孟佑寧，〈林亨泰詩語風格「異常句」「走樣結構」之分析——以《林亨泰詩集》為分析場域〉，《台灣詩學季刊》第37期（2001年11月），頁65-81。
- 陳秉貞，〈台灣現代詩史的見證者——林亨泰詩論研究〉，《台灣人文》第4號（2000年6月），頁117-140。
- 林政華，〈跨越時代，跨越國界——呂興昌編訂《林亨泰全集》〉，《文訊》第165期（1999年7月），頁44-45。
- 柯夌伶，〈凝視鄉土，心繫台灣——林亨泰詩中的台灣圖像〉，《第五屆府城文學獎得獎作品專集》（台南：台南市立文化中心，1999年6月），頁276-328。
- 呂興昌，〈林亨泰全集〉，《彰化藝文季刊》（彰化：彰化縣文化中心，1999年1月），頁62-65。
- 柯夌伶，〈林亨泰四〇年代詩中女性關懷〉，《雲漢學刊》第5期（1998年5月），頁43-64。
- 李魁賢，〈步道上的詩碑——林亨泰〉，《笠詩刊》第203期（1998年2月），頁195-196。
- 劉紀蕙，〈台灣現代運動中超現實脈絡的日本淵源：談林亨泰的知性美學與歷史批判〉，《比較文學：第一回東亞細亞比較文學學術發表論文集》（漢城：韓國比較文學會，1998年），頁19-45。
- 張默，〈陽光陽光，曬長了脖子——林亨泰的詩生活探微〉，《聯合文學》第150期（1997年4月），頁124-135。
- 三木直大，〈悲情之歌——林亨泰的中華民國〉，《笠詩刊》第197期（1997年2月），頁84-99。
- 黃粱，〈新詩點評（7）——溶化的風景〉，《國文天地》第136期（1996年9月），頁70-72。
- 康原，〈林亨泰的風景〉，《彰化青年》第303期（1996年4月）。
- 康原，〈台灣詩人林亨泰〉，《文訊》第123期（1996年1月），頁77。

- 呂興昌，〈現實取向的現代詩〉，《種子落地·台灣文學評論集》（彰化：賴和文教基金會，1996年），頁225-281。
- 岩上，〈釋析林亨泰〈宮廷政治〉一詩〉，《笠詩刊》第190期（1995年12月），頁86。
- 邱婷，〈林亨泰：台灣詩運發展的見證人〉，《文訊》第117期（1995年7月），頁28-29。
- 張恆春，〈一顆折射著冷冽光芒的晶石──試論台灣詩人林亨泰的理論和創作〉，《吉林師範學院學報》第4期（1995年），頁54-56。
- 紀弦，〈關於台灣的現代詩──為第十五屆世界詩人大會所作的專題演講〉（1994年8月30日）。
- 三木直大，〈台灣e語言e外國教育：詩人林亨泰e場合〉，《視聽覺教育研究》第7、8合刊號（1994年3月）。
- 康原，〈詩史的見證人：跨越語言一代的詩人林亨泰先生〉，《文訊》第75期（1992年1月），頁106。
- 吳新發，〈非情世界〉，《聯合文學》第56期（1989年6月），頁40-46。
- 林燿德，〈疾射之箭·每一剎那皆靜止〉，《聯合文學》第56期（1989年6月），頁47-50。
- 古添洪，〈現代詩裡「現代主義」問卷及分析〉，《文學界》第24期（1987年11月），頁86。
- 黃綺雲，〈我的丈夫林亨泰〉，《笠詩刊》第139期（1987年6月），頁72-73。
- 熊秉明，〈一首現代詩的分析──林亨泰：〈風景（其二）〉〉，《詩三篇》（台北：允晨文化，1986年），頁31-74。
- 熊秉明，〈一首現代詩的譜曲──譜〈風景（其二）〉一詩的示意〉，《詩三篇》（台北：允晨文化，1986年），頁75-94。
- 鄭炯明，〈從林亨泰《長的咽喉》談起〉，《笠詩刊》第125期（1985

年2月），頁52-55。

· 趙天儀，〈晚秋：表現季節變化的詩〉，《大家來寫童詩》（台北：欣大出版社，1985年）

· 趙天儀，〈知性思考的暝想者：論林亨泰的詩〉，《台灣詩季刊》第5期（1984年6月），頁21-29。

· 郭淑芬，〈非情之歌——「林亨泰詩集研討會」〉，《現代詩》第6期（1984年6月），頁32-57。

· 陳千武，〈詩人林亨泰與風景〉，《文訊》第6期（1983年12月），頁281-288。

· 吳晟，〈溫厚的長者〉，《笠詩刊》第118期（1983年12月），頁38-39。

· 喬林，〈回看林亨泰〉，《笠詩刊》第118期（1983年12月），頁36-37。

· 喬林，〈學習筆記〉，《詩人坊》第6集（1983年10月）。

· 康原，〈不被遺忘的巨靈：簡介詩人林亨泰及作品〉，《彰化雜誌》第4期（1983年1月）。

· 張彥勳，〈探討銀鈴會時代的重要詩人及其創作路線〉，《笠詩刊》第111期（1982年10月），頁35。

· 江萌，〈一首現代詩的分析：林亨泰的〈風景〉〉，《現代詩導讀（六）》，（1979年11月）。

· 旅人，〈林亨泰的出現〉，《笠詩刊》第72期（1976年4月），頁10-42。

· 江萌，〈譜風景（其二）一詩的示意〉，《創世紀》第34期（1973年9月），頁12-16。

· 白萩、張默等人，〈林亨泰作品回顧特展〉，《水星詩刊》第9號第4版（1972年5月10日）

· 陳明台，〈笠的精神：追記林亨泰先生的談話〉，《笠詩刊》第47期

（1972年2月），頁10。

- 鄭炯明，〈評介《現代詩的基本精神》〉，《笠詩刊》第24期（1968年4月），頁17-19。

- 白萩，〈我欣賞的現代詩〉，《笠詩刊》第22期（1967年12月），頁44。

- 沙白，〈笠的衣及料：我看《笠詩刊》兩年來的詩創作〉，《笠詩刊》第13期（1966年6月），頁4-10。

- 柳文哲（趙天儀），〈論詩的語言的純粹性〉，《笠詩刊》第1期（1964年6月），頁10。

- 余光中，〈古董店與委託行之間〉，《掌上雨》（台北：文星書店，1964年）。

- 紀弦，〈談林亨泰的詩〉，《現代詩》第14期（1956年4月），頁66。

四、報章雜誌相關評論

- 陳徵毅，〈台灣新詩人林亨泰〉，《國語日報》第4版（2006年8月5日）。

- 李敏勇，〈南國的火紅花影〉，《新台灣新聞周刊》第509期（2005年12月22日），頁93。

- 陳允元，〈林亨泰詩選〉，《國語日報》第4版（2005年10月22日）。

- 曾麗壎，〈現代派本土詩人——林亨泰〉，《Taiwan News 財經・文化周刊》第117期（2004年1月），頁94-95。

- 康原，〈八卦山的詩景——關於林亨泰的詩〉，《自由時報》第44版（2003年8月22日）。

- 吳為恭，〈詩請一生——林亨泰〉，《自由時報》第13版（2003年8月3日）。

- 林政華，〈由銀鈴會而現代派而笠社，本土派詩哲——林亨泰〉，《台灣新聞報》第9版（2002年11月13日）。

- 林政華，〈稱呼林亨泰為「詩哲」的一段秘辛〉，《台灣新聞報》第13版（2001年12月19日）。
- 李魁賢，〈林亨泰的典型〉，《自由時報》第39版（2000年12月18日）。
- 陳慧文，〈既美麗、又有超能力──淺談林亨泰的詩〉，《中央日報》第22版（2000年6月9日）。
- 彭瑞金，〈林亨泰──走過現代、定位本土的詩人〉，《台灣新聞報》（1998年10月19日）。
- 非馬，〈漫談小詩〉，《華報》（1997年1月）。
- 林耀堂，〈遇見詩人〉，《自立晚報》（1996年6月30日）。
- 邱婷，〈身處語言交替年代：林亨泰夾縫中澆灌新詩〉，《民生報》（1995年3月26日）。
- 劉捷，〈見者之言〉，《台灣新聞報》第17版（1994年8月2日）
- 陳千武，〈知性不惑的詩：評介林亨泰〉，《自立晚報》第19版（1993年8月19日）。
- 呂興昌，〈走向自主性的世代：林亨泰詩路歷程簡述〉，《自立晚報》第19版（1992年11月8-10日）。
- 林于竝，〈我家有個詩人：五張書桌五個公事包〉，《聯合報》第29版（1990年5月27日）。
- 鄭明娳，〈非情詩人〉，《大華晚報》第10版（1988年4月22日）。
- 康原，〈八卦山下的詩人：林亨泰〉，《台灣時報》，（1984年4月23日）。
- 張默，〈林亨泰：〈風景〉之二〉，《商工日報》第9版（1983年7月2日）。
- 康原，〈靈魂的初啼聲：小論林亨泰早期作品〉，《台灣時報》（1982年10月19、20日）。
- 洛夫，〈文藝創作的另一天地──一部現代化的《大學國文選》〉，

《中央日報》（1982年4月8日）。

- 桓夫，〈台灣現代詩的演變〉，《自立晚報》副刊（1980年9月2日）。

- 康原，〈訪林亨泰談文學創作中的感情〉，《台灣日報》（1979年2月3日）。

- 林鐘隆，〈《林亨泰詩集》的風貌〉，《台灣日報》，（1972年1月）。

- 江萌，〈一首現代詩的分析〉，《歐洲雜誌》第24期（1968年12月）。

五、傳記、專訪及其他

1. 傳記

- 林亨泰，〈日本殖民地之下的大正經驗（三）——父親時代而至我的成年歲月〉，《台灣文學評論》第5卷第2期（2005年4月），頁246-252。

- 林亨泰，〈日本殖民地之下的大正經驗（二）——父親時代而至我的成年歲月〉，《台灣文學評論》第5卷第1期（2005年1月），頁217-229。

- 林亨泰，〈日本殖民地之下的大正經驗（一）——父親時代而至我的成年歲月〉，《台灣文學評論》第4卷第4期（2004年10月），頁261-267。

- 林亨泰，〈我的尋根之旅的一個嘗試——「我們以及我們的祖先們」補遺〉，《台灣文學評論》第3卷第1期（2003年1月），頁171-176

- 林亨泰，〈我們以及我們的祖先們——不同政治不同文化的數代家族史（下）〉，《台灣文學評論》第2卷第4期（2002年10月），頁172-188。

- 林亨泰，〈我們以及我們的祖先們——不同政治不同文化的數代家族史〉，《台灣文學評論》第2卷第3期（2002年7月），頁177-200。

2. 專訪

- 李長青、陳思嫻，〈與詩，追尋歷史的現代——林亨泰訪談〉，《笠詩刊》第241期（2004年6月），頁28-30。
- 林峻楓，〈博愛的默禱者——訪詩人林亨泰〉，《青年日報》第13版（2001年2月14日）。
- 莊紫蓉，〈訪林亨泰〉，《台灣新文藝》第9期（1997年12月），頁19-27。
- 陳謙專訪、林秀梅整理，〈詩永不死：訪林亨泰〉，《台灣文藝》第135期（1993年2月），頁55。
- 陳謙，〈現代詩與文學教育——訪林亨泰〉，《旦兮》第1卷2期（1993年2月），頁13-14。
- 林婷，〈開放文學教育的花果——專訪本土現代詩人林亨泰〉，《自由青年》第721期（1989年9月），頁50-55。
- 鐘耀隆、李淑華，〈詩人與語言的三角對話〉，《聯合文學》第56期（1989年6月），頁28-39。
- 鄭明娳、林婷，〈理論與實際——專訪林亨泰校友〉，《師大校友月刊》第245期（1989年5月），頁4-6。
- 周文旺，〈台灣的「前現代派」與「現代派」：林燿德訪林亨泰〉，《台北評論》第4期（1988年3月），頁68-76。
- 桃集，〈有孤岩的風景——訪林亨泰〉，《現代詩》第11期（1987年12月），頁15-24。
- 白靈，〈夢想的對唱——詩人與科學家激談錄〉，《聯合報》第8版（1987年5月31日）
- 康原，〈台灣鄉土文學並非始於鄉土論戰〉，《台灣詩季刊》第5期（1984年6月），頁30-39。
- 劉學芝，〈訪林亨泰先生談現代詩的基本精神〉，《建專青年》第11期（1983年6月）

· 康原，〈詩人的回憶：林亨泰訪問記之一〉，《文學界》第2期（1982年4月），頁151。

· 雁撫天，〈現代詩人的基本精神〉，《創世紀》第47期（1978年5月），頁51。

· 廖莫白，〈詩的防風林：林亨泰訪問記〉，《幼獅文藝》第289期（1978年1月），頁136。

· 陳明台、謝秀宗，〈詩話錄音〉，《笠詩刊》第23期（1968年2月），頁29-34。

3. 其他

· 簡慧珍，〈彰化詩學研討鎖定林亨泰〉，《聯合報》第B2版（2009年6月5日）。

· 賴素鈴，〈國家文藝蔣頒獎，動容的夜〉，《民生報》第A13版（2004年9月4日）。

· 〈林亨泰退休生涯仍寄情寫作〉，《人間福報》第10版（2004年7月16日）。

· 陳宛茜，〈老詩人林亨泰，深巷寫作家族史〉，《聯合報》第A12版（2004年7月12日）。

· 林政華，〈林亨泰先生文學年譜（下）〉，《台灣文學評論》第2卷第2期（2002年4月），頁106-115。

· 林政華，〈林亨泰先生文學年譜（上）〉，《台灣文學評論》第2卷第1期（2002年1月），頁184-194。

· 賴素鈴，〈福爾摩莎詩哲林亨泰受獎〉，《民生報》第A5版（2001年11月4日）。

· 黃志亮，〈《林亨泰全集》新書發表〉，《中國時報》第19版（1998年12月19日）。

· 〈林亨泰身經疾厄漸漸復原，對台灣文學的關心不止休〉，《民生報》

第15版（1995年10月27日）。

- 〈林亨泰授徒到日本弘法〉，《聯合報》第16版（1994年9月19日）。

- 〈呂興昌編《林亨泰研究資料彙編》〉，《聯合報》第37版（1994年9月7日）。

- 〈文建會補助出版林亨泰作品〉，《中國時報》第42版（1993年11月4日）。

- 〈五十年的「詩」生活：「榮後台灣詩獎」得獎感言〉，《自立晚報》第19版（1992年10月30日）。

- 〈林亨泰獲第二屆「榮後詩獎」〉，《中國時報》第31版（1992年10月23日）。

作家大事紀

年份	事紀
1924年	陽曆十二月十一日生於日治時代台中州北斗郡北斗街西北斗六百三十六番地——外祖母家。 外祖父傅仲輝，漢醫、漢詩人；外祖母陳氏賢，武館之女，精於武術技擊。祖父林朝宗（1876～1932），為雇傭，曾任甲長；祖母王氏緞（1877～1940）。父林仁署（1900～1970），原名仁慈，戶籍誤登記仁署；母傅氏白瑜（1900～1937）。
1925年	隨父母轉居台南州新化郡玉井庄三百六十八番地。
1926年	隨父母轉居台中州大屯郡烏日庄八十七番地。（註：時父親任職烏日製糖會社）。
1930年	隨父親遷回北斗街西北斗六百三十六番地。（註：原外祖母家，當時外祖母已逝）
1931年	父親通過漢醫考試，並至北斗郡埤頭庄小埔心開業（二百十四番地），再隨父母遷居該地。 四月：入小埔心公學校就讀一年級；上學期父母回北斗，林亨泰借居親戚家，初嘗孤獨滋味；至下學期轉回北斗公學校就讀。
1932年	就讀北斗公學校一至三年期間，閱讀過導師王萬居到日本東京代買過期雜誌：《幼年俱樂部》，奠定幼年文學基礎。
1937年	二月十日：母親生產三弟，因難產而逝世。 三月二十二日：在家人催促下，強忍喪母之痛，北上投考台中一中；落榜。母親逝世百日內，父親續絃，林亨泰深覺痛苦。 三月：北斗公學校畢業，進入原北斗公學校高等科就讀。小學階段，數學成績優異，曾有級任老師評其思慮縝密。亦特別喜愛音樂及其歌辭，尤其是出自名家的歌辭，如：西條八十的〈金絲鳥〉與島崎藤村的〈椰樹的果實〉。這些作品令其印象深刻，喚起「語辭之美」的心靈，是為接觸詩之初始。
1938年	父與繼母遷居九塊厝，獨自再度寄居親戚家中。
1939年	三月二十四日：自二年高等科畢業後，考入私立台北中學校（今泰北高中）。從國文課本（即日文課本）中，接觸到「新體詩」，也接觸島崎藤村的長詩〈晚春的別離〉，在老師的要求下背誦全詩。此外在「漢文課」中首次接觸到中國的四書五經古文詩詞，雖然不能以台語閱讀而全用日語訓讀，但從日本的「詩吟」中也能體會漢詩之美，也因此購買改造社出版的《現代日本詩集、現代日本漢詩集》與岩波文庫版的《唐詩選》。

年份	事紀
1941年	高年級階段，有兩三年時間罹惡性瘧疾，長期缺課，養成逛舊書店的習慣，因此發現日本現代派的《詩與詩論》舊雜誌，成為認識現代文學的起始，對歐美現代作家亦特別注意，如龐德、艾略特、李恰茲（I. A. Richards）、李德（Herbert Read）、喬埃斯等詩人、小說家與文學批評家，雖未深入，但卻為此後之理論思考與實際創作，奠定深厚基礎。 對日本詩的興趣，漸從明治、大正時代之新體詩、自由詩轉向昭和初年之現代詩人作品，如西　順三郎、春山行夫、北園克衛、瀧口修造、北川冬彥、安西冬衛、村野四郎、三好達治、萩原恭次郎等。至於「新感覺派」的作品與理論如橫光利川端康成、中河與一等亦多所涉獵，並摘要抄錄警句。
1943年	太平洋戰爭進入瘋狂階段，對於前途無甚寄望，毅然放棄只剩一年便即畢業的中學，考取台北帝國大學附設的「熱帶醫學研究所」所屬之「衛生技術人員養成所」（後改稱「南方要員練成所」），屬第二部第二科，接受為期不到一年的訓練，準備學成後可以成為當時迫切需要的瘧疾防治人員，於十二月十八日結業。此段期間，林亨泰寄留於台北建成町中山清德家。
1944年	「衛生技術人員養成所」結業後未如願從事防疫工作，而被派往新幾內亞充當隨軍衛生人員，深感可能一去不回，乃作長篇陳情書呈送所內庶務課長，說明不能成行之苦衷，結果終於逃過一劫。 在彰化田尾國民學校任教，擔任四年級級任老師。時美軍猛烈空襲台灣，乃利用躲空襲時間，在防空洞或樹蔭下廣讀教育學、哲學、社會學與心理學著作。
1945年	年初：突接徵兵令，立即入伍服役。先到嘉義接受為期兩月之基本訓練，隨即分發駐守台南新化（或新市），屬重機關槍兵，防守橋樑、水源地。 後移防岡山附近之蚵仔寮，防守海岸線。解役退伍後返回北斗。為進一步深造，開始準備投考台灣師範學院。
1946年	九月：考入台灣師範學院（今台灣師大）博物系本科（今生物系）。
1947年	九月：轉入教育系。認識「銀鈴會」同為彰化人的朱實，受邀加入銀鈴會，重新投入文學創作。
1948年	四月：楊逵（1905～1985）至師範學院演講，林亨泰深受感動，嘗試以華文寫詩。 五月一日：原銀鈴會同仁雜誌《緣草》改名《潮流》，推出復刊第一號，發表〈銀鈴會員的寄語〉一則及〈人間的悲哀〉、〈考試與禮拜天〉、〈你的名字〉、〈百合喲〉等四詩於《潮流》春季號。 八月二十九日：銀鈴會第一次聯誼會在豐原內埔國小校長室召開，林亨泰未能參加，會中淡星（蕭翔文）提起林亨泰之詩乃「用微妙的心理描寫」。在師院求學期間，知龍瑛宗（1901～1999）住於附近，乃前往拜訪，暢談小說與詩，林亨泰並將已發表之詩作相贈。

年份	事紀
1949年	三月九日：銀鈴會同仁蕭金堆（1927～1998）為《靈魂的產聲》詩集作序，又辰光（朱實）亦為其題辭。警總逮捕師範學院學生，學生頑抗，是為「四六事件」。林亨泰急返彰化，中途在台中下車，往訪楊逵，發現情治人員在楊宅翻箱倒櫃，發現林亨泰在場，順便登記其姓名地址。林亨泰至火車站月台等車時，見楊逵在另一月台雙手被銬押入北上的火車。 四月十五日：出版《靈魂的產聲》日文詩集，「潮流叢書」之一。由於四六事件的影響，銀鈴會在部分成員受到政治迫害的情況下無形解體。
1950年	台灣師範學院台語戲劇社成員再成立「鄉曲文藝社」，創辦《鄉曲》油印刊物，林亨泰加入為會員，時為教育系四年級；其他會員尚有蔡德本、楊英風、鍾露昇等。 六月：自省立台灣師範學院教育系畢業。 八月：任教彰化縣立北斗中學。某日下課後，突遭情治人員挾持逮捕，經員林而至台中，徹夜疲勞審問，至次日早晨始予釋回，是為白色恐怖年代小小之印記。
1952年	任教北斗中學期間，因學生提供，始知《靈魂的產聲》已由陳保郁譯成中文，陸續在《自立晚報·新詩週刊》發表。
1953年	四月二十日：葉泥漢譯〈百合〉詩，發表於《自立晚報·新詩週刊》七十四期。 八月：轉任省立彰化工業學校教師（今彰師大附設高工）。 十月：正式設籍彰化市大成里九鄰大成二巷十一號，三餐則在附近賃居的銀鈴會會員陳素吟女士家搭伙。
1954年	因不滿戰鬥文藝政策之無理操控，打算繼續停筆不再寫詩，偶在書店，發現紀弦主編之《現代詩》詩刊，正介紹法國現代詩人阿保里奈爾、高克多，乃再燃起現代詩創作之火。
1955年	以筆名「恆太」發表〈回憶〉詩於《現代詩》第九期。以本名致函紀弦詢問所預約之方思詩集《夜》為何久未收到，紀弦回信說正與葉泥多方打聽其下落，並邀其為《現代詩》寫詩。林亨泰發表〈輪子〉一詩，引起紀弦之注意與重視，並來信為未能排出作者特意處理的文字效果致歉，林亨泰受此鼓舞，再寄上四首「符號詩」。
1956年	一月：紀弦來函邀請加入籌畫中之「現代派」。 一月十五日：下午一點半，由紀弦發起，經九人籌備委員會（林亨泰列名其一）籌備的現代詩人第一屆年會，在台北市民眾團體活動中心舉行。 二月：《現代詩》第十三期出版，紀弦正式宣告成立現代派，林亨泰列名第一批「加盟」名單。 二月十八日：紀弦與葉泥、古之紅來訪，葉泥亦將已譯好之《靈魂的產聲》送給林亨泰。

彰化學

年份	事紀
1957年	林亨泰之符號詩雖在一九五六年年初約一個月中完成,經此實驗,其後即不再嚐試,但發表於《現代詩》時,因每期篇幅有限,竟歷經一年有餘才刊完。
1963年	三月三日:與彰化市黃綺雲女士結婚。 十一月二十日:長男于竑出生。
1964年	三月八日:與中部詩人詹冰(1921~2004)、陳千武(1922~)、錦連(1928~)、古貝(1939~)等在苗栗卓蘭詹冰家討論籌立詩社出版詩刊,提議以「笠」作為詩社與詩刊名稱。 三月十六日:與詹冰、陳千武、錦連、古貝等聯名發函邀請參與創辦笠詩社,結果參與發起者共十二人,其他七人為吳瀛濤、黃荷生、薛柏谷、趙天儀、白萩、杜國清、王憲陽。 六月十五日:《笠詩刊》創刊號出版,為首任主編。
1965年	一月二日:在台北參加笠第一回同仁大會。林亨泰編完《笠詩刊》第六期後,辭主編一職,由白萩接任。《笠詩刊》編輯報告該社敦請林亨泰、錦連、桓夫、葉笛、吳瀛濤成立日文翻譯小組,已著手將國內詩作譯成日文,寄給日本《詩學》、《現代詩手帖》發表。
1966年	八月:在彰化市慈濟寺舉行暑期《笠》中部「詩」作者、讀者詩話會,由林亨泰主持。 十一月二日:長女巾力出生。
1967年	六月:遷至彰化市華陽里五鄰南郭路十巷十號。
1968年	三月十七日:參加在中壢杜潘芳格(1927~)家舉行的笠詩社年會。 十一月十二日:參加「中國新詩學會」,並被選為理事。
1969年	二月九日:參加笠詩社中部同仁聚會,討論笠詩獎設立及編輯笠詩社《日文中國現代詩選》相關事宜。 三月:應彰化青年救國團之邀,在「文藝創作研習班」主講「詩論與美學」。
1970年	四月十五日:父林仁薯逝世,享年七十歲。 七月:暑假期間照例參與招生考試事宜,入闈期間數日未眠,引發急性腎炎入院治療。生病療養期間,減少耗費心神的創作而廣泛閱讀各類書籍;因此得以應兩位親戚之要求,整理二篇專稿供其參考,其一為有關元末白蓮教之叛亂,約六萬字;其二為〈廿世紀第二個十年的英詩〉,約二萬字;二稿均未發表。
1973年	七月十五日:參加在台中市政府二樓會議室舉行的笠詩社九週年年會及之前的座談會。

年份	事紀
1974年	一月：應聘為「第一屆中國現代詩獎」評審委員。 四月二十一日：在台北參加吳望堯所設置之「第一屆中國現代詩獎」決審會議，結果紀弦得特別獎，羅青（1948～）得詩創作獎。 八月一日：因腎炎逐自彰化高工退休，但仍繼續從事日文教學與文學研究。 九月：應聘中州工專為兼任教師。
1975年	四月十三日：在台北參加吳望堯所設置之「第二屆中國現代詩獎」決審會議並擔任主席，管管（1929～）與吳晟（1944～）同得詩創作獎。
1976年	六月六日：出席假成大文學院會議廳召開的笠詩社十二週年慶。
1978年	六月：林亨泰至台中市文化中心參加「笠詩刊發行十四週年座談」。 八月：應聘私立建國工專為兼任教師。
1979年	八月十九日：赴台南關子嶺「笠園」參加笠詩社十五週年年會。
1980年	十二月十三日：在台中文化中心主持「台灣先輩詩人作家座談會」，討論「台灣現代詩的演變」。 十二月十四日：上午赴台中市立文化中心參加《笠詩刊》創刊一百期紀念所舉辦的現代詩座談會。
1981年	八月：應聘私立中山醫學院為兼任講師，講授日文。
1982年	一月十五日：參加在台中市文化中心舉行的「中日韓現代詩人會議」。 七月十三日：接受梅新（1937～1997）電話邀稿，為復刊之《現代詩》撰寫有關覃子豪（1912～1963）堅持象徵主義的論文。 九月：應聘國立台中商專為兼任講師，講授日文。 九月：長男于竝考入輔大大眾傳播系。
1983年	九月：應聘私立東海大學為兼任講師，講授日文。 十二月：於台中市參加「白萩作品討論會」。
1984年	七月：辭去私立建國工專教職，計在該校服務六年。 十月六日：參加《創世紀》創刊三十週年慶祝會，並獲該刊詩評論獎。
1985年	一月二十六日：參加在台北台大校友會館舉辦的第一次笠詩友會活動，會中巫永福（1913～2008）演講〈福爾摩沙雜誌與我的青年文學生涯〉。 四月：林亨泰參加「「銀鈴會」回顧座談會」，地點於后里張彥勳家中舉行。 七月五～六日：應邀赴美國麻州大學參加第四屆「台灣文學研究會」並宣讀論文：〈「銀鈴會」史話〉。

彰化學

年份	事紀
1986年	三月三十日：出席「台灣文藝」、「笠詩社」、「文學界」聯合舉辦之「吳濁流文學獎」、「巫永福評論獎」「（笠叢書）台灣詩人選集出版紀念會」暨「文藝講座」盛會。 四月二十八：第二次胃出血，住進秀傳醫院，五月四日出院。
1987年	二月十五日：台灣筆會成立，加入為會員。 七月：辭去私立中山醫學院教職。
1988年	一月十四日：參加一月十四～十七日在台中市文英館舉行的一九八八年第三屆亞洲詩人會議並在會中宣讀台灣詩人代表致詞。 五月二十二日：赴台南神學院參加南部笠詩社同仁為二十四週年慶所舉辦的「詩的交談」活動，擔任導言，講題為「詩的語言與意象」。 六月：長女巾力畢業於東吳大學日文系。
1989年	一月：林亨泰參加「台灣人的唐山觀：兼論巫永福「祖國」一詩」座談會，舉辦地點於台北市巫永福家。 二月二十五日：參與簽署一份向權力當局要求釋放政治犯並徹底檢討二二八事件的呼籲書。 九月十日：第三次胃出血住院，十四日出院。
1990年	五月：參加「被蹂污的綠色台灣：兼論李敏勇詩〈噪音〉江自得詩〈童年的碎片〉李昌憲詩〈返台觀感〉」座談會。 七月：參加「台灣歷史的傷痕：兼論丘逢甲〈離台詩〉龔顯榮〈天窗〉柯旗化〈母親的悲願〉白萩〈雁的世界及觀察〉鄭炯明〈童話〉」座談會。 八月五日：參加在彰化李篤恭家召開之礦溪文化學會發起人會議，被選為七位籌備委員之一。
1991年	二月三日：礦溪文化學會正式成立，由賴和次男賴洝任第一屆理事長，林亨泰任理事。 三月二十四日：在台北參加陳秀喜女士追思告別式。 十二月：長女巾力畢業於東吳大學日本文化研究所，獲碩士學位。
1992年	一月十五：參加在台北ＹＭＣＡ舉行之《文學台灣》創刊紀念會。 三月三十日：長男于竝與廖瑾瑗小姐成婚。 八月二日：與呂興昌同赴高雄鳳山參加「鍾理和逝世三十二週年紀念暨台灣文學學術研討會」，呂興昌宣讀論文〈林亨泰四〇年代新詩研究〉。夜宿旅舍時，二人同室，聯床夜話台灣詩史問題。 十月三十一日：獲第二屆「榮後台灣詩獎」。
1993年	五月十五日：應邀在彰化師大國文系主辦之「現代詩學研討會」，講評白靈〈九歌版藍星詩刊的歷史意義〉論文。 七月二十五日：在台北YMCA參加笠詩社一九九三年年會。 八月十九日：在自立報系主辦之鹽份地帶文藝營中獲「台灣新文學貢獻獎」。

年份	事紀
1994年	二月：當選礦溪文化學會理事長。 六月十一、十二日：赴台中參加慶祝《台灣文藝》《笠詩刊》三十週年所舉辦的「一九九四台灣文學會議」。 七月：辭去東海大學教職，計在該校服務十一年。 八月二十七～三十一日：參加在環亞大飯店舉行，由台灣主辦之第十五屆世界詩人大會，並於二十九日之「日本韓國台灣三國詩人聯誼座談會」中發言。
1995年	一月二十二日：礦溪文化學會主辦之「台灣詩史銀鈴會專題研討會」在彰化文化中心召開，發表〈銀鈴會文學觀點的探討〉。 三月三十日：赴后里月眉國小參加張彥勳告別式。 五月十一日：因腦溢血入彰化基督教醫院急救。 七月：辭去台中商專教職。
1997年	九月十六日：第五次胃出血住院入彰化基督教醫院，十九日出院。
1999年	榮獲彰化縣文化局「第一屆礦溪文學獎」特別貢獻獎。
2000年	榮獲鹽分地帶「資深台灣文學成就獎」。
2001年	四月：至台灣師大「人文講座」演講〈停滯與革新──談我的角度來看戰後的現代詩意識〉。 十一月：榮獲真理大學第五屆「台文學家牛津獎」。
2003年	十一月：應真理大學之邀，林亨泰專題演講〈初識詹冰──銀鈴會中令人雙眼為之一亮的存在〉。
2004年	六月：參加靜宜大學主辦「楊逵文學國際研討會」，又在東海花園舉行「在大地寫詩──重回東海花園」活動。 七月：榮獲第八屆「國家文藝獎」。
2005年	三月：赴靜宜大學參加國家文化藝術基金會與台文系主辦「銀鈴聲揚──林亨泰」詩藝會活動。

彰化學

憂愁而善於吐詩的詩人

—— 錦連

作家小傳

　　錦連（1928～），本名陳金連，筆名錦連，一九二八年出生於彰化市，家中有五男五女，錦連為次男。十四歲考進「台灣鐵道講習所」就讀，畢業後被派任於彰化火車站擔任電報員。

　　二十二歲時，錦連在張彥勳主編的銀鈴會刊物《潮流》上發表日文作品，同時也加入該會，但沒多久因「四六事件」發生，銀鈴會被迫解散，張彥勳及多位銀鈴會的成員被捕，錦連曾接受朱實父親的勸告，前往台北三峽暫時躲避一週。在此之後錦連亦先後加入現代詩社與笠詩社，並在《軍民導報》、《現代詩》、《創世紀》、《今日新詩》、《筆匯》、《現代文學》、《文學台灣》等刊物發表作品。。

　　錦連詩作極富含時代意義，充滿著諷刺及批判的性格，但也有詩人浪漫情懷的流露，目前出版有中文詩集《鄉愁》、

《挖掘》、《海的起源》，散文《那一年（一九四九）錦連日記》，日文詩集《支點》等作品。先後榮獲一九九一年「台灣新文學特別推崇獎」、一九九四年「第五屆笠翻譯獎」、一九九六年「第五屆榮後詩獎」，二○○四年第八屆「台灣文學家牛津獎」。

　　從鐵路局退休後的錦連原於彰化教授日文，後來舉家搬至高雄鳳山，目前居住高雄市區內，過著閑適、靜謐的生活。

與作家面對面

鄭哲明：請老師説明一下，當初寫作時是如何決定以「錦連」
作爲筆名？

錦　連：因爲我的名字比較女性化，所以每次寫信時，每個人
回信都寫「陳金連小姐」，這使我感到十分困擾。光
復後我開始投稿，那時每個刊物投稿都有稿費，當時
我投稿到「中華婦女會」的雜誌時，便有回信寫説：
「陳金連小姐，你寫的作品是如何如何的好⋯⋯」等
等，且當時從大陸來台的文人或是軍中作家，都是光
棍還沒有結婚，大多理想很高，一般的女孩子看不上
眼。這時候在文壇中突然出現了一位會寫作的陳金連
小姐，加上當時作品比較抒情，在知識分子心中也大
多有著一個固定的觀念，因此便認爲這位本省人的
「陳金連小姐」第一、很漂亮，第二、多情，第三、
有受教育，三個條件都有，便一直寫信過來，我投稿
不曾被退稿，不是我的作品好，而是我的名字好。

　　像紀弦每次都會寫信來，連瘂弦也説我是女生，
於是便開始寫信約我去台北，我一時間不知該如何回
信，但是越不寫信他們反而越覺得神祕，來信邀約我
去台北的哪邊遊玩，我回信説我不會説北京話，結果
他們便寫信説這個暑假要來看我，我趕緊很謹慎的回
信，一天很謹慎的寫一點寫一點，意思是説：「請你
不要來，因爲我媽管教很嚴格」。結果反而使他們更
加認爲這下子不來救更不行，於是便來找我。當時來
找我的詩人大約可分成三種：一是來到這裡發現我不
是女生之後，便失望從此不再來往；二是逐漸慢慢失

聯的；三是跟我變成好朋友的。非常有趣。

鄭哲明：這與老師的「錦連」筆名由來有什麼樣的關聯？

錦　連：是因爲這樣子很麻煩，所以我就改了一個名字，叫做「錦連」。而這個「錦連」名字也有個故事，在苗栗有一位對我人生中很重要的一個女孩子，我們當時談的是純純的戀情，她現在有家庭也有小孩子了，一聽說我生病了，就說要來高雄看我。因此就是取她名字中的錦跟我名字裡面的連，就合成了這個筆名——「錦連」。

　　再說我過去在彰化市的成長背景。我在「鐵道研習所」畢業後回到彰化，因爲我的成績好，因此便把我派在彰化火車站的電報室，離我家不到十分鐘，可以說是九分鐘，用走的一個轉彎就是我的家。我家那邊日本時代是酒家，台灣過去有幾個酒家，台北的江山樓、台中水月樓、台南的高美樓，這是當時台灣的三大酒家，我們彰化人開了一個酒家，也就是彰化的高賓樓。我們家當時租的房子是在鬧區，童年時期是沒什麼感覺，當時的公學校是台灣孩子在念的，日本的僑民無論家庭是從事什麼行業都是念小學校，在八卦山下，當然小學校裏面也有一些親日派的地主階層的子弟在就讀。公學校一年級跟二年級都是台灣的老師在教，三、四、五、六年級則都是日本人來教，我去台北念書的兩年也都是日本人教，因此我總共念了八年的日語。

　　我在電報室的工作，日班是一般公務人員，早上八點上班，下午五點半回家，這是日班，第二班是夜班，夜班就不用上班了，自日班回去開始一直到隔天

日班來上班前，我們留兩個人，一個甲一個乙和一個
信差，如果電報來，便一個騎腳車或是用跑的去把電
報拿到各站去，這是信差的工作，而另外兩個必須留
下，這兩個人負責打電報，很累。我自十六歲便開始
在外面工作。這也有一個原因，因為我的家庭在一夜
之間破產，祖母去世後父親輩的無人可以約束，因此
錢便一直花。我的父親便輾轉來到彰化租房子住，因
為當時台灣的工作不多，輕工業還不發達，也因為一
夕之間變故，使我沒去考初中，當然考也不會考上。
當時的我並不是很喜歡念書，於是我的父親便要我到
台北的三峽去看看。

說到我在電報室工作的情形，其實很簡單，打出
去、收進來，發報、收報，就這樣而已，因為電報室

▲錦連的結業證書。

是獨立單位，其他單位像是剪票的或是副站長的，他們是外行，我們請假的話他們無法代替，但是他們請假時我們可以去幫他們賣票，所以那時他們管不到我們。但是到了光復，當時局勢很亂，五百元便可以買到一個副站長的職位，那個用花錢買來的職位位階比我們還大，還要來管我們，進電報室時我們就用電報打暗號說：「不要理他」，默默做我們的工作，因為他不懂，看看沒意思就走了，變成是管不到我們。

　　但是夜班的工作很累，兩三點的時候就要把另外一個在睡覺的人叫起來，然後顧守到天亮，隔天回去時因為我是住在市區內，很吵，睡不著，於是便到八卦山上到處跑。彰化車站街頭是流氓窟，每個攤販多是半個黑道，因此就有很多不同的勢力，而這些小孩子年紀大多比我小個兩三歲左右，有的就看我不順眼，我過去跟他們打交道，檳榔也吃很多，當時流氓間有一句俗諺：「你兄我弟林投竹刺，流氓法律一百零八條，弄得不好再來喬。」幫派的第一原則是我們的人不管做錯什麼，都要算對。

　　那時我算是過兩種的生活，一邊是搞幫派的，一邊是搞文學的。那時候彰化銀行的大股東李俊錫，他是彰化戲院的老闆，娶清水楊肇嘉的女兒，專門放大陸的電影，像是上海電影公司，長城電影公司那些，但當時都是默片。他有時候會來彰化火車站找我，因為他知道我是搞文學的，退休之後變成彰化銀行的顧問。我在二樓的電報房，那時我當主任，便請他進來，因為他也是文學家，是寫漢詩的，便與我討論文學。李俊錫很有學問，漢學的基礎相當深厚，他和吳

濁流的交情也很好，因此當時的許多人感到奇怪，不曉得我是怎麼樣的一個角色。那時火車站會有人跟人家打架，出去會被人打，沒辦法解決，便來找我，我去跟他們講一講就好了。

　　我搞文學，但也上酒家，因為我的好朋友他家裡很有錢，股票是上市的，人長的也很帥，和我很投機，所以便常常找我去酒家喝酒，記得那時我才剛結婚第三天，就要找我去酒家喝酒，讓我十分為難。

　　也因為有這樣的生活經歷，所以對於我的文學有很大的幫助，我的詩裡面沒有太多的文字堆疊，大多很生活化。

傅子晏：能否請教老師說明一下昔日「跨語言」時的心路歷程？以及老師為何會選擇寫詩？

錦　連：光復後，換語言，林亨泰、蕭翔文那些銀鈴會的都是老師，那些老師是如何念現在的國語，他們去台中師範學校去向那些大陸來的京片子學北京話，今天學回來隔天在學校就馬上現學現賣，這樣子學了沒幾年以後，就比較會講了，但是只有我沒有，我在電報室工作，連一個外省人都沒有，我問說為什麼都沒有外省人來電報室工作，那時候的外省人說：「我們才沒有那麼傻呢！沒有外快，一天到晚跟機器在講話，我們才沒那麼笨。你們看的不多，走的不廣。」他們就是有機會可以學，因為我不會中文，所以中文的報紙打開，裡面的意思我就要用猜的，因為裡面都是漢字。

　　然後就是跑彰化圖書館，日本時期彰化圖書館的藏書是十分的豐富，多到嚇死人，而館長是外省人，就把一些日本書拿到廣場晒完後賣到嘉義的回收

紙廠去，因為日本字他看不懂，當時我也搶救了幾本下來，日本圖書館的書我這邊有，那是很好的書。我到彰化圖書館去看《世界全史》，那是早稻田大學編的，有十六、七本，第一本是神話時代，第二本是黑暗時代，第三本才是希臘羅馬時代，到第十五本是寫第一次大戰，德國投降，凡爾賽條約的條文也在裡面，最末一本是有關的地圖，我把歷史跟地圖一起看，這樣子把全套書看完。接下來看《日本近代詩人全集》，這也十幾本，是精裝的書喔！那個時候沒人借過，很漂亮的書，我從第一本看，看到好的詩，我就把它抄下來，抄了一本，然後念，念日本的現代詩，都背下來，後來差不多這十年來，日本的一位詩人學者，編了一本日本名詩鑑賞的書，裡面都有解釋，我把它買來看，竟然我抄的詩都在裡面。我為什麼會寫詩，是因為我看得懂。我十六多歲就看得懂，這位日本學者編的這本名詩鑑賞的書，我抄的詩都在裡面，就是我會選詩，我看得懂，所以我開始搞文學就是因為我看得懂，我都是念日本的書，這樣子一直念一直念。

我一開始寫詩的時候接觸到的就是現代詩，現代詩就是現代主義，現代主義簡單舉例來說，就好像是有一間水果店，水果店裡面牆壁都放了鏡子，看起來彷彿東西很多，小小的一間店面，可是四周都是鏡子，然後那些小姐就在那邊擦鏡子，想把鏡子擦得亮一點，現代詩就這樣子寫：一個少女，從嘴裡吐出粉紅色的氣，氣有粉紅色的喔，那種感覺，新的描寫方法，那位少女從嘴裡吐出粉紅色的氣，在那邊一直擦

一直擦，慢慢地春天從鏡子裡出來，這個意境，這個美學，這就是現代主義。我那時都是看日本詩，慢慢地才開始看一些中文的，漸漸地看得懂中文，也比較會用中文寫，慢慢地把語言轉換過來。

　　我日文寫得很好，所以我是日文作家不是中文作家，我過去用日文寫，然後把它翻譯成中文，但是還要再看過一次，那些老師們不用，他們語言轉換比較快，我沒有，我很拼，算起來我有辦法用中文思考、中文寫作，花了十二～十三年。日本人教我要亂讀群書，那本大字典我一頁一頁的看，日本的字典字很小，裡面什麼都有，包括中國的典故、歷史甚至外國的。日本人說要寫作，字典一定要看，所以我一頁一頁的讀，我就是這樣過來的。我今天會寫詩，知道這

▲錦連的著作《鄉愁》書影。

麼多的事情，就是這樣子來的，不是說我比較屬害，也是要努力啦。

鄭哲明：接下來可否請老師述說一下，老師的第一本詩集《鄉愁》創作以及出版的緣由？

錦　連：《鄉愁》是用日文寫作，大部分在《現代詩》上面發表的。這本書羅浪幫我出錢，他在苗栗，而我會去苗栗是有個淵源，那時有個《軍民導報》。《軍民導報》是當時我們台中一中的「銀鈴會」的刊物《緣潮》，那時是從右邊寫，這是民國三十四年的事，這個我沒有參加，光復後才改名《潮流》，改做「銀鈴會」，銀鈴會不知道第幾期，他們都說我們裡面有一位小姐，那時候開始用中文寫作，我沒辦法就用日文寫作（是日文、中文來編的），我每次投稿，每個人都說我是「陳金連小姐」。朱實知道後高興得不得了，他現在人在大陸，「四六事件」他逃到大陸去，著實就住在我們萬芳的隔壁，是「四六事件」的通緝犯，媒體報導得很大，說台灣青年嚮往祖國，要回來為祖國效勞，把他捧得很紅，因為朱實會日語，剛好日本要跟我們斷交跟中共建交，所以就被周恩來找去當中共跟日本建交的翻譯，他跟日本的關係很好。

　　前不久，他從上海回來找我，足足過了四十四年才回來，第一次回來就來我家，張彥勳的弟弟後來也是跑去大陸，他弟弟本來在后里當老師，因為那時罷工，學校因為「沈從事件」，「沈從事件」就是說日本投降而撤僑，當時一些知識人員被中國共產黨的政府留下來，過了一年之後才讓他們回去。那時美國很怕共產黨，因為跟國民黨的反共一致，所以支援國民

黨，那時上海或天津都有一些美軍駐防。一個北大的學生叫做沈從，被美軍強暴，有沒有死我不知道，當時共產黨的統戰就是說因爲武力贏不了，所以就從內部破壞，從內部動搖，宣傳說我們反飢餓、反內戰，把這個把強暴人家的美軍捉起來，因爲他們有治外法權所以自己審判，說他無罪，把他放回美國，共產黨便利用這個民眾的憤慨來鬧學潮。像是西北聯合大學，遊行、罷課等等，國民黨沒有辦法處理，這個風氣傳染到台北，台大的學生跟師範大學的學生聯合，也一樣去遊行，後來因爲沒辦法，國民黨認爲不抓不行了，於是在四月日六日一口氣全部抓，這就是「四六事件」。這一抓下來的學生有三百多名，裡面流亡學生佔一半以上，那時被抓去關以及被槍殺的學生裡面，外省人比較多，台灣的學生像朱實就是學生自治會的會長，被用手銬抓去，但是他成功逃跑，他跑回彰化來通知我，晚上的時候他弟弟在彰化銀行工作，走那個暗暗的巷子小路，跑來找我說他在找我，說他因爲種種因素要跑路，之後便搭船跑到天津去，登陸後就跑去打游擊。

鄭哲明：能否請老師說一下當初「跨語言」在轉換的時候，是否有發生什麼有趣的事情？

錦　連：我們彰化車站對面，有一間麵店，在路燈下賣麵，賣麵的那個人大家都叫他駱駝，駱駝的外號叫做「啦哭啦」（音譯），駱駝過去跑去當翻譯，台灣人要說中國話（北京話）比較習慣，日本人很不會講，戰爭時日本佔領的地方像是廣東，那是不夜城，他就去那邊做翻譯，日本人很聰明，他利用台灣人的翻譯到那

裡去做線民，於是他們就知道中國人在搞什麼事情，這些翻譯的人賺錢賺很多。在那邊有一個外號叫做垃圾的人，他和謝雪紅是同故鄉的，他賭博一流的，每次賭贏了就跑去酒家喝酒，也因為他在那裡，所以每次台灣孩子到大陸那邊都有工作可以做，只要喊出垃圾的名號就可以了，在那裡像是賭博間、妓女戶、鴉片間都是他在管理的，只要安插個工作就可以了，這個「啦哭啦」（指駱駝）就去了。日本戰敗他們回來以後，彰化車站的那些死小孩每次看到他，就會對他嘲笑說：「包補呢拉來」，他聽到後就一直狂罵，什麼是「包補呢拉來」，就是他要去那邊當翻譯，所以就在台灣學北京話，他去台中跟福州人學，日本人那邊讓他隨便學學就馬上過去了，之後日本人給他考試說，因為他現在當翻譯，在日本路口的關卡那邊，看到一個可疑的中國人手上拿著一個包袱，你要怎麼對他講？於是他就對他說：「包補呢拉來，怕開偶看看」，包補是指包袱，其實是要說：「包袱你拿來，打開我看看」，日本人就給他過關了，讓他當翻譯，這是很有趣的事情。當時他暗地裡幫忙走私鴉片的事情，日本的佔領區必須要經過一條橋，那裡有憲兵跟軍隊固守，於是那些走私鴉片的人就先拿錢賄賂他，讓他們可以順利通過，因此錢一直賺進來。日本戰敗回來的時候，被人打得半死，從這街打到那街，差點沒辦法回來，要回來是因為吳三連跟楊肇嘉那時候在大陸要做生意，吳三連後來當台北市長，是他們把他贏救回來。

有一件事情很有趣，彰化有一個醫生，住在賴和

家附近，這個醫生娶了兩個妻子。也建立一個孤兒院，家裡面六七的兒子媳婦都是當醫生，孤兒院裡面都崇拜新中國，和當時去日本留學的那些知識分子都有漢學的基礎，那時的漢學，像是楊守愚一樣，他就是漢學仙，因為這個醫生的父親是前清的秀才，漢學底子很好，中文很好。他在那裡開補習班，叫做「國語補習班」，這個「國語補習班」上課的時候我也去讀，後來改成為「大同學院」，叫外省人來補習。在彰化我的一個同學的親戚，他家裡在夜市賣肉粽，叫做阿全，也在彰化大道公夜市的後面賣，那邊都是妓女戶，很多年輕人都會去那裡，戰後他也去「大同學院」補習，很多年後他去埔里，在車子裡面看到一個台灣人的派出所主管，兩個人一直對看，後來認出

▲錦連的手稿：《在月台上》。

來，說你不是那裡的什麼人，那個阿全問他說，我們
兩個都是國民學校畢業的，為什麼他可以當到派出所
的主管？那個派出所主管對他說，我們哪是呀，我們
是「大同學院」畢業的耶，因為那時候「大同學院」
隆重其事，也發證書。

鄭哲明：能否請教老師大多習慣在什麼樣的情境下進行創作。

錦　連：很多人都是用我的學歷來估算我的詩歷，卻不知道我
是這樣子努力來的，因為一般人都是算的。我寫詩都
是寫庶民的生活，我有一個朋友叫做林耀堂，他人很
有趣，但智商有點不足，他是孤兒，父母已經去世
了，他的姊姊嫁在彰化市的九坎仔（地名），這個康
原知道，因為他父母已經不在了，所以就去依靠他的
姊姊，他的姊姊就叫他顧店，有點類似長工的性質。
他的姊姊很疼他，但是他的姊夫並不疼他，很可憐，
後來戰後要去當兵，要調他去當國民兵，因為我是國
防技術人員，所以不用當兵，他的身世真的很可憐，

▲錦連的著作書影。

在要出發的時候不知道你們有沒有看過天上的雲像是船一樣在跑，很快很快的跑，好像要下雨，有一種不吉祥的預兆，我寫了一首詩來安慰這個可憐的同學。

我永遠都記得，那種東西會讓人感動，這才是詩，不像唐詩宋詞過去的制式教育只會背那個，你沒有打開窗戶看外國，像是白先勇台大外文系他們，因為有翻譯一批很重要的著作，所以才去碰觸到那些，之後有新的現代主義。有人對我說，金連阿，你的詩怎麼寫看起來都不像搞中文的，將來人們可能會用中文的程度來衡量你；我聽完之後對他說，你這樣子沒有辦法了解畢卡索，畢卡索為什麼畫畫頭那麼大顆，眼睛只有一顆，這個現代藝術你有辦法接受嗎？那就是歪曲，轉一個角度來看，產生新的美學，你沒學所以你不會。

再說「圖像詩」的創作。「圖像詩」，就是日本函授學校的這兩本書，在苗栗的舊書店被我看到，把它買下來，那時高興得不得了。《支那作家群傳》裡面談論到現代詩，新的寫法，我把它學起來，詩在這裡，圖像詩是現代，法國的詩，就是新的詩的寫法。裡面有「圖像詩」，它說：「我的生活是一顆貝殼做的扭扣，我的生活是會唱歌的蘆葦」，這種不一樣的東西要把它結合在一起，這種新的詩法，像是德國的詩，都有介紹，我都看這個，然後再來寫，這個介紹法國詩的是一個國小沒有念畢業的一個詩人，他很努力，他有辦法介紹這個詩。

就是「圖像詩」，有1234那個，我也抄很多，還有「電影詩」。我買到這兩本書，拿回來給林亨泰

看，林亨泰馬上拿去抄。他抄起來後就跑去搞那個新的手法。

鄭哲明：老師近期有發表「我的畫廊」以及「現代預言」這兩個系列的詩作，是否可以請老師說明一下，當初是在什麼樣的情境下創作這兩個系列的詩作？

錦　連：我下筆的時候，不管何時都是說我要重新出發。我要重新出發，就是要寫跟以前不一樣的東西，勘破這個領域，像那首〈守靈〉寫那個人死掉的那一首，描寫一個遺像，結個黑帶在那邊。我伯伯去世的時候，我弟弟跟我哥哥那些常喝酒的，沙發都佔著睡，我們怕有人會來，或親戚、或捻香的，如果是母舅來的時候就要跪拜，而他們在那邊誦經團誦經結束後，每個人都睡得東倒西歪，這時我就想遺像裡面的這個人，展現了一種神祕的笑容，驚見一種新的美感，這就是一種新的手法。

　　我說有一個素人畫家，是開摩托車店的老闆，很喜歡畫圖，他畫油畫，他跟他畫的人物的眼睛都是凸凸的，像是凸眼金魚，每次靈感一來就拿起來畫，摩托車店就沒什麼在顧，後來出名了，現在他都帶眼鏡，因為他知道他的眼睛不好看，我就想他一面畫圖，一面顧摩托車店，摩托車踏下去，引擎聲：碰碰碰碰碰碰碰碰，這是一種新的美感，這種的發想，頭腦要想什麼，像我跟我太太說的，天地人。對了，說到這邊就說個更重要的觀念給你知道，這樣子現代詩你就看得懂了，藝術裡面，素材與藝術本身是分開的，就好比如說音樂，Do Re Me Fa So……七個音，但是這個音本身沒有意義，沒意義的工具將之結合成

有意義的藝術品，素材跟創作是兩回事，就像建築要蓋房子，木頭拿起來敲敲敲，素材本身不會講話，但是有辦法湊成一間房子。還有繪畫，顏料本身沒有意義，但是用那個沒有意義的素材來做一幅畫，這就是藝術。就可比如說在彰化火車站，那些離別什麼的都是在火車站，有的說要去美國或是去日本什麼的，有的要去當兵哭得像什麼似的，我就看有一個少女在月台那邊哭得像什麼似的，然後火車就慢慢的走了，我就想這裡面有一個故事，一個男女的故事，我就想到把它營造一個氣氛起來，一個氛圍，叫做atmosphere，我營造一個氣氛出來，我原始的感動，把它營造一個氣氛出來，我用這個東西讓讀者來感染這個氛圍，感受這個氛圍，我用這個氛圍來告訴你們我原始的感動，用這個來告訴你們我詩的哲學、思想。我這個思想不是要給你們用來寫論文還是拿來寫論述的，是要給你像玫瑰花的花香那樣聞到，用我這個原始的感動，來營造一個氣氛讓讀者一起體認，而這個體認一百個人體認都不一樣，這個藝術可以倒帶，可以重新出發的東西，你如果不知道這個理論，你不知道現代詩，這樣子說你就聽得懂了。就像音樂會，音樂會裡大家都安靜的在聽，這時候如果突然碰一聲，桌子倒下去，大家都會馬上轉頭過去看，這就是我們把純粹音跟雜音分得很清楚。但是詩不是，這是有意義的東西，就像唐詩宋詞，要在裡面找意義，就像畢卡索的畫，你會去想這個顏料是幾年份的？是怎麼製作出來的？你不是這樣子在欣賞的，而是這幅畫整體看起來的感受，詩就是這樣子，你如果不知道

這個理論，你不知道現代詩，詩的藝術就像是運用沒有意義的工具去塑造一個有意義的世界。

有一次去演講，有一些《文訊》的記者就寫群眾說是「欲罷不能」，擠得「水洩不通」，真的是「水洩不通」嗎？我在現場，小貓兩三隻嘛，那些記者就照樣子來湊，「欲罷不能」啦、「討論熱烈」啦、「水洩不通」啦，這樣子湊起來就完了，整個死在那邊，那是「舊套」。之後有人跟我說：「金連呀，你這個不合中文。」說我不合中文，我是跛腳的，跛腳有跛腳的姿勢，像是《關東大俠》、《火燒紅蓮寺》，這些電影我都有看過，就是這樣子，你就是不肯打破框框，一直被制式的教育束縛，他不敢看也沒有機會去看，就死在那邊，然後又不懂外文，我用英文跟他講，他聽不懂，我會英文是自己念來的，像楊逵會看《生活雜誌》，我現在生病躺著無聊，我就念詩（英文詩），他都不會啊，我的學歷比你們都低耶。

傅子晏：最後請教老師，您最欣賞的作家是哪一位？最欣賞的作品是哪一類？

錦　連：欣賞的大部分都是日文的作家，像是日本的小說家川端康成、橫光利一，這些是新感覺派，他的文字是新的感覺派，當時的文人都有寫一些評論，這些作家大部分的作品我多少有看過。日本的作家都是先寫詩，小林多喜二，是左派的文人，我去過那邊給他拍照，還有松本清張也是很厲害，他們的詩都得到國際的獎。還有三島由紀夫、安部公房。大江健三郎曾得到國家文學獎，這些作家作品我都有讀過。日本的芥川

龍之介設有芥川獎，就是日本的諾貝爾文學獎，得到
這個獎可說是一夜成名，還有大眾文學獎，每一個得
獎的作品我都買來看。我想說以後如果要叫我演講我
不要講詩，我要說小說，叫做「錦連談小說」，因為
我最先是寫小說的，我小說寫很多耶，只是現在找不
到，不然可以拿出來看，有原稿喔。我用日文寫的，
不打草稿，就把他寫在報紙上，情節安排都非常妥
當。後來想我寫小說沒人要看，所以就寫短一點，寫
詩。我是小說起家的，我有寫過大河小說耶，整個
台灣的演變都寫在裡面，就像是李喬的《寒夜三部
曲》。

（錦連先生口述，傅子晏、鄭哲明提問，傅子晏、鄭哲明錄
音、錄影、記錄）

作家印象

一、訪談之始

二〇〇八年十二月九日的下午，筆者帶著一顆謹慎而好奇的心，前往高雄拜訪這位過去在笠詩社赫赫有名響叮噹的人物，詩人錦連。

第一眼見到錦連老師，予人的感覺是一位慈祥和藹的長者，雖然臉上布滿滄桑，但雄渾有力的語調，使人感覺不出他是位年滿八十歲的長者。錦連老師與師母客氣的招呼我們在客廳坐下，開始我們今天的訪談。

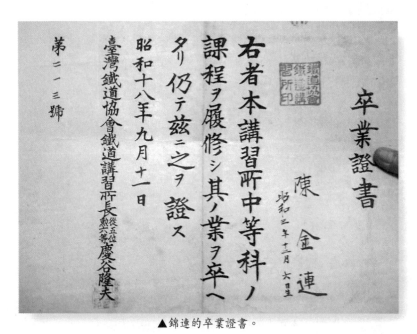

▲錦連的卒業證書。

二、過去與回憶

　　錦連老師幽默而風趣，一步步的訴說小時候的生活成長以及家庭背景，在記憶回溯中，他說道，父親一輩是生活在台北三峽富裕的大家庭裡，有位持家有方且生活嚴謹的祖母，在當時的年代，可謂為一方傳奇。也因為在祖母的治理下，家中的製茶產業日益興盛。但祖母去世之後，家中遭逢變故，導致家道中衰，父親因此輾轉來到彰化，因為這個緣故，錦連老師在彰化出生、成長。

　　年輕時代的錦連老師，曾經有過一段放蕩的青春歲月，昔日彰化火車站前的許多攤販，大多有著黑道的背景，少年時期的錦連老師雖不曾加入任何幫派，但也與他們維持著良好的互動關係，他說到，在日治時期，警察捉人之後大多是不問緣由直接刑求，他隔壁的一位鄰居因為貪杯醉酒後在街上閒晃，常被警察抓到警局，幼年時曾親眼目睹日本警察刑求犯人的手段與方法，至今仍然令人不寒而慄。

▲錦連在彰化市火車站電報室工作。

三、求學與成長

　　錦連老師雖然自謙年輕時不愛讀書，但成績卻是相當優異，在班上一直都名列前茅，且因為為人十分隨性、不拘小節，因此人際關係不錯。錦連老師從旭公學校畢業之後，便報考「台灣鐵道協會講習所」的考試，他也特別說到，在日治時期，這必須是跟日本鐵路局有一定的淵源關係才可以報考，因此那時班上的人，除台灣人的子弟之外，也有日本人，但是普遍水準程度都不是很高。因為念的是夜校，晚上六點開始上課，為了要把三年的課程在兩年間念完，因此沒有寒暑假，雖然就讀的學生程度有落差，但在當時前來教課的老師大多是首屈一指的日本老師。

　　當時前來就讀的學生雖與鐵道所有所淵源，但大多來自各地，因此除了桃竹苗一帶的子弟可以通勤之外，其他的學生大多在北部找地方居住。錦連老師當時寄住在親戚家中，後來因為某些因素搬了出去，在各個朋友間輾轉寄居。他便是在這樣的情況下完成學業。

　　談到在台北求學的過程時，錦連老師也提到自己那時搭乘夜班火車回彰化的情形，當時從台北回到彰化路途上會經過三十三個火車站，其中最驚險的部分，莫過於台灣鐵路的最高點──「勝興車站」的那段路程了，因為當時的火車是蒸氣火車，動力不是很充足，在要前往「勝興車站」的那段爬坡路段時，火車上的鐵路人員無不卯足了勁，不斷添加燃料，讓火車有足夠的爬升動力。但是要讓火車衝上那段險坡並非一次可成，往往是好不容易衝上了一半，結果後繼無力只好又讓火車順勢的滑下來，如此一來一往，衝刺好幾回是常有的事。如果真的不行，只好請苗栗火車站的人員從機關庫裡調來一節火車

頭，在下面幫忙推，慢慢的將火車推到「勝興車站」。錦連老師生動的描述那時的情形，真令我們這些「旁聽者」佩服起錦連老師敘事的功力。

　　錦連老師不僅擅於寫詩，對於文學、歷史也有深入的了解與研究，對過去或當代的時事背景也有著深刻的了解。詩人除了多愁善感、擅於寫詩、寫文之外，對於時代跟社會歷史也大多有著主觀的立場跟見解，但他卻是從客觀的歷史層面，將整個時代做一全面通盤的了解，不預設立場，以第三者的眼光來了解歷史與時事的演變。

四、筆名的由來及與文學的邂逅

　　錦連老師談及自己筆名的由來時，不好意思的笑著說，

▲錦連的著作《那一年》書影。

由於小的時候算命先生說他未來會缺錢，因此父親便將他取名為——「陳金連」。在報戶口的時候，戶政人員卻誤寫為「陳金蓮」，結果就這樣子開啟了老師文學路上一連串美麗的誤會。之所以取「錦連」這個筆名，主要是跟年輕時期一段純純的戀情有關，各取雙方名字中的一個字，合成了「錦連」這個筆名。

老師也提到，過去還未使用「錦連」這個筆名投稿時，是用本名，因此當他光復後投稿到「中華婦女會」時，被誤認為是女性，每次回覆或是寄來稿酬的信函，上面都寫著——陳金連小姐收。也因為這樣，當時有許多從大陸來台的軍中文人，或是高學歷的知識分子便常常來信追求，使得錦連老師哭笑不得。錦連老師也說到，當那些來信追求的知識分子發現原來「陳金連」是位男性時，或失望不來往，或逐漸失聯，但也有後來成為好朋友的。

台灣光復的那個年代，因為白色恐怖的緣故，許多的文人噤若寒蟬，而且政府掌控的手段也越見苛刻，錦連老師提到，當時的政府要求文人寫類似履歷表的文件，項目十分仔細，其中也有必須寫出自己認識或是熟識的朋友，而且每年都要寫，只要內容稍有不同便會遭到調查，這種變相的文字獄，不知讓多少知識分子深受其害。也因為這樣，當時有位文人慕名要來找「陳金連小姐」的時候，錦連老師不敢貿然承認，便把他指到「金蓮助產士」那裡去，算是文壇的一件小小趣聞。

五、錦連老師的文學觀

錦連老師在訪談中提到自己的文學理念，說出一句名言：「在那個年代，三十歲以前不是無產階級的知識分子，就是憨

人;而三十歲以後還是無產階級的知識分子,也是憨人。」這段話讓筆者陷入長考之中,回溯那個年代,無產階級主義不僅在國際社會或知識分子的心中,都是一帖救世的良藥,這是時代趨勢所造成的必然,當時知識分子那股亟欲改造世界的滿腔熱血,宛在目前。

「寫詩,是士大夫的工作,有所為,有所不為。」當錦連老師說出這話時,筆者看到他眼中閃爍一股耿直而堅實的光芒。他有寫作日記的習慣,在一九四九年的日記中,清晰地寫下二二八事件前後在他周遭所發生的事件與心路歷程,這本日

▲錦連榮獲第八屆『台灣文學家牛津獎』獎牌。

記經過錦連老師潤飾後,已於二〇〇五年九月由春暉出版社出版。他似乎見證了,文學反映歷史,想要找出最接近真相的歷史,需在當時或是當代的文本中找尋。

錦連老師運用他的筆,一字一句的寫下了當時他眼中所看到的歷史,他提到,再不久,他將在《文學台灣》發表一部著作,內容會採用《史記》的方式,書寫一般平民百姓的庶民生活,真實的寫出歷史跟社會的真相,但不會寫出主觀的對與錯,而是留給後人去評斷;光是這一點,更加深了筆者對於錦連老師的敬意,不知何時,筆者似乎遺忘了過去投入文學界的那股雄心壯志,昔日那份以文學記錄跟寫下歷史的決心,似乎也在時間的潮流中被漸漸的磨平,錦連老師的一番話,彷彿重新燃起了筆者心中那堆逐漸燃盡的餘灰。

錦連老師目前除了寫作之外,也積極地為過去的歷史留下紀錄,除了採取文字記錄,也採用錄音的方式,將過去見聞記錄下來,一部尚未現世的口述回憶錄——「警察的故事」。

除此之外,錦連老師也提到自己對於藝術的欣賞態度,他說:「素材和藝術是分開的,無意義工具的結合便是藝術品。」正如同顏料跟音符一般,當它們分開時,所看到的就只有個別的顏色,藍色就是藍色,紅色就只是紅色,音符在尚未譜成曲之前,不過是單純的符號,藝術家將這些無意義的工具加以結合,並融入自己內心的思想、感情,透過藝術品,將自己的思緒傳達給每一個欣賞者。但對於文學需採取不同的欣賞角度。因為文字並非是單純無意義的工具,因此當詩作或是文學作品完成時,便不可太過拘泥或執著於文字形式上面的表達意義,尤其是「詩」。讀詩的重點在於「詩的美感」,不可在文字上太過琢磨。

六、目前的生活哲學

　　跨越日治時期到現代，這段長久的歲月歷練，錦連老師的人生觀似乎也在這漫長的時間中有著轉變，他說道，他目前是位「宿命論」者，感覺上似乎有點隨遇而安，目前的生活態度是「3S」：分別是睡覺（Sleep）、微笑（Smile）跟沉默（Silence）。樂觀的人生與生活態度，加上不斷的學習，使得錦連老師的生活過得十分快樂而充實。他提到，因過去習慣採取日文寫作，為了配合政府的政策，在「跨語言」時代也吃了不少的苦工。其實過去他是寫日文小說的，因為「跨語言」的緣故，寫詩字句較短，比較好寫。說到這裡，他幽默地哈大笑。

　　錦連老師是位跨語言一代的詩人，更是以史家之筆，默默記錄過去的歷史。他精通日語、台語、國語與英文，至今仍勤奮不斷的學習著，長久自學獲得深厚的文學根基，在先行代詩人當中，尤其難能可貴。

（傅子晏　撰寫）

創作年表

年份	事紀
1954年10月	詩作：〈嬰兒〉（《創世紀》第62期）。
1956年	詩集：《鄉愁》（彰化：新生出版社）。
1956年4月1日	詩作：〈壁虎〉（《商工日報·藝文版》）。
1956年5月1日	詩作：〈秋歌〉（《商工日報·藝文版》）。
1693年9月30日	詩作：〈某日〉（《現代文學》第18期）。
1983年10月15日	翻譯：〈詩人的備忘錄（30）〉（《笠詩刊》第117期）。
1984年8月15日	詩作：〈貨櫃碼頭〉（《笠詩刊》第122期）。
1985年6月15日	譯詩：增田良太郎〈不安〉、〈寂寞的海〉（《笠詩刊》第127期）。
1985年8月15日	譯詩：菱山修三〈原野的人〉、〈心思〉、〈冬至〉、〈旅途的明信片〉、〈前夜〉、〈白晝〉、〈Damme〉、〈鬼〉、〈晚秋〉、〈荒唐〉、〈倦怠〉、〈小小的蒼天〉（《笠詩刊》第128期）。
1985年10月15日	詩作：〈那個城鎮〉（《笠詩刊》第129期）。
1986年2月	詩集：《挖掘》（台北：笠詩刊社）。
1986年2月15日	譯詩：增田良太郎〈理想〉、西條八十〈誰〉（《笠詩刊》第131期）。
1986年4月15日	詩作：〈孤獨〉、〈鐵橋下〉（《笠詩刊》第132期）；譯詩：增田良太郎〈原籍地〉、〈離別之歌〉（《笠詩刊》第132期）。
1986年8月15日	詩作：〈旅愁〉、〈麻雀的獨白〉（《笠詩刊》第134期）；譯詩：增田良太郎〈孤高〉、〈境遇〉（《笠詩刊》第134期）。
1986年10月15日	詩作：〈無為〉、〈他〉（《笠詩刊》第135期）；譯詩：增田良太郎〈風聞〉、〈生日〉（《笠詩刊》第135期）。
1986年12月15日	詩作：〈水井〉（《笠詩刊》第136期）。
1987年2月15日	譯詩：增田良太郎〈禮物〉、〈化妝品〉（《笠詩刊》第137期）。
1987年4月15日	詩作：〈當我要啟程之前〉（《笠詩刊》第138期）；譯詩：增田良太郎〈有刺鐵絲〉、〈信仰心〉（《笠詩刊》第138期）。

年份	事紀
1987年6月15日	詩作：〈寫生畫〉（《笠詩刊》第139期）。
1987年8月15日	詩作：〈貓〉、〈貝殼〉（《笠詩刊》第140期）。
1987年10月15日	詩作：〈獨居〉、〈日夜我在內心深處看見一幅畫〉（《笠詩刊》第141期）；譯詩：增田良太郎〈我的詩〉、〈於人造湖〉（《笠詩刊》第141期）。
1987年12月15日	詩作：〈鐵橋下〉（《笠詩刊》第142期）。
1992年3月	散文：〈記銀鈴會二三事〉（《文學台灣》第2期）。
1993年6月	詩集：《錦連作品集》（彰化：彰化縣立文化中心）。
1994年1月	譯詩：菱三修山〈我的體操〉（《文學台灣》第9期）。
1994年8月15日	譯詩：池　崇一〈女兒呀愛是〉（《笠詩刊》第182期）。
1994年12月15日	詩作：〈山頂〉（《笠詩刊》第184期）。
1996年1月5日	詩作：〈路上〉（《文學台灣》第17期）。
1996年2月15日	詩作：〈在月台上〉（《笠詩刊》第191期）；譯詩：有馬敲〈來自大海的女人〉、〈地中的女人〉（《笠詩刊》第191期）。
1996年4月5日	詩作：〈北極記〉（《文學台灣》第18期）。
1996年4月15日	譯詩：有馬敲〈夢幻女人〉、〈穿過牆壁的女人〉（《笠詩刊》第192期）。
1996年6月15日	詩作：〈這一雙手〉（《笠詩刊》第193期）；譯詩：有馬敲〈沙漠的女人〉、〈復活的人〉、〈長滿針的女人〉（《笠詩刊》第193期）。
1996年10月15日	詩作：〈颱風與嬰兒〉（《笠詩刊》第195期）；譯詩：有馬敲〈游絲女人〉、〈飛翔的女人〉、〈雪中的女人〉、〈極北記3〉、〈極北記4〉、〈深海的女人〉（《笠詩刊》第195期）。
1997年2月15日	譯詩：有馬敲〈極北記3〉、〈極北記4〉、〈極北記5〉、〈在霧的那一邊〉、〈年輕的死者〉、〈於分水嶺〉、〈霧中〉（《笠詩刊》第197期）。
1997年8月15日	詩作：〈草蓆上〉、〈劇本〉（《笠詩刊》第200期）。
1998年10月5日	詩作：〈溪流〉（《文學台灣》第28期）。
1998年10月15日	詩作：〈時代進步了〉（《笠詩刊》第207期）。
1999年1月5日	詩作：〈為時已晚〉、〈傳說〉（《文學台灣》第29期）。

年份	事紀
1999年4月5日	詩作：〈石碑〉、〈秋日下午——美濃文學步道〉（《文學台灣》第30期）。
1999年7月5日	詩作：〈追尋逝去的時光——第一部‧一九四一‧台北經驗〉（《文學台灣》第31期）。
1999年10月5日	詩作：〈逝者如斯乎〉、〈順風旗〉（《文學台灣》第32期）。
2000年1月5日	詩作：〈男與女〉、〈有個殘廢老兵〉（《文學台灣》第33期）。
2000年4月5日	詩作：〈月亮。太陽，生存和衰亡〉（《文學台灣》第34期）。
2000年7月5日	詩作：〈花和戰爭〉（《文學台灣》第35期）。
2000年10月5日	詩作：〈短劇〉（《文學台灣》第36期）。
2001年1月15日	詩作：〈孤獨〉（《文學台灣》第37期）。
2001年4月15日	詩作：〈當我即將要斷氣的時候〉、〈石膏腳與秋天〉（《文學台灣》第38期）。
2001年7月15日	詩作：〈庶民〉、〈老而不死是為賊〉（《文學台灣》第39期）。
2002年1月15日	詩作：〈孤獨〉、〈標的〉（《文學台灣》第41期）。
2002年4月15日	詩作：〈荒謬的真實〉、〈雌。雄〉（《文學台灣》第42期）。
2002年7月15日	詩作：〈邂逅〉、〈失蹤〉（《文學台灣》第43期）。
2002年8月	詩集：《守夜的壁虎》（高雄：春暉出版社）。
2002年10月15日	詩作：〈賠罪〉、〈劍與牛蒡〉（《文學台灣》第44期）。
2003年1月15日	詩作：〈上路〉、〈輪迴〉（《文學台灣》第45期）。
2003年2月15日	散文：〈我所認識的羅浪〉（《笠詩刊》第233期）。
2003年4月	詩集：《海的起源》（高雄：春暉出版社）。
2003年4月15日	詩作：〈storyteller——故事詩〉、〈季節——那些日子的我〉（《文學台灣》第46期）。
2003年7月	詩集：《支點：日本語詩集》（高雄：春暉出版社）。
2003年7月15日	詩作：〈神祕——我的畫廊‧第一幅〉、〈滴落的〉（《文學台灣》第47期）。
2003年10月15日	詩作：〈守靈〉、〈門牌〉（《文學台灣》第48期）。

年份	事紀
2004年1月15日	詩作：〈無人世界——我的畫廊‧第三輯〉、〈Potary System〉（《文學台灣》第49期）。
2004年4月15日	詩作：〈老闆是素人畫家——我的畫廊‧第四幅〉、〈立法院〉（《文學台灣》第50期）。
2004年7月15日	詩作：〈犂頭庄誌異〉、〈深夜——我的畫廊‧第五幅〉（《文學台灣》第51期）。
2004年10月15日	詩作：〈京都寫景——哲學步道〉、〈左耳——我的畫廊‧第六幅〉（《文學台灣》第52期）。
2004年10月30日	詩作：〈鳳山之歌〉（《創世紀》第140–141期）。
2005年	日記：《那一年——錦連一九四九日記》（高雄：春暉出版社）。
2005年1月15日	詩作：〈大海——我的畫廊‧第七幅〉、〈台灣〉（《文學台灣》第53期）。
2005年4月15日	詩作：〈拐角〉、〈昔日〉（《文學台灣》第54期）。
2005年7月15日	詩作：〈海邊咖啡座——我的畫廊‧第八幅〉、〈攝氏三十八度七〉（《文學台灣》第55期）。
2005年10月15日	詩作：〈新巴比倫遺跡——我的畫廊‧第九幅〉、〈夢醒〉（《文學台灣》第56期）。
2006年1月15日	詩作：〈無家可歸〉、〈溪流和花——我的畫廊‧第十幅〉（《文學台灣》第57期）。
2006年4月15日	詩作：〈妻子和她的母親——故事詩〉、〈玩耍——「現代寓言」之一〉（《文學台灣》第58期）。
2006年7月15日	散文：〈吾師‧土屋文雄先生〉（《文學台灣》第59期）。
2006年10月15日	詩作：〈異象——「現代寓言」之三〉、〈回鄉〉（《文學台灣》第60期）。
2007年	詩集：《錦連詩集》（高雄：春暉出版社）。
2007年1月15日	詩作：〈搬家——宿昔青雲志 蹉跎白髮年〉、〈二刀流「現代寓言」之四〉（《文學台灣》第61期）。
2007年4月15日	詩作：〈城堡——「現代寓言」之五〉、〈儀式〉（《文學台灣》第62期）。
2007年7月15日	詩作：〈有木麻黃的海濱〉、〈地圖——「現代寓言」之六〉（《文學台灣》第63期）；散文：〈文學回憶——塞翁失馬〉（《文學台灣》第63期）。

年份	事紀
2007年10月15日	詩作：〈黑熊──「現代寓言」之七〉、〈入暮──父親忌日〉（《文學台灣》第64期）。
2008年1月15日	詩作：〈下場──「現代寓言」之八〉、〈白雲之歌〉（《文學台灣》第65期）。
2008年4月15日	小說：〈鐵道怪談〉（《文學台灣》第66期）；詩作：〈驛舍〉、〈劇終──「現代寓言」之九〉（《文學台灣》第66期）。
2008年7月15日	詩作：〈選項〉、〈比較論〉、〈椿事──太子文化建設大樓X棟〉（《文學台灣》第67期）。
2008年10月15日	詩作：〈一九九八。台灣歲末風情〉（《文學台灣》第68期）。
2008年12月	詩集：《錦連集──台灣詩人選集15》（台南：國立台灣文學館）。
2009年9月	詩集：《群燕》（高雄：春暉）。
2009年9月	詩集：《我的畫廊：錦連詩集》（高雄：春暉）。
2010年10月	詩集：錦連，《錦連全集（共13冊）》（台南：國立台灣文學館）。

參考文獻

一、專著

· 蕭蕭、李佳蓮編，《錦連的時代——錦連新詩研究》（台中：晨星出版
  社，2008年）。
· 張德本，《台灣鐵路詩人錦連論》（台北：台北縣政府文化局，2005年）。
· 真理大學台灣文學系主編，《福爾摩沙文學：錦連創作學術研討會資料
  彙集》（台北：真理大學台灣文學系，2004年）。

二、碩博士論文

· 李友煌，《異質的存在：錦連詩研究》（台南：成功大學台灣文學研究
  所碩士論文，2004年6月）。
· 阮美慧，《笠詩社跨語言一代詩人研究》（台中：東海大學中國文學研
  究所碩士論文，1997年5月）。

三、單篇期刊論文

· 蕭蕭，〈錦連的時代〉，《聯合文學》第290期（2008年12月），頁
  110-112。
· 蕭蕭，〈錦連：台灣銀幕詩創始人——銀鈴會與銀幕詩影響下的錦連詩
  壇地位〉，《彰化文獻》第12期（2008年12月），頁113-142。
· 郭楓，〈堅決不舉順風旗的獨吟者——論錦連作品的特立風格〉，《鹽
  分地帶文學》第16期（2008年6月），頁134-161。
· 利玉芳，〈語言的價值〉，《笠詩刊》第263期（2008年2月），頁91。
· 謝韻茹，〈夢與詩的詠歎調：錦連小評〉，《笠詩刊》第260期（2007
  年8月），頁143-144。
· 岩上，〈錦連和他的詩〉《詩的創發：現代詩評論集》（南投：南投縣
  文化局，2007年）。

- 薛建蓉，〈台灣鐵路詩人──流轉在鋼軌上的密碼〉，《明道文藝》第357期（2005年12月），頁127-139。
- 王靜祥，〈追尋流轉在鋼軌上的密碼：2005年6月18日No.41週末文學對談錦連VS張德本〉，《台灣文學館通訊》第9期（2005年10月），頁48-54。
- 張德本，〈台灣鐵路詩人──錦連詩的形上思考與批判性〉，《文學台灣》第55期（2005年7月），頁262-304。
- 彭瑞金，〈吝於吐絲的蜘蛛詩人──錦連〉《台灣文學50家》（2005年7月），頁319-323。
- 張德本，〈台灣鐵路詩人錦連的現代美學（下）──他的詩觀與對意象主義、圖象電影詩及超現實的實踐〉，《台灣文學評論》第5期（2005年7月），頁127-139。
- 張德本，〈台灣鐵路詩人錦連的現代美學（上）──他的詩觀與對意象主義、圖象電影詩及超現實的實踐〉，《台灣文學評論》第5期（2005年4月），頁34-61。
- 岩上，〈錦連和他的詩〉，《文學台灣》第54期（2005年4月），頁238-247。
- 李友煌，〈時代的列車──台灣鐵道詩人錦連〉，《高市文獻》第18期（2005年3月），頁67-99。
- 阮美慧，〈論錦連在台灣早期現代詩運動的表現與意義〉，《淡水牛津台灣文學研究集刊》第7期（2004年12月），頁23-48。
- 張德本，〈台灣鐵路詩人──錦連的鐵路詩〉，《淡水牛津台灣文學研究集刊》第6期（2004年8月），頁1-20。
- 陳采玉，〈錦連青年時期詩語言之特色〉，《高苑學報》第10期（2004年7月），頁187-197。
- 張德本，〈流轉在鋼軌上的密碼錦連〉，《源》第46期（2004年5月），頁30-36。

- 張默，〈從錦連到紀小樣──《天下詩選》入選詩作十四家小評〉《台灣現代詩筆記》（台北：三民書局，2004年），頁294-308。
- 張德本，〈台灣鐵路詩人──錦連的鐵路詩〉，《文學台灣》第47期（2003年7月），頁189-220。
- 林盛彬，〈現代詩話──錦連詩集《守夜的壁虎》〉，《笠詩刊》第232期（2002年12月），頁135-141。
- 蔡秀菊，〈舊相簿裡的青春寫真──評錦連的詩集《守夜的壁虎》〉，《笠詩刊》第232期（2002年12月），頁7-11。
- 李魁賢著、鄭炯明編，〈存在的位置──錦連在詩裡透視的心理發展〉，《葉石濤及其同時代作家文學國際學術研討會論文集》（高雄：春暉出版社，2002年）。
- 李魁賢，〈存在的位置──錦連在詩裡透視的心理發展〉，《李魁賢文集》第九冊（台北：行政院文化建設委員會，2002年）。
- 洪中周，〈人間又活一次──讀錦連〈我即將要斷氣的時候〉作〉，《文學台灣》第40期（2001年10月15日），頁78-79。
- 陳明台，〈硬質而清澈的抒情──純粹的詩人錦連論〉，《笠詩刊》第193期（1996年6月），頁108-119。
- 岩上，〈吐絲的蜘蛛──詩人錦連先生的文學歷程與成就〉《詩的存在──現代詩評論集》（高雄：派色文化出版社，1996年），頁197-210。
- 張默、蕭蕭編，〈錦連作品〈蝶死──Cine Poeme〉評論〉《新詩三百首──一九一七～一九九五》（台北：九歌文庫出版社，1995年）。
- 趙天儀，〈鄉愁的呼喚──論錦連的詩〉，《台灣詩季刊》第2期（1993年12月15日）。
- 陳明台著、鄭炯明編，〈鄉愁論──台灣現代詩人的故鄉憧憬與歷史意識〉《台灣精神的崛起》（高雄：春暉出版社，1989年12月）。
- 陳嘉惠，〈我的爸爸錦連〉，《笠詩刊》第139期（1987年6月），頁

80-81。

· 林明德等編，〈錦連〈趕路〉〉《中國新詩選》（台北：長安出版社，
1982年），頁227-228。

· 桓夫，〈詩的心象〉《現代詩淺說》（台中：學人出版社，1979年），
頁73-83。

· 張默，〈詩的鑑賞舉隅〉《飛騰的象徵》（台北：水芙蓉出版社，1976
年），頁21-32。

· 上官予編，〈錦連一首〈關於夜的〉〉《十年詩選》（台北：明華書
局，1960年），頁180。

四、報章雜誌相關評論

· 葛祐豪，〈寫詩一甲子　83歲錦連出全集〉，《自由時報》（2010年12
月5日）。

· 黃明川口述／陳思嫻整理，〈詩人部落格──黃明川導演談「台灣詩
人一百影音計畫」〉，《聯合報·聯合副刊》第E7版（2005年8月16
日）。

· 徐如宜，〈鐵道詩人錦連，兩個世代憶往〉，《聯合報》第B2版
（2004年6月21日）。

· 李友煌，〈自學中文，詩作見證台灣歷史滄桑──「鐵道詩人」陳金連
默默創作一甲子〉，《民生報》第CR3版（2004年3月20日）。

· 江明樹，〈孤獨與寂寞共舞──許錦連的詩集《守夜的壁虎》〉，《自
由時報·自由副刊》第43版（2003年3月21日）。

· 李魁賢，〈存在的位置──錦連在詩裡透視的心理發展〉，《台灣新聞
報》第13版（2002年12月13日）。

· 徐如宜，〈台灣鐵道詩人錦連·作品生輝〉，《聯合報》第20版（2002
年11月8日）。

· 李友煌，〈台灣鐵道詩人陳錦連·沉寂半世紀熬出頭〉，《民生報》第

CR2版（2002年11月7日）。

- 應鳳凰，〈評錦連的短詩——〈蚊子淚〉〉，《國語日報》（2002年2月2日）。

- 利玉芳，〈溫暖的心——欣賞錦連的詩〉，《台灣新聞報》（2001年9月13日）。

- 莫渝，〈悲哀的本質——〈蚊子淚〉〉，《國語日報》（1999年10月26日）。

- 陳明台，〈硬質清澈的抒情性格——純粹的詩人錦連（下）〉，《自立晚報》第10版（1996年2月10日）。

- 陳明台，〈硬質清澈的抒情性格——純粹的詩人錦連（中）〉，《自立晚報》第10版（1996年2月9日）。

- 陳明台，〈硬質清澈的抒情性格——純粹的詩人錦連（上）〉，《自立晚報》第10版（1996年2月8日）。

- 岩上，〈吐詩的蜘蛛——詩人錦連先生的文學歷程〉，《民眾日報》第27版（1996年2月1日）。

- 李魁賢，〈詩的意象和想像——十一月台北公車車詩評析〉，《聯合報》第37版（1995年11月6日）。

五、傳記、專訪及其他

- 黃建銘，〈冬日的午後，與詩人錦連在鳳山聚首〉，《台灣文學館通訊》第11期（2006年6月），頁54-58。

- 蔡依伶，〈家在鳳山，錦連〉，《印刻文學生活誌》第22期（2005年6月），頁138-145。

- 文盛彬，〈必也狂狷乎？真性情而已！——專訪錦連先生〉，《文訊》第233期（2005年3月），頁138-144。

- 周華斌，〈寫在生活現場——錦連先生介紹與訪談記〉，《笠詩刊》第241期（2004年6月），頁36-47。

作家大事紀

年份	事紀
1928年	十二月六日：出生於彰化市西門小西，本名：陳金連。父親陳圓（1901年生），母親陳龔留（1906年生）。其父親是日治時期台北縣海山郡三角湧（三峽）白雞庄富裕茶農四男，母親為三角湧貧窮佃農次女。父親公學校畢業後進入總督府鐵道部基隆站任行李房站工，結婚後調至彰化站車號室服務，二次大戰後升職為彰化調度所運輸主任，育有五男五女，錦連為次男。
1935年	四月：錦連進入彰化市旭公學校就讀。 十月十日～十月廿八日：日本始政四十週年紀念〈台灣博覽會〉在台北市舉行，錦連曾隨父親前往參觀，當時福建省主席陳儀也來台參觀。
1941年	三月：從旭公學校畢業後，請日本老師寫介紹信去彰化圖書館應徵工友；因無缺額而作罷。 九月：考進台灣鐵道協會講習所，念「鐵道講習所中等科」（二年制夜校）暨「電信科」（一年制日間），共兩年後畢業。
1942年	在「鐵道講習所」（夜校）兼修福爾摩斯電報通信技術。
1943年	年底自鐵道講習所畢業，派任彰化火車站電報員。
1944年	錦連全家疏散至花壇鄉金蹲村。躲空襲及工作之餘，勤跑圖書館，亂讀日文書籍。
1945年	錦連通過日本海軍兵役體檢，待命入伍。常至圖書館亂讀群書，讀完早稻田大學出版的《世界全史》（16卷）（日文·文言文），讀到片段的吳新榮《亡妻記》及新生報出版、楊逵註解的魯迅《阿Q正傳》等短篇，並開始廣泛閱讀文學作品，包括幾本《日本文學全集》、《世界文學全集》、歷史、戰記、詩集、詩論等。
1946年	錦連勤跑圖書館，看完《日本近代詩人全集》（10冊），並抄錄名句，大量購買日本人留下的各種書籍。
1949年	四月：錦連在張彥勳主編的「銀鈴會」刊物《潮流》春季號發表日文詩作〈小小的生命〉、〈在北風下〉及〈遠遠地聽見海嘯聲〉三首，在銀鈴會《會報》第二期發表〈「詩」短評〉，同時也加入該會。
1950年	張彥勳被捕，朱實的弟弟朱商秋以及陳素吟等銀鈴會會員多人被捕，收押於彰化警察局。錦連接受朱火烈先生（朱實父親）勸告，暫時避躲於台北縣三峽一週。 六月一日：《軍民報導》創刊，在張健主編的「文藝欄」上發表日文隨筆〈圖書館〉。後因認識黃靈芝、羅浪、黃世雄、周香山（周春來）、謝喜美等詩友，以郵寄方式，互相品評詩文。 中國文藝協會在台中成立時，經李升如介紹，認識陳千武。

年份	事紀
1951年	錦連被檢驗出罹患肺結核，經治療一年半始漸痊癒。
1955年	五月：開始使用中文投稿紀弦主編的《現代詩》（第十期）。
1956年	一月：錦連參加「現代派運動」（一九五六年～一九五九年）。 二月：錦連加入紀弦提倡的「現代派」（《現代詩》第13期），並開始使用中文投稿紀弦主編的《現代詩》。 二月十八日：紀弦、葉泥、古之紅連袂來彰化，錦連與林亨泰一起去彰化火車站相迎。四人於林亨泰與陳素銀同居的居所暢談。 錦連與林亨泰到嘉義參加《南北笛》計畫出版的「播種」詩頁聚會，得識瘂弦，辛鬱等人。 八月：由摯友羅浪出資，錦連出版第一本詩集《鄉愁》。此後錦連持續將其中文詩作及翻譯作品發表於《軍民報導》、《南北笛》、《筆匯》、《好望角》（香港）、《現代文學》、《創世紀》等刊物，同時也繼續用日文寫詩至一九六四年《笠詩刊》創刊為止。
1958年	錦連與台中市王玉梅小姐結婚。
1959年	八七水災，當天錦連值班，妻子王玉梅獨立搶救大部分作品原稿，但仍有一些滲水腐爛，且部分保留之原稿也因水漬而無法辨識。
1961年	三月五日：錦連的長女——嘉惠出生。錦連作品十三首收錄於《六十年代詩選》。
1963年	七月二十六日：錦連次女——季瑛出生。
1964年	三月六日：詹冰、陳千武、林亨泰、錦連、古貝聯名發函邀請創辦「笠詩社」，結果參與發起者共十二人。其他七人為吳瀛濤、黃荷生、薛柏谷、趙天儀、白萩、杜國清、王憲陽。 三月八日：陳千武、林亨泰、錦連、古貝等人連袂前往卓蘭詹冰家討論創立詩社事宜，眾人贊同林亨泰提議，詩刊定名為「笠」。 三月十六日：錦連前往參加創辦「笠」詩社。
1965年	一月二日：於台北舉行「笠」詩社第一回同仁大會。 二月五日：〈笠下影——錦連〉（《笠詩刊》第五期，林亨泰執筆）。《笠詩刊》第六期後主編由白萩接任。「笠」詩社敦請陳千武、林亨泰、錦連、吳瀛濤、葉笛成立「日文翻譯小組」。 二月十五日：於《笠詩刊》上發表〈夜空〉、〈軌道〉兩篇詩作。 十月：鍾肇政主編《本省籍作家作品選集》小冊（文壇出版社出版）：錦連部分作品被選入選集第十卷（趙天儀編選）。
1967年	九月二十八日：應笠詩社同仁謝秀宗之邀赴員林遊玫瑰中心、百果山、柳橋（同行者尚有陳千武夫婦及陳明台）。 十一月二日：與林亨泰去台中參加〈中國新詩學會〉會員大會。
1968年	二月五日：錦連收到「銀鈴會」同仁陳素吟小姐由北投的來信。
1969年	二月：「笠」詩社中部詩人聚會，討論笠詩獎之設立及編輯「笠」詩社《日本中國現代詩選》相關事宜。

年份	事紀
1972年	九月：「笠」編輯委員會詩集《日文華麗島詩集》出版，錦連直接以日文作品編入。（東京若樹書房出版）。另有作品十四首被收錄於《中國現代文學大系》詩第一輯中。
1975年	六月六日：錦連在成大「笠」詩社12週年慶，初次認識張良澤、呂興昌。
1976年	錦連父親──陳圓於元宵節去世（享年七十六歲）。
1980年	十月下旬：錦連參加日本「地球」詩社主辦的「東京國際詩人會議」。
1982年	錦連自鐵路局退休，繼續於彰化教日文。
1986年	二月：錦連的詩集《挖掘》出版。
1987年	二月五日：「台灣筆會」成立，錦連加入會員。
1988年	一月十日～十七日：由「笠」詩社承辦「亞洲詩人會議」台中大會，台、日、韓及其他亞洲數國參與詩人共計150多人。
1990年	八月五日：參加在彰化李篤恭家召開之「磺溪文化學會」發起人會議。錦連與林亨泰同時被選為七位籌備委員之一。
1991年	二月三日：「磺溪文化學會」正式成立，由賴和次男──賴浞擔任第一屆理事長，呂興忠為總幹事，錦連與林亨泰等人任理事。 三月二十四日：錦連前往台北參加陳秀喜女士的追思告別會。 錦連榮獲「台灣新文學特別推崇獎」。
1992年	前往參加在台北YMCA舉行的《文學台灣》創刊紀念會。
1993年	六月：《錦連作品集》出版（彰化縣文化中心編印）。 七月五日：錦連前往參加在台北YMCA舉行的「笠」詩社年會。 因「四六事件」逃往大陸的「銀鈴會」同仁──朱實先生，經過四十四年後返鄉來訪（在錦連家聚會者有：朱實、許玉誠、張彥勳）。
1994年	因「多年來翻譯日文詩作及詩論在笠詩刊發表之成就」，榮獲第五屆「笠」翻譯獎。 二月二十三日：前往高雄城市光廊與市長謝長廷為「公車詩文」模型書開啟扉頁，並與市長一同談詩。 七月二日：「銀鈴會」同仁朱實自日本回國，在后里張彥勳加開歡迎座談會，與會者有朱商秋、賴浞、呂興昌、呂興忠兄弟及錦連。
1995年	榮獲「第五屆榮後台灣詩人獎」。
1996年	四月五日：於第18期《文學台灣》上翻譯──有馬敲的詩作〈北極記〉。 二月十日：前往台南參加「北門台語文學營」開營典禮，並接受「第五屆榮後台灣詩人獎」的頒獎表揚。

彰化學

年份	事紀
1998年	七月：錦連偕妻子前往日本北上市「現代詩歌文學館」參加「陳千武論壇」，與會者有賴浿陳千武夫婦、岩上夫婦、蔡秀菊、蕭校長及其父親。由高橋喜久晴主持與陳千武對談。 七月：錦連退出「笠」詩社，從彰化移居高雄鳳山。 七月三十日：錦連的母親——陳龔留女士去世，享年九十四歲。
2002年	八月：錦連先生的詩集《守夜的壁虎》出版，中日文版，一套兩冊。 接受高雄廣播電台「海與風的對話」節目訪問，訪談內容收入隔年該台出版的《海與風的對話》中。 開始翻譯日本近代詩人——室生犀星、丸山、薰、菱山修三、山本和夫、進藤　東、井上　靖及多位詩誌《焰》同仁——福田正夫、西川　修、金子秀夫、福田美鈴等作品，發表於台灣時報副刊及台灣新聞報西仔彎副刊，並將中譯後經發表的詩刊、資料，交予《焰》代為寄贈神奈川近代文學館及井上靖紀念館收藏。同時亦翻譯以南部詩人為中心的台灣詩人——陳坤崙、張德本、羊子喬及利玉芳等人之詩作，刊登於《焰》，期許為國際文化交流略盡綿力。
2003年	四月：錦連的詩集《海的起源》出版。 七月：錦連先生的詩集《支點》出版。
2004年	六月二十日：前往參加高雄市歷史博物館為其舉辦的「走過兩個世代——一個鐵道詩人的回憶」。 十一月七日：真理大學台灣文學系舉行「福爾摩沙文學——錦連詩作學術研討會」，同時頒發「台灣文學家牛津獎」與錦連先生。
2007年	十二月二十五日：應高雄市政府文化局邀請，與三十六位高雄詩人，以「幸福」為題書寫，作品並被裝置於文化中心周圍的石鼓座上。
2008年	五月二日：明道大學舉辦「錦連的時代——錦連詩作學術研討會」。
2009年	詩作被選入二〇〇九年台灣現代詩選（英文版）。
2010年	由東海大學中文系阮美慧教授編輯《錦連全集（共13冊）》，正式由國立台灣文學館出版。

彰化學

白色煉獄的詩靈

—— 曹開

作家小傳

　　曹開（1929～1997），台灣彰化縣員林人。十九歲時自豐原商業專修學校畢業，並考入台中師範學校，其間因白色恐怖事件波及，判處十年徒刑（1949～1959）。在獄期間，接觸多位菁英知識分子，奮發廣泛閱讀各類書籍，另外也研究數學，如微積分、函數論、群論等，由此觸動創作數學詩的靈感，直到去世為止，新詩創作一千五百多首。出獄之後，經媒人介紹，認識同鎮的羅喜小姐，羅父具進步思想，欣賞蒙冤的「思想犯」，同意兩人交往，兩人於一九六○年年底結婚。

　　一九八七年，由於妻子的鼓勵報名，參加第九屆鹽分地帶文藝營，以〈天平〉、〈小數點〉獲新詩創作第一名，引起詩壇注意，開始有詩刊邀稿。其相關作品陸續發表於《笠》和《台灣日報》等報章雜誌。

　　一九九五年，呂興昌教授發表〈填補史詩的隙縫——論曹

開五〇年代的獄中數學詩〉，為國內學者研究曹開詩之先河；次年，張平宜於《中國時報》刊登〈心中有數·人生有詩〉專稿，報導曹開獨創數學詩。一九九七年底因腦溢血病逝於高雄醫學院。其相關著作有《獄中幻思錄：曹開新詩作品集》、《小數點之歌：曹開數學詩集》、《悲·怨·火燒島：白色恐怖受難者曹開獄中詩集》；相關評論有《白色煉獄——曹開新詩研究》等。

羅喜心中的曹開

陳鴻逸：妳和曹開是怎麼認識、結婚的？

羅　喜：媒人促成的，他爸爸家裡是開雜貨店，都要到員林
　　　　（鎮）上批貨。他批貨對象的老闆和我有認識，以前
　　　　是鄰居。我母親曾提過說這樣好嗎？但我父親說，若
　　　　是政治犯則沒有關係，政治犯的孩子比較聰明。我哥
　　　　哥就開始去打聽消息，得知小時候規矩還不錯。我是
　　　　作衣服裁縫的，他就到員林（鎮）上來偷看我。後來
　　　　他母親要我幫她作衣服，我就知道意思。這樣才促成

▲與妻子羅喜女士結婚照，攝於員林東山，1960年。

　　　我們的婚事。

陳鴻逸：你們住的很近嗎？

羅　喜：我是住員林（鎮）上，他是住山腳路。不遠，大概
　　　　五、六公里路。

陳鴻逸：以前有聽過（曹開）這個名字嗎？

羅　喜：沒有，以前不認識。

陳鴻逸：聽說你們認識的過程，他有寫一首情詩給妳，還是他
　　　　一直都有寫情詩給妳？

羅　喜：沒有，只有寫一張（首）而已。

陳鴻逸：妳看到這首情詩時，非常地高興而且喜歡？

羅　喜：其實以前他都要載菜，早上都要出來補貨。補貨時都
　　　　會從我（訂製衣服的店）的地方經過，經過時有留意
　　　　我，他在留意的時我就知道。我想過，被關這麼多年
　　　　還沒有失去鬥志，應該沒有關係。

▲曹開於中師同學合照。

陳鴻逸：母親原先是不同意的，那後來為何會同意？

羅　喜：我哥哥去打聽消息，打聽他的長輩們等等，都說還不錯，所以就同意。

陳鴻逸：結婚之後，他提及過去的事嗎？

羅　喜：沒講很多。

陳鴻逸：他有講他小學、中學的學習過程嗎？因為他是日治時期出生的？

羅　喜：日治時期，他是先讀豐原商職，後來才進入台中師範學校。

陳鴻逸：他是日治時期出生的，但好像他沒有用日文來寫作，妳知道是什麼原因嗎？

羅　喜：這我就不知道了。可是去日本旅遊時，和人談話是沒有問題的。

陳鴻逸：妳有問過他為什麼沒有用日文寫詩？

羅　喜：這我沒有問過。

陳鴻逸：他在讀台中師範的時候，有認識一位外省籍的老師，妳認識嗎？

羅　喜：認識。不過這個老師後來行動不方便。

陳鴻逸：這位老師有跟你講過他怎麼認識曹開的，還是詩人有跟妳說過這位老師以前的什麼事情嗎？

羅　喜：他（曹開）是說這位老師很會說歷史，他們很愛聽所以就比較常去找老師，但也沒有參加什麼（組識）。

陳鴻逸：他有說過被關在綠島裡面的情形嗎？

羅　喜：他說還在台北沒有送去綠島的時候，有被刑求。

鄭哲明：（曹開）有說過詳細的過程嗎？

羅　喜：老師來的時候有說，像把人吊起來，然後再把椅子踢掉之類的。

鄭哲明：到綠島後的情形呢？

羅　喜：做勞工。

陳鴻逸：他有說過他什麼時間寫詩嗎？

羅　喜：晚上的時候。但是也是一段時日後才開始寫，剛進去的時候哪有心情寫。

鄭哲明：曹開有說過對政治犯的看法是什麼嗎？因為一般人對政治犯的看法可能會有影響。但是剛才妳有說過長輩認為政治犯的頭腦不錯，所以才把妳介紹給他認識？妳對政治犯的看法、感受是什麼？妳對詩人（曹開）的看法是什麼？

羅　喜：很顧家庭，做生意很認真，但事業上很會變動，做好好的就想要搬走。但我跟他說，這樣搬來搬去也不是辦法，事業的基礎才剛打好，就想要搬。

鄭哲明：受到（警察的）壓力的關係嗎？

羅　喜：對，是警察的關係。一個月至少一次或二次。

鄭哲明：只要一搬，警察就馬上來？

羅　喜：對，只要警察一來，他心情就很不好。後來我們才體會，搬越多次，警察就越會找上門。他沒有想到這一點，只想到心情不好就想要（搬）走，但只要一搬走，基礎就要重新來過，而重新來又很困難。

鄭哲明：警察來會變成一種壓力、恐怖？

羅　喜：鄰居都會看或問是什麼原因？警察三不五時就找上門。只要聽到別人在講，他的心情就又不好。

鄭哲明：但是很顧家庭這件事，也是很難得的？

羅　喜：是啊。但不時地在搬家，（事業）要打基礎就很困難的，等打好基礎時又要搬，最後搬到小孩也會怕，而且小孩也無法好好讀書。

鄭哲明：詩人身上是否有留下傷痕？

羅　喜：那是內傷，後來就用藥給他吃。

陳鴻逸：他在牢裡的時候，有跟誰比較好，還跟誰有來往的？

羅　喜：我看他很孤僻。

陳鴻逸：（從牢）出來的時候，比較少跟人來往嗎？

羅　喜：他出來的時候，幾乎六、七年都沒有跟人來往。

陳鴻逸：鄰居還是牢裡面的人？

羅　喜：牢裡面的人。

陳鴻逸：牢裡面的人有來找過他嗎？

羅　喜：有。但就連親戚來找，也只是跟人打招呼而已，沒有
　　　　跟人很親近、聊天。我跟他說是不是應該親切一點。
　　　　但他說，萬一連累到別人，這樣就很不好了。

▲曹開手稿：〈數字的蟻隊〉。

鄭哲明：是很有擔當的人？

羅　喜：也是怕連累到別人。

陳鴻逸：他以前有做過醫生？

羅　喜：算是密醫。

陳鴻逸：在屏東潮洲開過診所？

羅　喜：那是他後來研究醫學後才開的。後來，醫師法還沒通
　　　　過，我們就收起來。

陳鴻逸：做醫生的不是要跟病人說話，然後會改變過去他跟人
　　　　保持距離的方式？

羅　喜：沒有，我的丈夫都不會跟人談什麼政治之類的，只喜
　　　　歡看報紙。

▲曹開手稿：〈蕃薯的血淚〉。

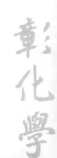

陳鴻逸：他對數學很有興趣，他是什麼時候接觸數學的？

羅　喜：在獄中的時候，若寫一般的，人家比較看得懂。

陳鴻逸：他的數學詩裡面有什麼特殊意涵嗎？

羅　喜：他寫得很白話。

陳鴻逸：他的詩有分很多種，有寫政治、社會，還有批判的，詩人有沒有說為什麼要結合數學詩來寫作？

羅　喜：他是說數學，比較沒有人在寫，而寫一般的詩可能也寫不過以前的人。

陳鴻逸：所以他是用數學詩來批判政府，大部分批判的詩也是在牢裡寫的嗎？

羅　喜：對，在牢裡寫的。

陳鴻逸：他的詩用了很多「台灣」這個詞，在那個禁忌的年代，為什麼他會想用「台灣」入詩？

羅　喜：他寫一寫就藏在床底下。等到要出來的時候，就丟入

▲曹開詩集：《悲‧怨‧火燒島》。

廁所裡頭，不敢拿出來。等到出來的時候，重新回想
時再寫出來。

陳鴻逸：他在牢裡面的時候，有沒有認識寫詩或寫小說的人？

羅　喜：沒有。

陳鴻逸：他有說過做醫生的時候有什麼收穫？跟以前做生意應
　　　　該很不一樣？

羅　喜：當然。做醫生必須比較用心，患者要用什麼藥也要思
　　　　考一下。但在台北的中央市場，比較不需要。

陳鴻逸：他有比較喜歡哪一種生活，或是跟人接觸的方式？

羅　喜：沒有，簡單來說，他是沒有朋友的。

鄭哲明：他妹妹對他的感覺是什麼？聽說她很不諒解他哥哥，
　　　　這是什麼原因？

羅　喜：是啊。可能是說他是長子，家庭經濟不是很好，畢業
　　　　後可幫忙家裡，沒想到一去（坐牢）就是十年。這十
　　　　年父母親透過關係去找人幫忙，但找不對人又被騙
　　　　錢。家境本來就不好又被騙錢，所以⋯⋯

陳鴻逸：他有跟小孩說過他被關的事情嗎？

羅　喜：沒有，他都不會講。

陳鴻逸：小孩是什麼時候才知道的？

羅　喜：要去阿根廷之前的一個星期。小孩想住台灣，說台灣
　　　　不錯啊，為什麼要去阿根廷，所以他才跟小孩說。

陳鴻逸：小孩有什麼想法嗎？

羅　喜：女孩子怎麼會想這麼多。小孩子聽到被關就想到是不
　　　　乖的（人），怎麼會想到什麼政治犯的。

陳鴻逸：後來新書出版的時候，小孩有什麼感想，還是會想書
　　　　太慢問世了？

羅　喜：當然是有。像宋田水也是後來才知道他是政治犯。是

有一次要去六龜，他（曹開）會把詩放在車上，走到哪裡有空間就拿起來看、拿起來改。宋先生在車座下看到有一本詩集，翻著翻著才知道他是政治犯。而宋先生知道他是政治犯，又在寫詩，認為寫得不錯，應該拿出來發表。

陳鴻逸：他們有討論怎麼寫詩嗎？

羅　喜：是沒有，但宋先生建議把台灣口語的部分稍微改一下。

陳鴻逸：是說表達意義的時候？

羅　喜：是說較口語化的部分。

陳鴻逸：他畫的畫好像都很沉重、黑暗？

羅　喜：他是畫在綠島搬砧磘石的樣子，但石頭應該沒這麼大。

陳鴻逸：他的畫好像都在表達一種壓力，或受到壓迫的感覺？

羅　喜：他有畫過人在牢裡。

陳鴻逸：他有學過美術嗎？

羅　喜：有，他好像是美術系的樣子。

（羅喜口述，陳鴻逸、鄭哲明提問，陳鴻逸、鄭哲明錄音、記錄）

作家印象

一、遇見詩人與詩的開始

在林明德老師的引領下，讓我們有機會接觸彰化縣內的作家群。在進行資料搜集過程中，發現已有「伯樂」走在我們之前。最重要者有學者呂興昌、宋田水和王宗仁三位的相關研究，若非他們的分析研究，幾乎難以看見目前的成果。

由於地利之便，使我們在訪問之前，得以透過王宗仁大哥，以及委由王宗仁大哥保存的手稿，使我們更加熟悉詩人寫作的模式和歷史背景。除此之外，在訪問羅喜女士之前的準備工作，幾乎都煩由王宗仁大哥聯繫，並敲定受訪的時間、地點，進而促成這趟高雄之旅。

二、前往詩人之居

二〇〇八年十一月二十二日，我們啓程前往羅喜女士的高雄住家。

這天的天氣已拋開前幾天的冷鋒侵襲，天氣意外地晴朗。到羅喜女士的住處之後，迎接我們的是一大盤豐盛美味的水果，以及羅女士親切的笑容、慈祥和藹，也因如此，幾乎難以將她和曹開沉重的故事聯想在一起。

在透天厝的樓層之中，一樓是辦公室的形態，但大致上羅喜女士的生活範圍還是以二樓以上爲主。在簡單的布置中，唯一的裝飾就是曹開生前留下的畫作，以及與羅喜女士的合照，雖似樸素簡單，卻也豐富著我們的視線。而接下來的訪談，才真正地感受到羅喜女士與丈夫曹開的堅貞之情，以及難以抹去

的點點滴滴。

三、羅喜女士與詩人相識的過程

第一個問題，即是探尋羅喜女士和詩人認識到結婚的過程。據羅喜女士描述，在曹開出獄之前，他們是不認識的，而且羅喜女士的母親知道曹開坐過牢之後，是不放心的，但羅喜女士的父親則持正面的態度，認為詩人是因為政治因素而坐牢，應該是個有思想、與眾不同的優秀人才，反而鼓勵羅喜女士與其交往。而羅喜女士的哥哥更透過不同的管道，了解到詩人是個品性良好的青年，也是個值得交往的對象，這才化解羅喜女士母親的擔憂，展開兩個人的交往之旅。

其間詩人曹開為追求羅喜女士，還寫一首情詩送她，突顯出詩人浪漫的一面，這在曹開作品集中也是絕無僅有的。

四、戶口名簿的見證

羅喜女士拿起一張單子，這是詩人出獄後，警察來家裡查戶口時必填的單子。羅喜女士留下單子的原因很簡單、也很複雜，她是想讓其他不知情的人能夠了解詩人的這段經歷；複雜的原因在於，留下這張單子卻一次次地勾起羅喜女士傷痛的經驗。當時政治的環境，使得警察不單只是人民的褓姆，相反地，警察是戒嚴體制下國家機器的行使者，警察到訪也是為監控詩人的行動，以確定他的行為受到「規範」。

談起搬家的經歷，羅喜女士眼中隱約泛著淚光。她說每次警察來家裡面查戶口，使得詩人心理就很難受，想要搬離開原先住的地方，但搬到新的地方，同樣的情形還是會發生，迫

使詩人又想要遷往他處。多次奔波下來，小孩既無法好好地唸書，原本的工作、生意又必須重新來過，則又是一番艱難、痛苦的過程。

因此羅喜女士留下這張戶口名簿，用意是讓其他人能夠了解那段痛苦的過去。

五、獎牌的榮耀

不論是牆上、周圍亦或是其他的擺設中，都不見繁複的器具、傢俱，箇中原因來自於不斷搬遷的生活，養成了布置的簡

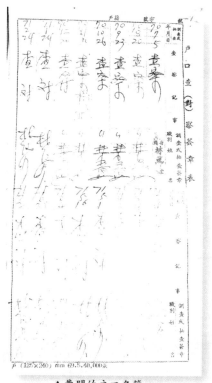

▲曹開的戶口名簿。

要原則。雖是如此，牆上還是掛了詩人畫的幾幅圖、兩個人的合照。其中令人注目的是放在書櫃中的一塊獎牌，這是曹開生平第一次也是最後一次拿到的文學獎——第九屆鹽分地帶文藝營新詩創作第一名。

▲曹開手稿：〈我們的詩歌〉。

　　說到這面獎牌，羅喜女士充滿著驕傲，因為這是曹開第一次參加文學營的活動，起初詩人百般不願意，但在羅喜女士半鼓勵半強迫之下，勉強參加這場文學營的活動，這也是打開曹開詩作發表、被人注目的一個契機。因此這面獎牌是對詩人的一個肯定，也是鼓勵他繼續發表作品的重要動力。

　　這次文學營的機會，不僅讓詩人嶄露頭角，也讓人們更快地、更有把握地接觸到詩人。畢竟「現代詩」在現代文壇是如此地小眾，遑論不歸於現代主義、現實主義、後現代主義的一位詩人。

六、文學史中「空白」的一頁

　　訪談結束，羅喜女士慎重地收拾起詩人的手稿、素描圖，為訪談劃下一個短暫的句點。對一位研究者而言，這不是結束而是嶄新的開始。一如閱讀詩人的詩，彷彿得到台灣歷史之門的一把鑰匙，將我們帶入未曾揭露的迷霧之樓，與詩人沉重低吟的「獄中詩」、「數學詩」，以及更多生命之曲的頌揚。由於詩人創作不輟的動能，使得讀者可以感受到火燒島中憤怒與不安的火焰，也由於詩人獨特的發想與心思，使得台灣新詩發展史有新的元素、新的形式、新的體裁進入文學的場域中被讀者閱讀、欣賞著。

　　或如羅喜女士最後反問的問題，曹開的作品寫得好嗎？答案是的，看似平凡無奇的語句，卻突顯出台灣文學史（尤其是台灣新詩發展史）中另一個新頁，在詩壇上主義盛行的年代，依然可以看見詩人以素樸的書寫力量，不斷向體制發聲、向生命發聲、也向詩壇發聲的強大震撼。

　　曹開離開了人世，他留下的詩篇，將佐證他曾經走過的

足跡，一段台灣人走過的足跡，一段現代詩壇上不能忘記的足跡。台灣文學史本來就是一門尚待開發與努力的學門，卻在閱讀曹開的詩作之後，深感意外與沉重，意外在於當前的台灣文學史，竟未提到曹開這位作家，一位在自己崗位上默默耕耘、緩慢地進行著他的書寫大業的作者。如今，詩人早已悄然地與這個世界告別，這是令人感到惋惜與不捨的另一個「意外」；沉重在於詩人曾被監禁的過去，近十年的牢獄生活換來的是他建築在他人面前的層層戒心。再也換不回來的青春歲月，心理與身體的折磨與傷痕，似乎都見證台灣社會過去那段陰暗、難以撫平的苦難。

　　一整天訪談下來，個人的心情是愉快的，這種愉快是來自於心靈的富足，與羅喜女士的相識過程，雖僅短短的一個早上，但羅喜女士散發的氣息，是如此地溫暖、親切與積極。攝影機與錄音機前的她雖然語彙不多，但接觸過程中，我卻能夠深深地感受到她內心的盼望，一種與詩人誓言般的情感湧然而出。

　　最後謹以此文，獻給天上的曹開先生，並誠摯地祝福羅喜女士。

（陳鴻逸　撰寫）

創作年表

年份	創作
1997年7月	詩集：《獄中幻思錄：曹開新詩作品集》（彰化市：彰縣文化）。
2005年6月	詩集：《小數點之歌：曹開數學詩集》（台北市：書林）。
2007年10月	詩集：《悲·怨·火燒島：白色恐怖受難者曹開獄中詩集》（台北市：文建會）。
2007年12月	詩集：《小數點之歌：曹開數學詩集》（台中市：晨星）。

參考文獻

一、專著

· 王宗仁，《白色煉獄——曹開新詩研究》（台中市：晨星，2007年）。

二、學位論文

· 王宗仁，《曹開新詩研究》（新竹：玄奘大學中國語文學系碩士論文，2006年）。

三、單篇期刊論文

· 黃韋嘉，〈數與詩的混搭——評介《給小數點台灣——曹開數學詩》〉，《台灣學研究》第5期（2008年6月），頁102-105。

· 蕭蕭，〈曹開：挺直台灣的新詩脊梁——曹開數學詩的哲學思考與史學批判〉，《台灣詩學學刊》第10期（2007年11月），頁305-336。

· 王宗仁，〈數字與人生的結合曹——開數學詩研究〉，《明道通識論叢》第3期（2007年9月），頁51-103。

· 花英德，〈當詩人遇上數學——讀曹開數學詩有感〉，《師友月刊》第478期（2007年4月），頁80-81。

· 向明，〈給小數點台灣〉，《乾坤詩刊》第27期（2003年7月），頁86-87。

· 呂興昌，〈填補詩史的隙縫——論曹開五〇年代的獄中數學詩〉，《台灣文學研討會論文集》（台北：淡水學院，1995年）。

四、報章雜誌相關評論

· 簡慧珍，〈獄中抒懷數學詩出版，員林人曹開吟唱己志中外詩壇罕見〉，《聯合報》第C1版（2007年12月11日）。

· 陳志成，〈白色恐怖下的數學詩，重見天日〉，《中國時報》（2007年

12月11日）。

· 楊錦郁，〈另類詩集，曹開數學詩建構生命方程式〉，《聯合報》第
　C6版（2005年7月17日）。

· 宋田水，〈曹開和他的數學詩〉，《聯合報副刊》第41版（1997年10月
　25日）。

· 張宜平，〈心中有數·人生有詩——曹開獨創數學詩把人生「因式分
　解」〉，《中國時報》第18版（1996年7月10日）。

五、傳記、專訪及其他

· 宋田水，〈絕無圖畫處，自有好江山——數學詩人曹開〉，《傳記文
　學》第83卷第6期（2003年12月）。

作家大事紀

年份	事紀
1929年	七月十日：生於台中州員林郡東山275番地（今彰化員林鎮山腳路274號）。祖父曹連，祖母魏招（祖籍福建漳州府平和縣土安公派下第十五世賜字輩）；父曹牆，母賴竹美。
1937年	四月：入東山公學校。父曾習漢文，得其四書五經之傳授。
1943年	三月：自東山公學校畢業。 四月：入員林公學校高等科，在學一年。
1944年	四月：員林公學校高等科未及卒業，即考入豐原商業專修學校（今豐原高商前身）。
1947年	六月：自豐原商職初級部畢業，考入台中師範學校。
1949年	十二月三十日：就讀台中師範學院三年級上學期末，發生學生牽涉中共地下學委會組織事件，多名老師與學生被捕，其中數名學生被判極刑槍殺，曹開亦被誣指觸犯判亂條例嫌疑被捕，送台灣保安司令部保密局究辦。
1950年	七月十七日：於軍法處被判處十年徒刑，先囚於台北監獄。
1951年	四月底轉囚火燒島。在火燒島囚禁期間，接觸多位菁英知識份子，奮發廣泛閱讀各類書籍，另外也研究數學，如微積分、函數論、群論等，由此觸動數學詩的靈感。開始大量寫作不合規律的「改良古詩」，並研究新詩。
1955年	火燒島獄中，多人被控意圖搶奪補給船逃亡，遭受酷刑拷打逼供，曹開亦被誣涉案，全押回台北保密局嚴訊查辦，結果轉送軍法處，多人被處極刑，倖存者寥寥無幾；曹開再被送往新店軍人監獄監禁，直到刑期屆滿。
1959年	八月七日：老家住屋（位於現今員林百果山附近）被八七水災沖毀流失。 十二月三十日：刑滿出獄。因怕茲生事端，出獄前將在獄中所寫、偷藏之手稿完全銷毀。出獄後，警察機關以「調查戶口」名義一個月查訪兩次，並於戶口名簿上簽名，實則為監控行蹤，且往後每次遷居，均需確實向戶政機關報告。
1960年	先在家裡幫忙補貨工作，將貨品運到家裡開設的雜貨店。後經媒人介紹，認識同鎮羅喜小姐，羅父進步思想，欣賞蒙冤的「思想犯」，同意兩人交往。曹開〈藤與樹〉詩，表達對羅喜小姐的深情，求婚亦得其首肯，兩人於本年年底結婚。
1961年	二月：搬遷至員林果菜市場邊竹棚內，夫妻二人開始在員林果菜市場擺攤營生，曹開為菜販，曹太太賣雜貨。 十一月十二日：長女桂瑛出生。年底轉遷至台北，在中央市場設立菜行，為批發生意。

年份	事紀
1963年	十月、十一月間：移居彰化縣花壇鄉極偏僻的白沙村，租屋於彰員路二六八號之三，開設簡陋的「西藥房」。居住花壇期間，開始大量寫作，憑藉記憶將之前在監獄裡頭所創作之新詩整理出來，並同時有新作。
1965年	南遷屏東縣潮州鎮，在街上開設皮膚且門專科診所。 五月十五日：次女真理出生。
1966年	移居台南新營鎮，在鹽水路口、復興路魚市對面三仙里四十號，買地自建錫安醫院，仍主治皮膚肛門科。
1967年	四月九日：三女容榕出生。
1969年	出售新營之醫院，另至台南善化鎮坐駕里中山路二八一號購地建設綜合醫院，聘請醫師合營。
1972年	將醫院賣給共同合營的陳醫師後，遷居高雄市河北一路二五八之五號，轉經營房地產買賣及五金電器用品之切貨批售。 四月十六日：四女瓊元出生。
1976年	遷居高雄市松江街三二二號，繼續經營電器、五金業。
1981年	母親去世，享壽七十歲。
1987年	八月：在妻子大力鼓勵並親身陪同前往報名之下，參加第九屆鹽分地帶文藝營為學員，以〈天平〉、〈小數點〉獲新詩創作第一名，是為生平第一次發表新詩作品。 十月：〈圓規三願〉、〈點點點〉、〈值與和〉、〈括弧的世界〉、〈社會的數學辭〉、〈幾何詩〉、〈正與反〉等七詩發表於《笠詩刊》141期。
1988年	一月：自生意場中退休，因不堪二十八年來情治單位人員每月不斷的監視、「輔導」，遂萌生移民國外之念，乃前往澳洲旅遊觀察。從澳洲回國後積極辦理赴澳手續，卻在申請「良民證」時發現繫獄火燒島的不良紀錄使他無法如願。
1991年	父親去世，享壽八十三歲。 由於被問及想離開台灣的原因，第一次向女兒透露被迫害、囚禁十年的往事。辦成移民阿根廷的手續，舉家離台赴阿根廷。
1993年	四月：因思鄉心切，並考量女兒之婚姻問題。因此自阿根廷返國，再定居高雄旗南路二三二之十三號，繼續寫作科技數學詩。
1995年	二月：遷居高雄市新庄仔路六五之九號，繼續寫作科幻電腦詩、太空玄想詩。 五月：文評家宋田水邀請呂興昌教授，前往高雄拜見曹開。 十一月：呂興昌教授在淡水學院主辦之「台灣文學研討會」中發表〈填補史詩的隙縫——論曹開五〇年代的獄中數學詩〉論文，為國內學者撰文深論曹開詩之先河。

年份	事紀
1996年	四月五日：《台灣文學》18期刊登曹開詩五首：〈一旦腦袋開花〉、〈回報〉、〈開釋〉、〈卵石〉、〈麻糬〉等作品。 四月十五日：《心臟詩刊》第20期刊登〈旗幟〉、〈重拾〉、〈陀螺的生活〉、〈演算：你　我＝0〉、〈因式分解的定律〉、〈魔幻導函論〉等詩。 七月十日：《中國時報·寶島版》刊登女記者張平宜〈心中有數·人生有詩〉專稿，報導曹開獨創數學詩將人生「因式分解」。
1997年	與詩友陳長庚著手策畫數學詩紀念館、數學詩獎（因猝逝而未成）。 七月：詩集《獄中幻思錄：曹開新詩作品集》首次出版。 十一月十三日：於《台灣日報》副刊發表曹開詩選三首〈小數點的詩感〉、〈鐵鉗的教訓〉、〈悠逸的典獄長〉。 十一月二十一日：於《台灣日報》副刊發表〈鐵鎚與鐵砧〉。 十二月一日：《台灣日報》副刊發表〈廢鐵場〉、〈煙與灰的詩趣〉，編作並註明《曹開遺作》。 十二月四日：於《台灣日報》副刊發表〈訣別〉。 十二月六日：因腦溢血病逝於高雄醫學院。 十二月八日：次女貴理寫作〈親情（簡愛）〉一詩悼念父親。

彰化學

見識施文炳先生

作家小傳

　　施文炳（1931～），字明德、鑑修，號幼樵、怡古齋主、梅花書屋主人、夢蟾樓主、無瑕小築主人、台陽詩卒。小時父親傳授《三字經》、《幼學瓊林》等書。後過繼給舅父為養子，改姓施。七歲入鹿港第一公學校。十四歲，國小畢業，入青年學校，約一年因空襲輟學。

　　十七歲時，國府接收台灣，經濟蕭條、民不聊生，家中也由富變貧。後來到岡山空軍官校福利社任職，學會北京話，擔任翻譯。二十歲親炙施讓甫先生，求治學之道，先生鼓勵學詩、學書法。始與鹿港文化界諸前輩接觸，並參與詩會。二十三歲與陳傑女士結婚；二十四歲組「淇園吟社」，第一次評選全國律詩徵詩賽。一九七三年，參加第二屆世界詩人大會（中華詩人聯吟），以〈宏揚詩教〉獲第一名，聲名大噪。一九八一年與許志呈共創「文開詩

社」，出任社長。

　　施文炳是活躍於鹿港的文人，曾舉辦多次詩人大會，提倡詩風；擅長漢詩、書法與繪畫。曾參與台灣民俗村的創立，試圖為台灣傳統文化尋根與保留歷史的記憶。二〇〇五年以〈鹿港懷古〉奪得第十六屆金曲獎傳統暨藝術音樂最佳作詞人獎，近年，他重組「文開詩社」，為地方開了許多學習課程，對於傳統文化的教授與傳承不遺餘力，目前出版《台灣末代傳統文人──施文炳詩文集》（台中：晨星出版社，2008年）。

與作家面對面

高維宏：很高興今天有機會能訪問老師，現在想先問老師第一
　　　　個問題，在您小時候的童年經歷，有什麼特別或印象
　　　　深刻的經驗。

施文炳：講起來很多，還記得孩提的時候，我家在龍山寺南
　　　　邊，家後面有一條水溝，水很清，游魚可數，溝外有
　　　　一丈多寬的步道，夜間很少人走，路旁有一排榕樹，
　　　　晚上都有貓頭鷹的叫聲，那時候家裡的情況算是小康
　　　　的家庭，生活算不虞匱乏，除了讀書以外，是不知愁
　　　　滋味的幸福年代。

　　　　　　十五歲那年，先母病逝，家裡失去支柱，我的
　　　　人生便走上另一段新而艱難的歷程，一九四五年十
　　　　月廿四日，因為日本戰敗，中國國民黨的軍隊來接收
　　　　台灣，同年中國國民黨軍隊入鹿港，自從中日戰爭到
　　　　二次世界大戰後，老百姓期待過著太平的日子。等到
　　　　戰爭結束，大家很歡喜地想，看能否回歸祖國後，過
　　　　著太平的日子。在二次大戰時，因日本考慮戰時的
　　　　配給，實行物資的管制，像是米、衣服褲子，只有還
　　　　勉強足以度日的分量。它的分配是做粗重工作的分較
　　　　多，做文書的分比較少。因為那是個很困難的時代，
　　　　只有那樣國家才能活下去，所以大家在戰後，就期待
　　　　看能否太平。中日戰爭後，大家歡天喜地，準備迎接
　　　　國軍入台，聽說國軍要來鹿港，與鄰人趕熱鬧到鹿港
　　　　火車站，在那邊等，沒看到國軍，只看到一群一群旅
　　　　人，衣衫不整，有的穿草鞋，有的光腳丫，有的拖一
　　　　堆行李，有的擔鍋，有的像流浪漢，不知道原來那就

是國軍。在日本的時候，日本軍隊穿著整齊，非常威武，難怪當時國軍會打輸日本人，所以我們看了以後感覺很失望。

國民黨的軍隊到鹿港以後，像土匪，把人家裡面的東西都搬光光，到市場攤販，不論豬肉、雞鴨、菜餚，未付錢就要拿走，小販跟他收錢，他叫「我是國軍，要什麼錢」，全台灣各地都一樣，被這樣欺壓久了，忍不住了，才會發生二二八事件這樣一個抗暴的運動，其實台灣人很善良，是被欺壓到沒辦法活下去了，就發生這樣的二二八事件。自從二二八事件之後，國民黨在大陸的軍隊，從高雄上岸，人民死傷慘重，那時南部的知識分子，有讀大學的，或者是教書的，被抓到哪裡都不知道。抗暴以後，接著是四十年的戒嚴，台灣人過著無尊嚴的悲哀歲月。

直到李登輝做總統的時候，民主才抬頭，人民才比較自由。但是我們應該記得，是因為這些人犧牲寶貴的生命，才有今日的成果。我們應該謹記前人拿性命來換來我們今日的自由，我們對於悲慘的歷史，可以原諒，但不能忘記，不要讓我們的子孫重蹈覆轍。再受到這些災難。

吳明德：施老師，請您談談您的求學經歷？

施文炳：我在童年的時代，很動亂，七七事變後，中日戰爭，這段戰爭的時間，是很不平安的時代，在公學校畢業，我老師要我去讀中學，但我媽不讓我去讀。她說：笨啊！日本快戰敗了，你等戰爭結束後要讀再去讀，現在去讀沒用，先讀漢文，之後比較有用，要讀你等以後再去讀。

吳明德：所以你母親那時候看得到局勢。

施文炳：那時候老師問我怎沒去讀，我說大人不肯。結果老
師來找我母親，她我們回答說：我們是窮人，沒辦
法讀。結果老師說要幫忙，我們就很不好意思，就去
讀。那時我們想日本氣數快盡，也開始讀漢文。

吳明德：老師你那時讀哪間國小？

施文炳：鹿港第一公學校。

吳明德：那時候都讀六天嗎？

施文炳：讀六年。

吳明德：所以你後來讀書的時間都自學比較多？

施文炳：自從母親過世後，我還記得印象深刻的是，在鹿港中
山路那邊，那時家裡面有五十多甲地。因為作米的期
貨，虧了五十多甲地。母喪那年終戰，國民黨入台，
社會劇變，經濟大蕭條。拿一大疊錢，只能換到一斗

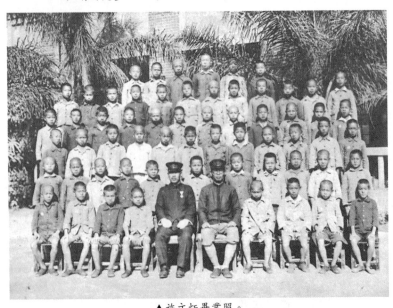

▲施文炳畢業照。

米，四萬元台幣換一元新台幣。家裡本來很有錢一下
就變窮，只好靠自修苦讀。

吳明德：老師，在您的自修求學的過程中，您覺得有哪些老師
　　　　對您產生較大的影響？您可以稍微講一下嗎？

施文炳：在小學的時候，學校內有一位老師很擅長書法，他寫
　　　　的楷書非常的好，他教得好，我們全班有七十多個，
　　　　後來有五十多個字都很好，我便是在那時候奠定了基
　　　　礎。他牽我們的手，教我們怎麼拿筆，怎麼樣寫字。
　　　　他的方法很好，所以小學的教育很重要，好的老師讓
　　　　你受用一輩子。

　　　　再來是員林農校有位中文教師施讓甫先生，在
　　　　鹿港的古街遼寧街，我當時只上過日本學校，不懂
　　　　中文文法，讀一些書有時有問題，有次遇到施先生，
　　　　就請教他說我讀書但不懂文法，他問我讀什麼書，跟

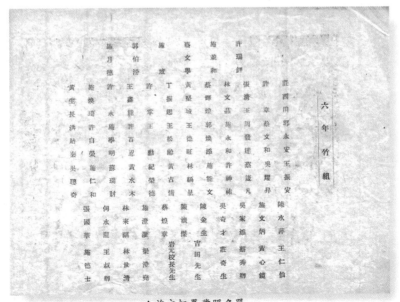

▲施文炳畢業照名單。

我說：「要了解漢文的文法最好的是學詩，因為漢詩格律限制甚嚴，半字亦須推敲。」他說：「多讀、多寫、多作。」又說：「讀詩千首，不作自有。」讀了千首的詩，自己也會做了。我讀了以後，對詩起了興趣，想說只有二十八個字，卻有這麼多的意思與意境。因此融入沉迷於詩的世界。我爸爸說，作詩也好。什麼書都要讀，無書不通，但也要讀的深。寫詩要經過人世的經驗，要有一顆悲天憫人的心，你寫出的東西人家才願意看，才有留下來的價值，也才有寫的價值。要能悲天憫人，寫出的東西才會留在人世間。要經過人世間的苦難，你寫出來的東西才會有足夠的深度。

　　我還記得施讓甫先生，我那時去問他問題，他要我學書法，說：「不識字如不說，則別人不知。字寫不好，一見便知，故宜學書法。」不識字你不講別人怎知道，寫字差一看就知道了，所以要學寫字。他那時候拿很多帖給我寫，練了幾十年，很多基礎是從那時候開始打下的。

　　周定山，名火樹、字克亞，當代數一數二名詩人，是當時台灣詩壇的詞宗。他出去一些詩會的評審中他都是首席，讀的書非常多，詩的氣勢很大。一生著作包括新、舊文學，他的太太過世後，他開始教書，設塾傳教，功在鹿港。不過我那時不是他的學生。他那時創立詩社「半閒吟社」。我去的時候，他不認識我，我也不認識他。他只是聽過有個年輕人叫做施文炳，聽說詩作的不錯。他問我有無作詩，對我的詩作有一些指點，後來他對我的文學創作有很多關

鍵性的指導，獲益殊深。

　　許志呈，字劍魂，鹿港四傑之一。才高博學，倜儻風流。久經社會歷練，舉凡政治、經濟、文學、藝術至於音樂、戲曲均有所涉獵，曾任二屆縣議員，好客而善飲。其治學嚴謹，唯詩好自然，甚少雕琢，其抒懷詠物，筆淺而意深。憤俗憂世，常以詼諧手法托出，而易風正俗之意至明。他對我的影響很深，不論公私，是我的精神與實際的支柱，在我的經濟困難時協助，情如父子。

高維宏：您在年少時就拜識了喜愛栽花、博學的李澤卿先生，後又熱心參加鹿港盆栽協會的活動，可否談談與此相關的趣事。

施文炳：與李先生無關，因父親平時喜栽花木，自少耳濡目染而成興趣。後來被設計擔任首屆鹿港盆栽會長才正式接觸盆栽。鹿港盆栽協會首創時，有數位會友有意參選會長，大家認為初創會便有紛爭，則有傷和氣。私下相議「找一位局外人出任」。並在成立半年前，假龍山寺舉辦預展，我因有事經過，簽名處接待人員捧了一杯汽水給我，並且要我簽名，說：「請入會，給大家鼓勵鼓勵。會費一百元。」一百元可圓一項人情，何樂不為，交了錢便回家。經過一段日子，早已忘了此事。有一天在街上遇到老朋友，他說：「十月三十一日假老人會館成立大會，下午五點有餐會，務必出席，老朋友聚一聚。」我依約於五點多到。停好腳踏車，依稀聽到「施文炳一票……施文炳一票……」的唱票聲。一入內，便有人大聲說：「來了來了……。」接著全場的人起立歡呼。我覺得莫名奇

妙，怎會這樣？「文炳兄恭喜」之聲不絕，我大聲
說：「未經我同意，我不承認。」但因正式開會，公
開選舉，一切依法，非同兒戲，豈能否定，只好接
受。不過，要求臨時動議，將一任三年暫改一年，試
當一年看看，一年後再改回三年，並約定一人只能連
任一屆。他們不改我不作會長，後來我當了二屆會
長。

高維宏：您積極參與鹿港的文化活動，關注藝術文化的傳承延
　　　　續，請您談對鹿港這座古城的文化有什麼樣的看法。

施文炳：「一府二鹿三艋舺」，在台灣開發史上佔有極重要的
　　　　地位。今天的北港，是道光十幾年才有的名字，以前
　　　　叫做魍港，之後地理變遷，才改為笨港。笨港以前因
　　　　笨港溪氾濫作大水，在新的地方蓋一座港口，叫做新

▲施文炳手稿：〈感懷六首〉。

港。新港後來又一次作大水，在新港那邊建築港口，因爲在新港的北邊，所以叫北港。鹿港自昔，文風鼎盛，人才輩出，代代相傳，蔚爲風氣。

　　鹿港曾經有一時期因海港功能的喪失，而淪爲沒落的小鎮，卻因有鼎盛的文風與古蹟群，而成爲台灣的尋根聖地。世傳鹿港有三寶，即鼎盛文風、純樸民風與歷史古蹟。也因爲有此三寶，鹿港文化能夠在現代逆流動盪中屹立不搖，而其關鍵性在於「人」。鹿港人一向以團結力強著稱。每有公益便挺身而出，維護地方聲譽，我想這是傳統，未來亦如此。

高維宏：您認爲自己寫作漢詩所抱持的理念是什麼？

施文炳：詩是最經濟的文字組織，是人間最美麗的文章，有人說詩是「上帝的語言」。尤其是漢詩，其言簡而意深遠，言有盡而意無窮，境界超凡絕俗，其優點無與倫比，短短二十八字便可道盡一切，是心靈的獨白，凡有心事不便告人則訴之於詩。詩可以歌，可以詠，可以書，可以入畫，優點很多。

高維宏：曾永義教授對您的印象是「俠士道儒文炳先」，林明德教授則指出您是「台灣末代傳統文人」，能不能請您作些回應？

施文炳：哪有那麼嚴重！是因爲他們跟我要好才這樣誇獎我。台灣各地還有很多其他的人才。

高維宏：感謝文炳老師今天撥冗接受訪問，謝謝！

（施文炳口述，吳明德、高維宏提問，高維宏錄音、記錄）

作家印象

一、小鎮回音

關於鹿港，往昔有「一府二鹿三艋舺」的俗諺。道出了清領時期三大城市的開墾盛況。鹿港是座擁有數百年歷史文化的老市鎮，自乾隆年間清政府比照鹿耳門及廈門模式設立專員，開放「福建泉州府晉江縣所屬蚶江口」與「台灣府彰化縣鹿仔港」來往通商。此後來往船隻絡繹不絕，商業活動發達，成為中部第一大港。後來因為港口淤積與戰爭的因素而沒落。自一七八四年開放通商以來，鹿港已走過兩百多年的繁華遞嬗。歲月改變了當地的地貌以及居民生活的經濟型態，同時也鏤刻了散布鹿港各地的人文古蹟。鹿港廟宇、祠堂、館樓遍布著大街小巷，自市中心再向西行，便是鹿港八景之一的濠圃迵潮，行走其間，觀看汪洋，頗有昨日與今日錯身而過之感。

往東沿著海浴路走，回到鹿港的市區，中山路是鹿港的主要道路，鹿港市街主要在溪東北岸，街道成帶狀。今日可貫通彰化縣至台中的中山路昔稱五福街，是有名的「不見天」街屋，俗稱「無天昔」，是鹿港開埠以來最具特色的建築。昔日經商的商舖將街道兩旁的屋簷以屋板天窗覆蓋，以免顧客夏日受暑雨之侵，冬日受寒風之襲。一九三四年日本政府以衛生、市容為由將之拆除改建為現代化市街，不見天街才走入歷史。雖然今日已無法再行走於曩昔的不見天街屋，鹿港還是留下許多特殊的建築景觀，如被稱為曲巷多晴的九曲巷以及菊花牆、甕牆、半邊井等等。為過往防範宵小、通商的物品、移民的聚落生活留下痕跡。

一座城市因為不同的社會、文化的脈絡，必定累積了不同

的歷史記憶。即使時至今日，前人形跡已逝，這塊土地必定也還留著許多「說故事的人」。收集這些故事、文本，保留下這些居住於這塊土地之上的文化記憶，是我認知此次計畫的初衷之一。以一座城市、以文學作品而非史料，作爲記憶的主題，不同於主流論述的國族歷史書寫，是一種較爲瑣碎、邊緣的發聲，是一種故事的傳承而非只是資訊的紀錄。

二、說故事者

　　爲何選擇收集複雜帶有多面歧異性的文本，而非選擇由新聞逐漸沉積堆砌，已經沉澱出有具體結論的歷史事件？班雅明在〈說故事的人〉一文中，曾有過對兩者結構的討論，他談論文本的「故事」與資訊社會下的「新聞」的差異。認爲早期的故事主要由「住在土地的人」與「航海的人」此兩種類型的人口傳而得。前者的故事傳承的是前人面對自然災厄或是突發事

▲施文炳揮毫。

件的處理經驗；後者的故事則使村莊共同體的人有了對他者的認識，而開啓交流溝通的可能。故事的價值在於敘述時平實簡略、留下懸疑。新聞雖然看似是記錄一現實事件，然而新聞在記錄一事件時，旋即對事物做出邏輯上的解釋，這作法方便了讀者，卻使得新聞只有「一瞬」的價值。文本的可貴在於不做出解釋，留下一個晶瑩剔透的微縮世界，如同未發芽而被收藏的種子，過了悠久的時光後仍然能保持著萌芽的潛力。筆者以爲，我們今日收集故事的意義在此。

三、時代的印記

以上是在資料採集期間，對於施文炳先生所構築的印象。在訪談前自己本有點忐忑不安。一來我想著施文炳先生在鹿港

▲施文炳剪報。

是被人稱作「文炳先」的長者，名播鄉里；二來自認自己對於古典漢詩涉獵未深，僅大學時用一年的時間修習漢詩的格律與習作。以至於總對自己是否有能力採訪抱持著疑慮。然而在實際訪問兩次後，發覺施文炳先生除了是個博學而充滿熱情的文人之外，更是位親切謙虛的長者。他很熱絡的與我們談論過往生活的趣事，以及他所經過的一些顛沛動亂的日子。文炳先生除了精於書畫，對於鹿港的掌故，亦知之甚詳，包括鹿港紅毛城、清真寺等鮮少人知的歷史。事實上自一九八六年開始，他就在《鹿港風物》雜誌連載小說〈鹿仔港夜譚〉。這是一部以鹿港的風物做為背景的小說，可以看出文炳先生對鹿港風物的考證，此篇小說迄今未完成，在訪談中施文炳先生也透露他要繼續完成這篇小說的意願。

施文炳先生是在一九三一年出生的，他的童年經歷了日治中後期，以及國府初來台時的動亂，在與他的訪談中我們得到了一部分與當時鹿港相關的歷史事件，讓我們獲取了另一個可供拼湊當時社會大環境的資訊。同時文炳先生從這些經驗中得到的是對於歷史的反思，認為今日的自由是前人在戒嚴歲月中的犧牲所換來的，認為我們需要共同謹記歷史給予我們的教訓，使後代的子孫不要再重蹈覆轍。

文藝與文化之外，他亦重視社會的議題，例如龍山寺改建與否的問題。較重大的是一九八六年的反杜邦運動，力阻會排放高污染二氧化鈦的杜邦企業進駐彰濱。反映出其關注環保民生問題的一面。

施文炳先生是活躍於鹿港的文人，致力文化工作，擅長詩作、書法、繪畫的他，曾舉辦多次詩人大會，提倡詩風。他熱心參與台灣民俗村的創立，試圖為台灣傳統文化尋根，與保留歷史的記憶。之後重組「文開詩社」，提借文開書院，為地方

開了許多學習課程。二○○五年他以〈鹿港懷古〉奪得第十六屆金曲獎傳統暨藝術音樂最佳作詞人獎，更成為小鎮津津樂道的趣事。

四、世代的對照

　　施文炳先生的求學經歷讓我印象最為深刻，因為他自小學讀完後，中學只短短讀了一年就因戰亂而休學，一直未能在正規的學院體制中學習。他形容這像「暗學仔」，常是在晚上到老師家中學習。後因家境由富轉貧，文炳先生一邊工作，一邊自學或請教老師學習，他的求知慾強烈，因此相繼有許多的名儒賞識他。如許志呈先生、張禮宗先生、李澤清先生、施讓甫先生、周定山先生等等，其中很多人與他建立了深厚的情誼。

　　較之今日，文炳先生的經驗可以看出他們當時鹿港區文化人活動的緊密，這是我們這代較缺少的。我們所處的是一個現

▲施文炳於民國七十年設立文開詩社。（黃雨婷攝）

代性的都市社會，資訊快速流通，人在空間的游離更爲頻繁，不同於當時的鄉鎮保有「雞犬相聞」式的共同體經驗，現代都市造就的是個人自由的高度解放，但它另外帶來的是人與人之間的疏離。在現代的情境中，體制越趨向健全，我們所處的便越是一個充滿書寫的社會。大多的人從升學至就業走的是體制內的路線。這跟文炳先生對於知識多採取自學的方式與自己去尋找老師解惑相比，是有很大的差異。文炳先生談到求學過程中自己熱愛知識的經驗，對於求學總是採取主動自學的態度，讓人有機會透過另一代人的視角，重新思考求學的本質與自己求學的目的。

台灣早期的開墾，是漢人移民與本地原住民相雜的社會。這種大規模的遷徙，通常因時代與社會環境的改變有關。它所帶來的是許多的悲歡離合。眾多的移民孤身渡過凶險的黑水溝來到陌生的土地，留下的可能是漫漶、斷裂的記憶。對於自身的生命情境，他可能想要在遼廣的時間內說些什麼，卻又苦於不知從何述說。相較於數代住在同一土地的居民來說，移民者的疆界是不定的，邊界正隨著移民者的遷徙在時代中開展。移民的現象，造就了眾多不同時間地域的文化並置於台灣這塊土地之上。與大陸相較，台灣的文化底蘊多了「遷徙」這個複雜特殊的母題。

鹿港在舊時，是遷徙這個現象的具體體現。當時鹿港因爲是清朝開放對大陸的通商口埠，而盛極一時。商業在移民城市中的繁盛，所代表的是各種階層的流動之間有更緊密的交流機會。要談遷徙，中部可能找不到比鹿港有著更豐富歷史資料的地方。這種繁華具體的表現是雕鏤得極爲細緻的屋樑磚瓦，以及特殊的建築景觀。它造就了更多文化流傳的紀錄。對於鹿港的景物，對於彰化的書寫，也是文炳先生的詩作中多次出現的

主題，如鹿港八景，膾炙人口的鹿港懷古，以及計畫繼續寫作
的《鹿仔港夜譚》，都表現了作家對於自己土地的關注。

因此在台灣文學的特殊性與複雜性，開始逐被重視的現
在，「尋根」成為這裡的住民所深思關切的議題。這種差異在
不同世代中顯現的，是我們對於時間的感受有著不同的經驗。
像文炳先生的世代，個人有較多的機會藉由文化的活動、節
慶，與土地和歷史掌故的親近來體驗時間的流逝。這種體驗的
方式造就的是不同的時間質感。對於我們這一代而言，時間是
科層化的切割，歸類於朝九晚五式的工作與休息，對於節慶的
感受，除了少數碩果僅存如年節、清明等節日外，也大多失去
貼近土地文化的歷史感。生活是在快速的流動中流逝，而缺少
在時間流動中所標記的不同文化節慶。若只是對於失落的文化
懷抱著懷舊的想像，很可能流於不切實際或簡化了問題。對於
土地與文化的感受，需要親身的碰觸，也需要文化與教育的浸
透。我們這一代的教育因對於台灣史地文化的闕如，而長期對
這塊土地既有的文化有著世代的隔離，更可能因為缺少台灣歷
史文化脈絡的視角，而對既有的文化視而不見。因此「尋根」
成為目前被重視的主題。而我以為可以從文炳先生的寫作中回
過頭關照自身，省思自己在比較之下是如何的看待自己生於
斯，長於斯的土地。

五、探索的標記

文炳先生的詩作甚多，其姪女洪惠燕曾幫他出版《台灣
末代傳統文人——施文炳詩文集》，整理了文炳先生的許多詩
作、小說、散文、序跋以及少量的日本俳句。詩文集有四百首
左右的詩作，可謂數量甚豐。除此之外，他的詩作更多次於詩

會上掄元。然而訪談中，文炳先生提到仍有一些詩作尚未被收錄到。可見文炳先生是位創作豐富而質精的作家。目前僅有洪惠燕撰寫的碩士論文《鹿港文化人施文炳先生研究》，做較全面的介紹。相關的研究仍有繼續探索挖掘的空間。

（高維宏　撰寫）

創作年表

年份	創作
1981年	施文炳撰文、林彰三主編攝影，《台灣尋根攝影專輯》（台中：省府教育廳）。
1984年	施文炳主編，《施氏世界》（彰化：世界施氏宗親總會）。
1998年	施文炳編，《老古蹟新用途座談會成果紀實》（彰化：施金山文教基金會）。
1999年	施文炳主編，《深度探索溪湖鎮的過去、現在與未來導覽手冊》（彰化：施金山文教基金會出版）。
2002年	施文炳主編，《彰化縣口述歷史第六輯溪湖蔗糖產業》（彰化：彰化縣立文化中心）。
2002年	施文炳主編，《溪湖鎮蔗糖產業（下）》（台北：彰化縣文化局）。
2002年	施文炳編，《義天宮志》（台北：義天宮管理委員會）。
2008年	施文炳著、洪惠燕編，《台灣末代傳統文人——施文炳詩文集》（台中：晨星出版社）。

參考文獻

一、專著

· 施文炳著、洪惠燕編：《台灣末代傳統文人——施文炳詩文集》（台中：晨星出版社，2008年）。

二、碩博士論文

· 洪惠燕，《鹿港文化人施文炳先生研究》（台中：國立中興大學中國文學系碩士研究所，2002年）。

三、傳記、專訪及其他

· 李鴻烈：〈聞文炳祖父彰化抗日故事〉《風遠樓詩稿》（台北：台灣新生報出版部，1984年6月）。

作家大事紀

年份	事紀
1931年	農曆正月二十七日未時生於龍山寺南故居。
1936年	父親洪流在啓蒙讀《三字經》、《幼學瓊林》等書；過繼給舅父為養子而改從母姓，姓施。
1937年	入鹿港第一公學校（現鹿港國小）。
1944年	三月：國小畢業，入青年學校，約一年因空襲輟學。
1947年	家中由富變貧，到藥布廠當童工，二十一天後升會計。入張禮宗宅（張敏生父）讀漢文。寫下第一首詩〈夜讀自勵〉。
1948年	到岡山空軍官校福利社任職，學北京話，任翻譯。
1949年	從李松喬澤清先生，始學政治、經濟、文學、教育等多種專門科系。
1950年	奉父命回鹿，任職木材行學習木材，記帳兼賣貨。拜識施讓甫先生，求治學之道，先生勵學詩，學書法。始與鹿港文化界諸前輩接觸，並參與詩會。參加由鹿港各詩社合併之「鹿港聯吟會」。
1952年	與堂兄洪進來合營木材兼木工廠。初識洪寶昆、王友芬、林荊南等。後因洪推薦，初會于右任、梁寒操、張大千、何志浩、賈景德、莫德惠諸元老。任民眾日報記者，後任特派員。 十月：瀛海吟草出刊。
1953年	十一月：奉父命與陳傑女士結婚。參加周定山所創「半閒吟社」。以何紹基體受書壇同好稱異，謂其直逼施梅樵。 四月：瀛海吟草雙月刊改為詩文之友月刊。
1954年	木材業虧本停業。長女慧芬出世。租屋街尾，潛沉讀書繪畫。在城隍廟、員林車站、街尾等地開館授課，前後約四年。與施福來、許文奎、黃信、蔡茂林、許志呈、王天賜、王成源、施貽謀、許遂園、王漢英、王世祥、粘漱雲等前輩約十五人組「淇園吟社」。因街尾住宅四周皆竹林，又近鹿港溪，施福來先生（施啓楊伯父）見之曰：「如淇水。」乃以「淇園」名社。拜識黃得時、張作梅、李建興、陳皆興、李漁叔、莊幼岳、曾文新、黃湘屏等人。
1958年	長子燾原生。任職木材行了解市場。
1960年	辭木材行職。八一水災，是夜，人在鹿谷。
1961年	木材業東山再起。 六月：登玉山。有〈玉山紀遊〉一系列詩作三十首。
1962年	詩文之友社十週年慶。有詩〈詩文之友社十週年慶〉。
1963年	次子惟中出生。初會歐子亮於彰化。

年份	事紀
1964年	父病危，商務在外，有詩〈甲辰小春客巒大山旬日，望夜獨對明月遙念高堂病重不能歸侍，終宵輾轉，愴然賦此〉記之。不久，父親洪流在先生過世。
1966年	次女懿芳出生。
1967年	詩文之友社十五週年慶，出版《現代詩選第一集》。施讓甫過世。
1968年	發起募款活動，重修武廟。
1969年	八月至隔年六月：以「鹿港八景」向全國徵詩並寫八景介紹文及鹿港簡介，粘錫麟、李錦浩、許圳江三人協助謄稿、印發，費時一年餘。洪寶昆高泰山編《台灣擊缽詩選》第二集。
1971年	詩文之友社出版《現代詩選第二集》。 農曆九月九日：應邀參加旅菲臨濮堂六十週年堂慶，赴菲（第一次出國）。周定山及鹿港詩友有詩相贈〈文炳同社考察東南亞詩壯行色〉。 十月：赴菲。
1972年	李建興與莊幼岳、黃得時諸吟長發起組織中華民國詩社聯合社，被推選出任委員。
1973年	詩文之友社出版《台灣擊缽詩選第三集》。 農曆三月（62年4月29日）主辦中華民國癸丑全國詩人聯吟大會於天后宮，任總幹事。節錄〈鹿港簡介〉及〈鹿港八景〉刊於大會手冊。當日施文炳親作導遊，率500餘位詩人參觀鹿港名勝古蹟。 冬十一月：參加第二屆世界詩人大會（中華詩人聯吟），以〈宏揚詩教〉獲第一名，聲名大噪。監察院院長張維翰親撰聯對〈文章千古事，炳耀一時英〉以贈。有詩作〈第二屆世界詩人大會誌盛〉。因恐有損龍山寺古蹟地位，力阻龍山寺增建鐘鼓樓，後蒙漢寶德主動表示願意為龍山寺之復古工程作規劃設計。
1974年	時常與元老聚會，結識成惕軒、劉孝堆、羅尚、李猷、吳萬谷、易大德、許君武諸老。詩文之友社創辦人洪寶昆過世。當選鹿港盆栽學會首屆會長。鹿港第一屆盆栽學會特展。
1975年	應世界桂冠詩人會之邀，撰〈詩盟世界〉，編入桂冠詩人會《世界大同詩選》。舉辦中區盆栽邀請展。初會李漢卿。周定山去世。有詩〈題定山先生墓碣〉。
1976年	十一月十二日：赴日應邀參加日本神風五十周年慶典。有〈東京機上口占〉等一系列詩作。自組永東建築公司北頭第一期建築開工。與學甲盆栽學會締結姊妹會。與陳皆興、何志浩、蔡秋金等人發起組織中華民國傳統詩學會。

彰化學

年份	事紀
1977年	蟬連鹿港盆栽學會第二屆會長。任天后宮爐主，諸事順利。在龍山寺舉辦施文炳書畫收藏展。鹿港青商會成立，積極參與推動鹿港民俗才藝活動。籌組台灣臨濮施姓大宗祠籌建委員會，任常務委員。
1978年	龍山寺復古工程由漢寶德規劃。被聘為中華學術院詩學研究所研究委員。舉辦第三屆名家書畫展，義賣所得捐民俗才藝活動經費。
1979年	重陽赴菲。有詩〈旅菲臨濮堂秋祭大典〉。任第二屆全國民俗才藝活動慶祝大會大會常務委員、詩書畫展主任委員、盆栽邀請展顧問、並於傳統詩朗吟大會吟詩。詩作〈鹿港攬勝〉於全國詩人大會掄雙元。
1980年	民俗館文開詩社開課。任第三屆全國民俗節慶祝大會盆栽展覽顧問、參展全國名家書畫展。
1981年	與許志呈共創「文開詩社」，出任社長。《文開詩社集》出版。撰文〈文開詩社集序〉。任第四屆全國民俗節慶祝大會籌備會常務委員、鹿港詩作書法、大中小學師生書法、文開詩社師生作品聯展主任委員、盆栽展覽顧問、參加「文藝歸鄉」活動──鹿港學者作家歸鄉座談會、鹿港詩作書法展及漢詩朗吟。王漢英過世，有詩〈哭王漢英〉。
1982年	參加鹿港國際扶輪社，為創社社員。松浦八郎會長招待遊日。洛溪春開業。
1983年	任中華民國第二癸亥年全國詩人聯吟大會執行長。
1985年	洛溪春結束。有詩〈感懷（洛溪春述事）〉。任中華民國乙丑年全國詩人聯吟大會執行長。
1986年	《鹿港風物》雜誌創刊，撰連載小說〈鹿仔港夜譚〉。反杜邦運動。撰文〈在歷史與現實之間〉。
1987年	十二月：赴大陸。杜邦公司放棄在鹿港設廠計畫。撰文〈反杜邦運動──還願謝恩疏〉
1988年	中華民國文化資產維護學會創會，任監事、常務監事兼召集人。為「台灣民俗村」創村作整體規劃。蔣經國去世，有詩〈恭悼蔣故總統經國先生〉十首。
1989年	《鹿港風物》雜誌停刊。任第十二屆全國民俗節慶活動籌備會委員及企劃協調組、盆栽展覽會顧問、古代婚禮──迎親顧問、書畫現場揮毫。
1990年	四月：赴大陸參加媽祖國際學術會議，發表論文〈媽祖信仰在台灣〉，編入《海內外學人論媽祖專集》。《鹿港風物》創辦人施人豪過世。有詩〈敬悼　人豪宗彥〉七首。

年份	事紀
1991年	台灣臨濮施姓大宗祠落成,任籌備委員會秘書長。
1992年	為許志呈《劍魂詩集》作序。有詩〈敬題劍魂詩集〉。
1993年	協助成立施金山文教基金會。許志呈《劍魂詩集》出版。撰文〈劍魂詩集序〉。
1994年	許志呈積極推動成立「鹿港區書畫會」。施文炳任委員。四月參加民間信仰與中國文化國際會議。《鹿港鄉情》報紙形月刊創刊,為《鹿港鄉情》題字。
1995年	四月:參加中國神話與傳說學術研討會於國立中央圖書館)。
1996年	「朝陽鹿港協會」成立,任委員兼藝文組召集人。為《王梓聖詩集》作序。有詩〈敬題王梓聖先生詩集〉。
1997年	任「鹿港區書畫會」第三屆會長。策劃主辦老古蹟新用途座談會暨出版專輯。王梓聖過世,有詩〈敬悼王梓聖詞長〉。
1998年	策劃主辦鹿港古蹟修護研討會。舉辦全國名家書畫邀請展。出版《全國名家書畫展專集》,並作序。有感於詩書畫三者之息息相關,將「鹿港區書畫學會」更名為「鹿江詩書畫學會」並申請正式立案。任「鹿江詩書畫學會」第一屆會長。許志呈過世,有詩〈哭許夫子劍魂〉、〈題許夫子劍魂墓謁〉。
1999年	主編《深度探索溪湖鎮的過去、現在與未來》。
2000年	任「鹿江詩書畫學會」第二屆名譽會長。
2002年	受台北縣義天宮管理委員會所託,編纂《義天宮志》。同時,主編《彰化縣口述歷史第六輯溪湖蔗糖產業》。
2003年	考取汽車駕照。姪女洪惠燕完成《鹿港文化人施文炳先生研究》論文集。
2004年	於鹿港社區大學開「漢學管窺」課程。
2005年	以「鹿港懷古」奪得第十六屆金曲獎傳統暨藝術音樂最佳作詞人獎。重組「文開詩社」,提借文開書院,為地方開了許多學習課程。
2006年	繼續於鹿港社區大學開「漢學管窺」課程,繼續主持「文開詩社」會務。
2008年	「文開詩社」會務交棒,被聘為榮譽社長。

真誠貼近土地的農民詩人

—— 吳晟

作家小傳

　　吳晟（1944〜），本名吳勝雄，生於彰化縣溪州鄉圳寮村，初中時接觸到文學，從此開啓文學之路，就讀屏東農專期間，是個編輯校刊兼寫詩的文藝青年，一九七一年屏東農專畜牧科畢業，隔年返鄉擔任溪州國中生物科教師。教學之餘為自耕農，致力於新詩和散文的創作，長年生活於鄉間，對自然田野的觀察與依賴，形成作品中真摯的鄉土情感，以及是非分明和擇善固執的批判精神。

　　吳晟的著作有詩集《吾鄉印象》、《泥土》、《飄搖裡》，散文集《農婦》、《店仔頭》、《無悔》等，曾主編《台灣詩選1983》、《台中縣國民中小學台灣文學讀本》、《彰化縣國民中小學台灣文學讀本》等書。曾獲中國優秀青年詩人獎、中國現代詩獎、磺溪文學獎特別貢獻獎、吳三連文學獎等。一九七七年〈負荷〉一詩入選國立編譯館編訂的國民中

學國文課本，一九九七年散文〈不驚田水冷霜霜〉被選入國民
中學課文課本：〈土〉、〈落花生〉、〈蕃薯地圖〉等亦被選
入高中課本。

　　二〇〇〇年二月從學校退休後，專事耕讀，亦在大學中
文系兼課、帶領讀書會、擔任文藝營的講師，二〇〇二年獲南
投縣駐縣作家徵選，對濁水溪與南投風土進行田野調查，寫成
《筆記濁水溪》一書。平地造林是他目前最大的夢想，努力種
樹，希冀留給後代子孫一片樹林，為改善地球的環境盡一份心
力。

與作家面對面

吳　晟：歡迎各位專程來這裡。先用芭樂，這種在我們家的田邊，我們溪州是出產芭樂的地方。

鄭燕華：溪州鄉都沒有廣告，我看到芭樂就想到燕巢。老師，這個有加牛奶的？還是都不用，讓它自己隨便長的？

吳　晟：我也不知道，我們這裡就發展這個，可能空氣好，農民就種。

吳明德：老師你好。今天主要是讓他們（學生）來接觸土地，了解這裡整個環境，了解吳老師您長期在這裡自耕自種和造林的情形，請您向他們介紹，包括老師造林的成果、樹種；其次就是來這裡親近作家，作家不用跑到我們那邊現身，來這裡找作家，向您叨擾，了解這個環境如何孕育出一個作家。

吳　晟：說到作家現身，實際上我不是很喜歡讓別人來，來看過之後，回去都不看我的書了，因為神秘感都沒了，看一看，就是個鄉下阿伯，也沒什麼，對不對？看完就不稀罕了。

吳明德：但是我們台文所的不會喔！看完以後，書還要一本一本看，精神就出來了，並且了解（吳晟）老師的精神所在。

吳　晟：現在，我愈來愈不喜歡出去演講，因為每次出去，年輕人的反應不如預期。所以就算了。

吳明德：保持神秘感。

吳　晟：要讓他們年輕人，想像成古代的王維那種鄉村隱士，讓人感到「隱士」好像傳奇人物一樣。你看我們台灣流行的作家，很多都「旅居美國」，你都看不到的。很遠、很神秘，像張愛玲，你都看不到的。如果是

不時會看到的，看作家也會吐口水、摳鼻涕、穿拖鞋在路邊晃來晃去，讀者會說：「這是什麼作家？」一點美感也沒有。這不是在說笑，你們有注意到很多作家真的都保持他的形象嗎？他們就是隨時都會很優雅、穿得很漂亮，男生也是一樣，我最近接觸很多，比如說鄭愁予或瘂弦他們那一群，出來絕對不會晃來晃去，不一定會穿西裝打領帶，但是會穿得很正式合身。我也要假裝成他們那樣，但是我又是這種樣子的，我就是遇到一個叫劉志俊的。

吳明德：那是我學長，輔大的學長。

吳　晟：劉志俊跟我講過一個故事，他年輕時候去訪問一個女作家，他想，看她的書覺得她應該很美，到她家時，看到整間屋子很亂，她頭髮散亂地在抱孩子、打孩子，很狼狽的模樣，因為是家庭主婦，在教孩子，孩子在哭鬧，她怎麼有辦法穿得很漂亮，孩子跑來跑去、她要泡牛奶。對他說：「你坐！你坐！」他看了以後，感想是還是看書就好，不要去訪問。

吳明德：形象會破滅就對了。

吳　晟：對啊！所以他（劉志俊）說了這個笑話讓我警惕，可是我不讓你們來又不行。破壞形象就破壞形象吧！沒辦法，就只有「本尊」見各位。

吳明德：老師，（指著三合院的右邊護龍）這邊也是放書的？

吳　晟：這也是我的書房。

吳明德：以前寫作都在這裡嗎？

吳　晟：隨便啦！哪有固定一個位置，以前寫東西都隨便找地方，對不對？我們以前小時候都是裁縫車，不曉得你們知道嗎？媽媽的裁縫車就是我們的書桌，都是

這樣，帶子放鬆、蓋上蓋，就在上面讀書了，無聊的話，腳可以踩在板上空轉，因為那是空的，踏沒關係，很多人用縫衣機當書桌的。很多作家是在廚房。

吳明德：廚房有一個飯桌嘛。

吳　晟：對，飯桌當書桌，這種情形最多。所以不一定啦！

吳明德：等一下，再請老師介紹三合院？

吳　晟：現在你們看到的是台灣鄉下很常見到的三合院的型態，差不多大部分的農村，其實不只農村，以前的街上，建築物的建構都是三合院，差別在於建材不同。像以前我們有「土埆厝」，就是泥土做的，土塊疊起來的，有的是茅屋，有的是磚塊。像我家正是六十年前建造的，等下你們看就知道，六十年前，我父親算是地方仕紳，比較有錢，所以那時的材料都是ひのき（檜木）的，那時我家也算有破壞過森林（大家笑）。建造時都用卡榫，不用釘子，所有的包括窗戶都用卡榫，這是最大的特色。我家原本住在隔壁那間，由於父親有八九個兄弟，小時候就全家搬過來這邊。

現在台灣所有的三合院，大部分都毀掉了，不然就是被破壞，什麼原因呢？主要是產權不清楚，譬如以前父親的房子，現在分給我的兄弟，兄弟就一人一份，兄弟再分下去，就變得愈來愈多，一間三合院幾十個人分，像我現在名下的房子還有很多地方，原來的祖厝也有我的份，有的賣房子、兄弟分不公平啊，很多這種因素就破壞掉了，三合院無法保留下來。事實上我家的三合院是從我媽媽開始說要留下來，就一直保留住的，她強調要保留下來，我當然要想辦法把它保留著。因此，這個過程還是需要用心去維護，並

不是說它原來就一定這樣，換句話說我們對於一個家園，還是要很有心去維護，它才能夠保持。譬如說，你要整修，每一次整修，隔壁鄰居都說不用浪費那麼多錢顧它，乾脆打掉重新建樓房比較簡單，比較好也比較漂亮，大部分隔壁鄰居都是這樣做，整個都變成樓房，其實以前都是三合院。

吳明德：所以你們的祖厝到現在都維持原狀？

吳　晟：沒有，祖厝分下來，我持份很小。人家要建或怎樣，我也沒辦法，使用大家都要蓋印章，敢說我不要蓋章嗎？

吳明德：這裡是後來您自己買的？

吳　晟：沒有啦！這塊地是長輩留下來的。留給我的時候，哥哥把他分到的讓給我，因為他住在美國，是美國博士，不跟我計較就放棄，算是很好，變成我和弟弟一人一半，我兒子再把弟弟分到的買下來，不是我，我沒錢。

吳明德：這塊地大概多少？

吳　晟：這塊地大概兩百多坪。第一，一定要很有心去維護，再慢慢整修，第二，因為當做家園。家園會跟著時代變化，我們家算是沒什麼變化的，說起家園有很多的故事，比如說後院，現在看起來乾乾淨淨的，以前都用來養豬、養雞、養鴨，後院以前都在養畜牲的，前面這塊地怎麼能浪費，也是都用來種稻、種蕃薯、種玉米，一定不能讓它空著的。隨著時代變遷，這裡種了兩棵樟樹，差不多二十年前，它開始落下種子，掉落的種子會發芽，那時候我想，整片都拿來種樟樹，自己來培育幼苗。培育幼苗很簡單，有種子就很容易。我就整片都種，本來這片都種樟樹，後來因為很多因素，有些死掉了，剩下這一邊（指樟樹林的右

邊），另一邊再補種。

吳明德：這裡就變成密密樟樹林。

吳　晟：我現在要說的是，像這些樟樹，颱風來時再怎麼掃都
　　　　不會倒，因爲這不是移植的，這是從種子開始種起
　　　　的，所以人家說：「樹頭若在，樹尾不驚做風颱」。
　　　　這個意思很深，就是說它是在地，不是移植，移植的
　　　　樹木就不穩固，颱風一掃就倒。我這片樟樹林，颱風
　　　　再怎麼掃，頂多樹尾被掃斷，樹根仍然非常穩固，這
　　　　是在地性和移植性的區別。事實上，生物本能也是這
　　　　樣，越是在地性，他對當地的適應和生命力越強，我
　　　　們說的「根源」就是這樣來的；如果是移植的，他不
　　　　能安定、不能安份，就是這樣。

吳明德：「在地」和「移植」的主題！

吳　晟：我不懂什麼理論，只是觀察樹木，從我種樹的經驗得
　　　　來的，你們想要延伸出去，有什麼樣的想法、意涵，
　　　　是你們做學問的人的事情。

吳　晟：其實我住在這裡是經過很多選擇的，不是說很理所當
　　　　然的，整個時代社會都在變動，做爲所謂的知識分
　　　　子，其實也會想要離開。

吳明德：想要旅居美國？

吳　晟：對啊！誰要當鄉土作家。

吳明德：「俗」的代名詞嗎？

吳　晟：對啊！多沒價值啊！真的。

吳明德：所以您有一陣子也想過要旅居美國？

吳　晟：我的詩和散文都有寫過。像我哥哥大學畢業就出國留
　　　　學，代表最屬害的那一群。我太太那邊也都是這樣，
　　　　她哥哥、姊姊也是大學畢業就出國留學。所以價值觀

就是在這裡。我年輕時和我太太有那個到國外居住的夢想，但是由於家庭因素沒辦法去，因為家道中落。我爸爸那時候過世了，後來又面臨畢業後要去哪裡，這是很大的抉擇。當然，那時候對我來說，工作機會很多，包括去台北當編輯和回來教書。那時候我讓我太太選，尊重她，結果她覺得鄉下很好啊！結果我就尊重她。下這個決定很重要，在那個年代裡，大部分的人都出去，很少回來。像蕭蕭他們都離開，很少留在鄉下的，他住在隔壁鄉而已，差不多出去讀大學後就很難得回來了，這是各自不同的抉擇，就會形成各自不同的風格，文學的風格形成，除了出身、成長以外，再來就是你的抉擇，出身、成長是你沒辦法選擇的。但是後來的大部分是你自己可以決定的，這個決定還是一樣會影響你文學的風格，每個作家原初的抉擇，每個時代在關鍵的時候他會有一個抉擇，所以在研究作家的時候，要去注意他在任何一個時間點做什麼抉擇，這個才是最重要。

譬如說研究中國作家，可以去注意每個年代他做什麼抉擇、站在哪一邊或者說站在哪個立場，台灣的作家也是一樣，在日治時代也是一樣，每個日治時代的作家他們也面臨抉擇，他要抉擇靠哪一邊或者要怎麼樣發聲、以什麼樣的立場來發聲，這個都很重要；你可以去注意台灣的作家，在一九六〇、七〇、八〇年代，都是台灣社會的一個轉折，那每個轉折的時候，每個作家有什麼樣的立場、什麼樣的發聲、什麼樣的選擇，我最近一直在注意這個，因為這個非常重要。當然，我現在說的是個人的生活抉擇，比如說選

擇回來這裡，我有機會去愛荷華（編按：一九八○年吳晟曾去美國愛荷華大學進行四個月的作家訪談），台灣那時候去愛荷華的大部分都留在那裡，我還是選擇要回來，不想留在那裡，至於其他很多社會性的抉擇比較複雜，我就不多說。所以我會一直住在這個地方也是經歷很多抉擇的過程，包括你抉擇在這的時候，你就要放棄其他的東西，因為選一就不能選二，比如說我抉擇要回來這裡教書，就要預見生活的型態和台北不同。

　　這時候我就想到有個東西要寫卻還沒寫，先跟你們發表，我本來在寫文學起步，寫我以前去台北補習，讀國四的時候，常常去周夢蝶的書攤，我在台北住很久，也在那裡唸高中，但是我常常跑去周夢蝶那邊，明知道周夢蝶書攤上面有明星咖啡屋。黃春明、季季等人都說以前在明星咖啡屋怎樣怎樣，其實我從少年時代不時都在明星咖啡屋樓梯那裡，樓梯啦，我不曾上樓。我一直想，這件事影響到我整個（文學的）風格，很大的差異性就在這裡，我沒變成台北文人（的原因）就是在這裡。關鍵就是沒爬樓梯上去明星咖啡屋。

吳明德：您在樓下而已，沒上去就對了。

吳　晟：就是說，在樓下我就沒想過要上去，不想上去的原因有兩個，第一，因為窮，捨不得上去，那要花錢的；第二是沒有那種消費習慣。我們鄉下小孩買書還會想要買，但是你說要上去喝一杯咖啡，真的捨不得。

吳明德：除非你談戀愛啦！熱戀的時候忍痛花錢。

吳　晟：那你就不了解我們那個時代。

吳明德：那個時代是這樣。

吳　晟：我們那個時代都去哪裡呢？第一，郊遊，出去外面不
　　　　用花錢的；第二，冰果室，什麼咖啡廳啊！

吳明德：這樣有時代的落差。

吳　晟：有時代的落差啊！好，就是這樣，沒上去變成台北文
　　　　人。這個蠻關鍵的，我到最近才想到。

吳明德：這是最新的資料喔！

吳　晟：最新最新，我還沒寫，而且從來沒講過的，這是第一
　　　　次講出來，一個人在回想自己的路程，有時候有什麼
　　　　關鍵自己不一定知道。最近寫文學起步，看人家寫
　　　　的，像白先勇是明星咖啡，黃春明是明星咖啡，季季
　　　　也在明星咖啡，季季就住在雲林這邊而已，也是鄉下
　　　　小孩，到台北後也和他們這群人在一起。我在想，對
　　　　啊！我就是沒上樓和他們在一起，好加在，這句「好
　　　　加在」真的「好加在」！幸好沒上樓去，因為上去就
　　　　變成台北文人，這樣就沒有鄉土詩人了。台灣的鄉土
　　　　詩人沒幾個，重要的越少，這個我真的不是在臭屁，
　　　　事實是這樣講。我沒有上去，其實跟個性有關，除了
　　　　捨不得和沒有那種消費習慣，我大概簡單說到這裡，
　　　　這是我會選擇住在這裡，自己所想的理由。

　　　　　原先會決定回來是因為我媽媽，這是真的，那時候
　　　　我媽媽自己住這裡做事、種田，我要叫她跟我去台北，
　　　　她不願意。其實當時待遇很好，在台北有宿舍，但她不
　　　　願意，要怎麼辦呢？我只好回來，這是第一；第二，是
　　　　懶惰，懶得動，反正就住得好好的、很舒服啊，鄉下悠
　　　　哉悠哉，走路可以慢慢晃，真的啊！不用到台北，你看
　　　　在彰化市的街上就已經很麻煩了，走路都要閃來閃去，
　　　　心情、節奏和感覺都不見了。在這裡你要停車，哪裡都

是停車場，說停就停，走路也不用煩惱有什麼東西撞到你，就算撞到也只會說：「欸，你也騎好一點。」如果真的有怎麼樣，大家都是認識的，也不會計較，包括警察，我曾經不小心闖紅燈被攔下來，車窗拉下來，「欸，老師。」越來越覺得農村生活的步調和這個環境（很適合自己），不想再改變。

吳明德：坐在這裡很舒服，樂活，講話比較不用那麼急躁。我們講話都太快，聽吳老師這樣慢慢講，好像不會心浮氣躁，聽我講話，大家血壓都升高，所以要慢慢來。

吳　晟：這就表示你還年輕，等你像我的歲數時，就會比較慢了。時代也不一樣，因為我們那個時代都比較慢，步調、節奏都是。那時候習慣坐牛車，牛車都沒有在趕的，牛車都慢慢地叩（走），要不就騎牛，慢慢地叩（走）。現在不是了。

吳明德：難怪我們現在躁鬱症、憂鬱症一堆，都是因為緊張，步調都愈來愈快。

吳　晟：其實我只要不去想台灣的問題，日子是很好過，對不對？我算是好命的人，家庭美滿，拿退休金過日子，很舒服啊！

　　我最近很想寫一首詩，叫〈我為你祈禱，你每天晚上能夠睡得心安〉，我覺得台灣這些法官、檢察官，以前在判決那些白色恐怖時代的法官。我最近才真正了解到我女兒為什麼不考法官，就是不參加司法特考。以前我真的不太了解，坦白講，很多事情我都很慢、很遲鈍，幾十年後才想到，真的啊！連明星咖啡屋的事情從少年到現在已經四十多年才讓我想到。她（女兒）跟我說：「我憑什麼去判定人家的生

死？」意思就是說判決的過程相當複雜，像現在這樣的判決很多，先別說現在，講以前的冤獄，那當初判為冤獄的人是不是要來負責？對不對？

鄭燕華：所以還是當老師比較好？

吳　晟：整個台灣的老師，沒有因為教不會學生而辭職的。我最近都常常說這句話，整個台灣我看來看去，就只有當老師的行業最好。為什麼呢？因為教錯了都不用賠，不用被人處罰，也不用被記過。

吳明德：沒有被討回去的就對了！

吳　晟：都沒有被討回去的啦，任何行業只要有不對的地方，那就不得了了，比如說醫生，現在連和患者說話，說幾句不合心意的，就發生糾紛了，處方稍微開錯，就發生問題了，對不對？任何行業只要有不對的地方都不行，只有老師，從來不會有因為教錯而被人處罰，錯別字一大堆，對不對？

鄭燕華：錯別字是小事，有老師體罰被告的。

吳　晟：體罰那是另外一回事。現在是說教錯的，整個台灣哪個老師不曾教錯的。

李建德：這有兩種含意，一種是寫錯字，一種是教錯了思想。

吳　晟：教錯的情形有兩種，以自然科的老師來說，教錯的是知識上的錯誤，語文科的老師來說，是扭曲事實的錯誤，所以教再多的錯誤也不會有事情，絕對不會因為沒辦法教而辭掉工作。

鄭燕華：對啊！沒有啦！

吳明德：要按照進度來教就對了。

（吳晟口述，吳明德、鄭燕華、顏秀芳提問，顏秀芳錄音、記錄）

彰化學

作家印象

一、楔子

　　秋高氣爽的午后，驅車開上中山高速公路，輾轉來到彰化縣溪州鄉，沿河修築的鄉間小路，兩旁土黃色的玉米田顯得秋意愈濃，兩三個人在廟埕前坐著納涼，安適且自在，詢問我們的來意後，便熱情地指引方向，往左，走進吳晟老師的家。映入眼簾的是一座保留完整的三合院，它樸素，猶存昔日台灣農村社會的風貌，埕前的空地是幾十棵樟樹聚集，樟樹林裡有間木頭搭建的簡單小屋，裡頭有橢圓形木桌，擺上幾張椅，幾本礦溪文學獎的書隨意堆疊在一旁，風微涼，在吳明德老師帶領下，我們就在此處，與吳晟老師開懷暢談。

▲吳晟家（書屋的前貌）。

二、對台灣教師的看法

　　畢竟是師範大學，一起去訪問的同學裡，其中幾位是擔任教職之後再來進修的，吳晟老師開口就先關心目前教師教學的情況，吳晟老師打趣地說，他觀察台灣的行業後，發現教師是現在台灣社會中最好的行業，沒有因為教不會學生而辭職的，教錯了也不會被處罰，如果是其他行業，只要發生一點錯誤，就會出問題，比如醫生在工作時，只要說了不合患者心意的話，就會引起糾紛。

　　吳晟老師繼續解釋，教錯的情形有兩種，以自然科的老師來說，教錯的是知識上的錯誤，以語文科的老師來說，是扭曲事實的錯誤，所以才說一個教師教再多的錯誤也不會有事，不會因為沒辦法教或教不會學生而辭掉工作。實際上，吳晟老師想表達的是他對於台灣教育的憂心，只是用自嘲的方式突顯這個社會問題。

三、幻滅是成長的開始

　　如果可以跨越時空和古代文人面對面說話，那會是怎麼樣的情況呢？或許因為有時空的距離，我們對於這些文人更容易產生無限的想像空間。吳晟老師表示，以前只要有人想來訪，總是來者不拒，後來他發現來訪的年輕人，真正看到了作家，反倒表現出理想破滅和不耐的樣子，回去也不看他的書了，吳晟老師模仿他們，裝出一副不屑的表情說：「這也叫作家喔！」逗趣的模樣引得大家哈哈大笑；接著說道，如果他們只看作品，沒有和他接觸過，說不定會把他想像成是王維那副模樣，具有「鄉村隱士」的形象，可是他明明就不是這個樣子，

不過是一個穿拖鞋、在路上慢慢晃的鄉下阿伯，也是和其他人一樣會吐口水、擤鼻涕的活生生的人，所以，還是與作家保持一段距離，不要知道他太多事情，才會有朦朧的美感和神秘感。

「幻滅是成長的開始」，吳晟老師繼續講故事，一位朋友的故事，他年輕的時候去訪問一個女作家，他想，看她的書覺得她應該很美，到了她家，看到整間屋子很亂，她頭髮散亂地在抱孩子、打孩子，呈現很狼狽的模樣，因為是家庭主婦，一邊要哄哭鬧的孩子、要嚇止孩子跑來跑去、要泡牛奶，完全沒辦法穿得很漂亮，一邊對他說：「你坐！你坐！」經過這件事情，他覺得作家還是看書就好，不要去訪問他。吳晟老師很會說故事，就像在眼前演出一般，講到女作家對這位朋友說：「你坐」時，在座的大家都笑成一團。

不過，也有隨時保持形象的作家，吳晟老師拿現代詩人鄭愁予、瘂弦為例，他們的服裝正式合身、言行舉止優雅，不一定會穿西裝打領帶，但總維持著紳士形象，充滿神秘感。一切講求自然，以自己的本真面對各個來訪的人，這種自在就是吳晟老師的生活態度，是平和且心胸寬廣的。

四、守護家園的堅毅精神

吳晟老師向我們介紹自家三合院的歷史，以前三合院在台灣農村很常見，農村和街上，建築物的建構都是三合院，差別在於建材不同，像土埆厝是疊起來的，也有茅屋或用磚塊搭建的，現在台灣大部分的三合院不是毀掉就是被破壞了，主要是產權不清楚和時代變遷，使得三合院無法保留下來。三合院前這塊地是長輩留下來的，留給他們的時候，吳晟老師的兄長由

▲吳晟家。

於住在美國，他放棄繼承這塊土地，將他可分到的部分讓給吳晟老師，變成吳晟老師和弟弟一人一半，吳晟老師的兒子再把弟弟分到的買下來。

　　吳晟老師家的正身是六十年前建造的，當時，吳晟老師的父親算是地方仕紳，所以那時的材料都是從唐山來的檜木，建造時都用卡榫，不用釘子，這座三合院是吳晟老師的母親叮嚀要保留住的，吳晟老師遵循母親心意將它保留著。當然，必須要很有心去維護，它才能夠保持原樣，譬如年年要整修，每次整修都得花不少錢，即使隔壁鄰居都已將三合院打掉重新建樓房，吳晟老師還是努力維護它。

　　接著，吳晟老師說起家園的故事，比如說後院，現在看起來乾乾淨淨的，以前都用來養豬、養雞、養鴨，後院用來養畜牲，前面這塊地怎麼能浪費？用來種稻、種蕃薯、種玉米，

一定不能讓它空著的，隨著時代社會變遷，那時種了兩棵樟樹，差不多二十年前，它開始落下種子，掉落的種子會發芽，那時候吳晟老師想，這塊地可以全拿來種樟樹，自己可以培育幼苗，培育幼苗很簡單，有種子就很容易，本來這整片都種樟樹，後來因為很多因素，有些死掉了，剩下這一邊（指樟樹林的右邊），另一邊再補種。

像這些樟樹，颱風來時再怎麼掃都不會倒，因為這是從種子開始種起的，所以人家說：「樹頭若在，樹尾不驚做風颱。」這個意思很深，移植的樹木不穩固，颱風一掃就倒，這片樟樹林，颱風再怎麼掃，頂多樹尾被掃斷，樹根仍然非常穩固。這是在地性和移植性的區別。事實上，生物本能也是這樣，越是在地性，他對當地的適應和生命力越強，我們說的「根源」就是這樣來的；如果是移植的，就不能安定、不能安份。

五、關鍵點上的抉擇

吳明德老師問起吳晟老師目前的寫作計畫，吳晟老師說，一個人在回想自己的路程時，有些關鍵點不去細想的話，不一定會發現。最近老師開始寫自己的文學起步，回憶起年少在台北補習的時候，常常去周夢蝶的書攤，雖然知道周夢蝶書攤樓上有明星咖啡屋，卻未曾上樓。看了其他作家的書，發現白先勇的文學起步是明星咖啡，黃春明是明星咖啡，季季也在明星咖啡，才想到這個抉擇影響到他整個文學的風格，就因為沒有上去明星咖啡屋，沒有和黃春明、季季等人一樣變成台北文人，反而變成鄉土詩人，台北文人一大堆，說起來並不希罕，但是台灣的鄉土詩人沒幾個，重要的更少，吳晟老師不好意思

地笑了笑，說道，不是他在臭屁，鄉土詩人不多的確是事實；沒有上樓的原因其實和個性有關，一方面是因爲窮，捨不得花錢，一方面也沒有那種消費習慣，鄉下小孩如果要買書，還是會想買，但是說要花錢上去喝一杯咖啡，實在捨不得，所以，吳晟老師覺得當時做這個決定眞的「好加在」！幸好沒上樓去，不然現在就沒有鄉土詩人吳晟了。

再談到吳晟老師爲何一直堅持住在溪州，沒搬到其他地方去，吳晟老師表示，他是經過很多選擇後決定住在這裡的。整個時代在變動，尤其一九七〇年代盛行移民潮，做爲所謂的知識分子，也會想要離開家鄉，年輕時和太太曾經有到國外居住的想法，由於他的父親在那時過世了，家道中落，畢業後工作機會很多，包括去台北當編輯和回來教書，那時候讓他太太選，尊重她的意見，太太覺得鄉下的生活很不錯，就住下來了。另一個原因是吳晟老師的母親不願意和他們夫妻到台北去，那時吳晟老師的母親一個人住在溪州種田、忙農事，當時台北工作的待遇很好，有宿舍可以住，但是，他的母親覺得住在鄉下很好，左鄰右舍都是認識的，到台北一個人也不認識，不願意去，吳晟老師只好回來和母親一起住，就近侍奉母親。

一九八〇年，吳晟老師剛好有機會去美國愛荷華大學進行進行四個月的作家訪談，那時，從台灣去愛荷華的作家大部分都留在那裡，然而，吳晟老師還是選擇要回台灣，不想留在那裡，吳晟老師說，他會一直住在這個地方，是經歷很多的抉擇，包括下決定時要放棄其他的東西，選一就不能選二，抉擇要回來這裡教書，就要預見將來要過的是和台北完全不同的生活型態。

吳晟老師認爲，文學風格的形成，除了出身、成長以外，再來就是個人的抉擇，出身、成長是無法選擇的，但是後來的

大部分是你自己可以決定的。每個作家在每個時代的關鍵點，會有一個抉擇，因此在研究作家時，要去注意他在任何一個時間點他做什麼抉擇，這個很重要。譬如說研究台灣的作家，在一九六○、七○、八○年代，都是台灣社會的一個轉折，每個轉折，每個作家有什麼樣的立場、什麼樣的發聲、什麼樣的選擇，這些都很重要，值得我們去注意和思考。

六、平地造林的夢想

訪談告一段落，吳晟老師熱情地邀請我們到他的樹園裡走走，走在鄉間小路，可以很安心地以輕鬆的步伐緩緩前進，僅

▲吳晟的平地造林夢。

僅十分鐘的路程，卻充滿濃厚的人情味。路上經過的人，無論行人、機車騎士或是開車經過的駕駛，遠遠看到吳晟老師就大聲地和他打招呼，吳晟老師說，溪湖鄉的人他幾乎都認識，大部分都是他教過的學生。

　　吳晟老師的樹園種植了台灣欅木、烏心石、毛柿、肖楠等台灣原生種一級木。談起這些樹，老師笑著說：「我現在都靠想像在過日子，雖然現在這些樹只長到一個人高，我看著它們，就好像看到以後的一大片樹林，不管什麼人都可以開心地在這片林子散步。現在台灣就缺乏這種想像力，很多事情都先要一個想像的藍圖，才能慢慢達到那個理想。」種樹需要很多心力去照顧，吳晟老師向我們介紹這片樹園時，完全不提辛苦的一面，從平實的語調中，可以感受到老師對於土地的深厚情感，不求回報地投入，由於他深愛他所處的這塊土地，無論有多少困難，他都會一一克服。老師接著說，樹木能涵養水源、抓住土壤，樹林可供人散步乘涼，對於人們的生活很有幫助。這就是真誠面對生活的吳晟老師，認真地過生活，認真地種樹，認真地愛這塊土地。

　　　　　　　　　　　　　　　　　（顏秀芳　撰寫）

創作年表

年份	創作
1976年10月	詩集：《吾鄉印象》（新竹：楓城出版）。
1979年6月	詩集：《泥土》（台北：遠景出版社）。
1982年8月	散文：《農婦》（台北：洪範書店）。
1985年2月	散文集：《店仔頭》（台北：洪範書店）。
1985年6月	詩集：《飄搖裏》（台北：洪範書店）。
1985年6月	詩集：《向孩子說》（台北：洪範書店）。
1992年10月	散文：《無悔》（台北縣新店市：開拓出版社）。
1994年11月	散文選集：《不如相忘》（台北縣新店市：開拓出版社）。
1994年	選集：《吳晟詩集：一九七二～一九八三》（台北：開拓出版社）。
2000年5月	選集：《吳晟詩選1963～1999》（台北：洪範書店）。
2002年12月	散文：《一首詩一個故事》（台北：聯合文學）。
2002年12月	散文：《筆記濁水溪》（台北：聯合文學）。
2002年	散文：《筆記濁水溪：第二屆南投縣駐縣作家作品集》（南投：南投縣文化局）。
2006年4月	選集：《吳晟散文選》（台北：洪範書店）。
2007年	詩作朗誦集：《甜蜜的負荷：吳晟詩作·朗誦》（台南：國立台灣文學館）。
2009年7月	詩集：《吳晟集——台灣詩人選集32》（台南：國立台灣文學館）。
2009年10月	散文：《筆記濁水溪》（台北：聯合文學）。
2011年1月	散文：《溼地·石化·島嶼印象》（台北：有鹿文化）。（與吳明益合著）

參考文獻

一、專著

- 林明德編，《鄉間子弟鄉間老——吳晟新詩評論》（台中：晨星出版社，2008年）。
- 曾潔明，《吳晟詩文中的人物研究》（台北：萬卷樓圖書股份有限公司，2006年）。
- 林廣，《尋訪詩的田野：評析吳晟的四十首詩作》（台北：聯合文學出版社有限公司，2005年）。
- 宋田水，《「吾鄉印象」的鄉土美學——論吳晟》（台北：前衛出版社，1995年）

二、學位論文

- 蘇藝淑，《吳晟散文之思想研究》（嘉義：國立嘉義大學中國文學系研究所碩士論文，2009年）。
- 陳韻如，《吳晟詩及其入樂現象研究》（高雄：國立高雄師範大學國文學系碩班碩士論文，2009年）。
- 蘇惟文，《吳晟作品中的鄉土》（台北：淡江大學中國文學系碩士在職專班碩士論文，2008年）。
- 賀萬財，《吳晟詩之詞彙風格研究——以重疊詞為例》（彰化：國立彰化師範大學國文學系碩士班碩士論文，2008年）。
- 賴淑美，《吳晟《店仔頭》一書的語言藝術運用研究》（彰化：國立彰化師範大學國文學系碩士班碩士論文，2006年）。
- 陳靜宜，《七十年代台語詩現象三家比較探討》（台中：東海大學／中國文學系碩士論文，2006年）。
- 郭玲蘭，《吳晟散文中的農村書寫》（台北：銘傳大學應用中國文學系碩士班碩士論文，2005年）。

- 許倪瑛，《吳晟及其散文研究》（雲林：雲林科技大學漢學資料整理研究所碩士論文，2004年）。
- 陳文彬，《從《吾鄉印象》到〈再見吾鄉〉——以台灣農村社會發展論吳晟詩寫作》（台北：世新大學社會發展研究所碩士論文，2002年）。
- 陳秀琴，《吳晟詩研究及教學實務》（高雄：國立高雄師範大學國文教學碩士班碩士論文，2001年）。

三、單篇期刊論文

- 林明志，〈為近萬本藏書起新厝吳晟戀書成癡〉，《書香遠傳》85期（2010年6月），頁40-43。
- 張瑞芬，〈泥土的詩學——2009訪溪州詩人吳晟〉，《新地文學》第10期（2009年12月），頁70-83。
- 宋澤萊，〈我與陳映真的淡泊情誼——並以此文給陳映真先生與吳晟先生〉，《印刻文學生活誌》第75期（2009年11月），頁114-120。
- 吳孟昌，〈吳晟鄉土散文（1979-1989）析論：一個文學社會學的視角〉，《彰化師大國文學誌》第18期（2009年6月），頁123-146。
- 吳岱穎，〈默默——讀吳晟〈我不和你談論〉〉，《幼獅文藝》第664期（2009年4月），頁20-33。
- 曾潔明，〈論吳晟詩歌中的水稻意象〉，《國文天地》第286期（2009年3月），頁16-20。
- 丁旭輝，〈璞玉生輝：一九七〇年以前的吳晟詩作〉，《現代詩的風景與路徑》（高雄：春暉，2009年），頁219-242。
- 丁旭輝，〈從《飄搖裏》論吳晟1970年以前詩作的開展意義與價值〉，《台灣文學研究學報》第7期（2008年10月），頁209-234。
- 水筆仔，〈台灣農村的美麗與哀愁——耕作文學農園的吳晟〉，《源雜誌》第71期（2008年9月），頁26-31。

- 鮑昌寶，〈捍衛鄉村的尊嚴——論台灣詩人吳晟的詩歌〉，《江漢大學學報（人文科學版）》第27卷第4期（2008年8月），頁17-20。

- 林明德，〈鄉間子弟鄉間老——論吳晟新詩的主題意識〉，《國文學誌10期》（2006年5月），頁27-56。

- 余欣娟，〈論吳晟詩作中家鄉意象的流轉及其網路〉，《台灣詩學學刊》7期（2006年5月），頁85-113。

- 李欣倫，〈吳晟印象：謙卑或者樸實，真誠或者靦腆〉，《聯合文學》第21卷第6期（2005年4月），頁74-83。

- 曾潔明，〈一本厚厚的大書：論吳晟詩文中的母親形象〉，《國文天地》第20卷第10期（2005年3月），頁91-102。

- 趙天儀，〈現代農友的心聲——評吳晟詩集《吾鄉印象》〉，《時間的對決——台灣現代詩評論集》（台北：富春，2002），頁277-292。

- 施懿琳，〈文章千古事——序《一首詩一個故事》〉，《聯合文學》（2002年12月），頁5-14。

- 羊子喬，〈濁水溪，台灣的動脈——展讀吳晟《筆記濁水溪》有感〉，《聯合文學》第18卷第12期（2002年10月），頁164-166。

- 莊紫蓉，〈田埂上的詩人——吳晟專訪〉，《台灣文藝》172期（2000年10月），頁111-126。

- 羅葉，〈土地與詩的救贖——評介《吳晟詩選》之「再見吾鄉」〉，《文訊》179期（2000年9月），頁27-28。

- 施懿琳，〈稻作文化蘊育下的農民詩人——試析吳晟新詩的性格特質與批判精神（下）〉，《台灣新文學》（1998年6月），頁322-337。

- 施懿琳，〈稻作文化蘊育下的農民詩人——試析吳晟新詩的性格特質與批判精神（上）〉，《台灣新文學》（1997年12月），頁315-331。

- 白文蔚，〈唱大地之歌抒鄉土之情——評吳晟的鄉土詩〉，《寫作》8期（1997年4月），頁13-14。

- 劉原君、涂亞鳳，〈當代成名作家訪談錄——訪吳晟〉，《台灣新文

學》6期（1996年11月），頁17。

· 康原，〈建構台灣農村圖像論吳晟的散文集《不如相忘》（下）〉，《文訊》113期（1995年3月），頁10-13。

· 康原，〈建構台灣農村圖像論吳晟的散文集《不如相忘》（上）〉，《文訊》112期（1995年2月），頁7-10。

· 林明德，〈台灣文學中的歷史經驗——以吳晟的作品為例〉，《文學台灣》第13期（1995年1月），頁288-320。

· 楊琇惠，〈吳晟鄉土詩中的現實意象及其內涵〉，《傳習》12期（1994年），頁139-146。

· 宋田水，〈〈吾鄉印象〉的鄉土美學——論吳晟（中）〉，《台灣文藝》8期（1991年12月），頁78-97。

· 宋田水，〈〈吾鄉印象〉的鄉土美學——論吳晟（下）〉，《台灣文藝》9期（1992年2月），頁42-73。

· 宋田水，〈〈吾鄉印象〉的鄉土美學——論吳晟（上）〉，《台灣文藝》7期（1991年10月），頁42-106。

· 施懿琳，〈論吳晟詩的政治關懷〉，《跨語、漂泊、釘根》（高雄：春暉，1990年），頁199-236。

· 康原，〈為吾鄉塑像——吳晟·溪洲〉，《作家的故鄉》（台北：前衛，1987年），頁41-49。

· 張健，〈吾鄉·孩子·飄搖——評吳晟的三本詩集〉，《聯合文學》2卷4期（1986年2月），頁143-144。

· 蕭蕭，〈向孩子說些什麼？讀吳晟的《向孩子說》〉，《文訊》21期（1985年12月），頁218-226。

· 侯吉諒，〈關懷鄉土與放眼天下——評《一九八三台灣詩選》〉，《創世紀詩刊》65期（1984年），頁251-254。

· 康原，〈農婦與泥土：小論吳晟的詩與散文〉，《文訊》1期（1983年7月1日），頁98-101。

- 許南村，〈試論吳晟的詩〉，《文季》1卷2期（1983年6月），頁16-44。
- 康原，〈溫馨的鄉音：吳晟的散文〉，《明道文藝》83期（1983年2月），頁94-97。
- 康原，〈平淡的深情——論《愛荷華家書》〉，《明道文藝》71期（1982年2月），頁149-151。
- 掌杉，〈略論吳晟《泥土》詩集中的寫作技巧〉，《書評書目》94卷（1981年2月），頁71。
- 掌杉，〈試論吳晟的《吾鄉印象》〉，《明道文藝》58期（1981年1月），頁150-158。
- 康原，〈從真摯出發——兼論吳晟詩集《泥土》〉，《幼獅文藝》51卷1期（1980年1月），頁154-160。
- 周寧，〈一張木訥的口——初讀吳晟的詩〈吾鄉印象〉與〈植物篇〉〉，《書評書目》38期（1976年6月），頁51-56。
- 掌杉，〈〈吾鄉印象〉與中國現代詩的鄉土精神〉，《書評書目》43期（1976年11月），頁122-129。

四、報章雜誌相關評論

- 顏艾琳，〈聆聽土地的聲音——吳晟詩歌集〉，《國語日報》5版（2008年7月16日）。
- 賴素鈴，〈鄉土的感覺吳晟的詩聲音的體會〉，《中國時報》A10版（2005年7月12日）。
- 林廣，〈人性的矛盾與荒謬吳晟〈歇魂碑〉（1977）評析〉，《台灣日報》19版（2003年8月24日）。
- 陳文瀾，〈水的身世、記憶體與生命共同體〉，《中國時報》34版（2003年7月）。
- 謝昆恭，〈是誰在敲門——吳晟《一首詩一個故事》讀後〉，《台灣日

報》25版（2003年7月23日）。

· 林廣，〈序說吾鄉印象——〈序說〉評析〉，《台灣日報》23版（2003年4月21日）。

· 吳明益，〈內視心靈，外觀鄉土〉，《聯合報》23版（2003年3月2日）。

· 陳宛茜，〈《筆記濁水溪》吳晟發表新書〉，《聯合報》14版（2002年12月27日）。

· 徐開塵，〈農民作家吳晟疾呼環保〉，《民生報》13版（2002年12月27日）。

· 陳建忠，〈永恆的鄉土文學——讀吳晟散文新作有感〉，《台灣日報》23版（2002年12月16日）。

· 林廣，〈給我們水啊——吳晟〈水啊水啊〉評析〉，《台灣日報》25版（2002年2月6日）。

· 李鹽，〈吳晟忙著駐縣作家的工作〉，《中國時報》39版（2002年1月8日）。

· 向陽，〈匯川成海〉，《中央日報》20版（2000年11月20日）。

· 李敏勇，〈愛情，革命，農民和資本家〉，《自由時報》39版（2000年2月10日）。

· 宋澤萊，〈台灣農村社會記實文學的巔峰，論吳晟散文的重大價值〉，《台灣日報》23版（1996年11月10日）。（連載至1996年11月13日）。

· 康原，〈田園與詩人——談《吳晟詩集》中的景物〉，《台灣時報》26版（1995年3月19日）。

· 曾健民，〈吾鄉共同的追憶與深思——序吳晟《不如相忘》〉，《自立晚報》19版（1994年10月27日）。

· 王美惠，〈四分之一個作家想通了——吳晟的筆重新回田園〉，《民生報》14版（1988年7月12日）。

- 洪素麗，〈文學與救贖：讀吳晟的《店仔頭》散文集〉，《自立晚報》10版（1985年3月25日）。
- 林雙不，〈有用的詩‧有用的詩人：一讀吳晟詩作〈愚直書簡〉的一些感觸〉，《自立晚報》10版（1984年7月9日）。
- 林雙不，〈「和中學生談書」之七——《泥土》〉，《中央日報》5版（1980年12月7日）。
- 陌上塵，〈唱著泥土的歌——吳晟的《泥土》印象〉，《民眾日報》12版（1980年11月1日）。

五、傳記、專訪及其他

- 何炳榮，〈詩人吳晟種樹成林割愛贈校〉，《聯合報》第B2版（2010年11月1日）。
- 莊紫蓉，〈田埂上的詩人〉，《面對作家——台灣文學家訪談【二】》（台北：吳三連台灣史料基金會，2007年），頁84-116。
- 施懿琳，〈台灣最重要的「農民作家」——《吳晟散文選》序〉，《台灣日報》21版（2006年4月17日）。（連載至4月18日）。
- 劉梓潔，〈永遠的農村詩人〉，《聯合文學》258期（2005年4月），頁78-81。
- 楊翠，〈這樣的知識分子——讀吳晟〈我不能置身事外〉有感〉，《自由時報》47版（2004年3月20日）。
- 林政華，〈由農村詩人而為台灣生態守護者 吳晟〉，《台灣新聞報》9期（2002年12月13日）。
- 吳音寧，〈開闊的土地詩人的堅持——專訪吳晟〉，《自由時報》39版（2000年5月20日）。
- 阿盛，〈土地戀歌——吳晟的人和作品〉，《自由時報》41版（1998年9月4日）。
- 林耀堂，〈去找吳晟〉，《中華日報》16版（1998年8月24日）。

- 劉原君、涂亞鳳，〈訪吳晟〉，《台灣新文學》6期（1996年11月15日），頁16-25。

- 謝四海，〈直接認同大地的彰化鄉土詩人——吳晟〉，《儒林學報》7期（1991年6月），頁17-21。

- 吳陳純，〈還不如多去田裡——我的兒子人家叫他詩人吳晟〉，《聯合報》29版（1990年5月28日）。

- 陳益源，〈訪吳晟——談〈負荷〉〉，《國文天地》9期（1986年2月），頁90-93。

- 劉依萍，〈足履「溪洲」放眼天下——「泥土」的作家吳晟〉，《文學家》2期（1985年12月），頁32-37。

作家大事紀

年份	事紀
1944年	九月八日生於彰化縣溪州鄉圳寮村。父吳添登（1914~1966）：生前任職於溪州鄉農會。母吳陳純（1914~1999）：是一位傳統農業社會中的婦女。
1951年	入學溪州鄉成功國民小學，每天赤足徒步上下學，往返約需一小時。小學六年，每學期成績均列全年級第一名。作文演講比賽屢屢名列前矛。
1957年	以第一名獲縣長獎畢業，保送縣立北斗中學。此時，吳晟的大哥就讀省立彰化中學高中部。北斗中學讀完一學期，插班考進彰化中學初中部，寄宿彰化。
1958年	初二開始接觸文藝書刊。如痴如狂閱讀，購買詩集、詩誌。做札記、抄詩句、背詩篇，進而投稿，被刊登。
1959年	從一本小雜誌偶然接觸到文學，每月零用錢大都花費在書店。初三，從李捷凱老師知悉外國現代詩流派，李老師亦送他詩集，使吳晟備感溫暖。初三，一個下雨天，父親專程趕到八卦山下的學生宿舍，父子二人在泥濘的路上邊走邊討論升學問題。父親含淚，幾乎下跪般苦勸兒子及時回頭，使吳晟日後在詩壇上雖然有了卓越成就，仍舊心痛不已。
1960年	常獨自在學生宿舍後面的相思林中或山谷中徜徉和閱讀，功課一落千丈，以致未能畢業。常逛書攤、書店，助長文學興趣。已有多篇詩作發表於《亞洲文學》等學生刊物。以初中同等學力資格，由北而南參加高中升學考試，考取八卦山頂一所私中，只唸一學期，由當時讀成功大學建築系的大哥帶到台北市，參加省立高中插班考，未獲錄取，留在台北補習。
1961年	以同等學力考入台北縣立樹林高中（第二次招生）。常逛書市中心牯嶺街、重慶南路、詩人周夢蝶專賣詩集的書攤。對於詩集、詩刊的出版，少有遺漏。
1962年	習作大量在現已停刊的《野風》、《文苑》、《海鷗詩頁》等雜誌發表。
1963年	二月：首次投稿《藍星詩頁》。 六月：首次在《文星》雜誌發表，從此作品大都刊登在《文星》。
1964年	因神經衰弱自動退學，再插班彰化縣私立精誠中學高三就讀。作品仍繼續在《文星》雜誌發表。
1965年	考上省立屏東農專（三年制）畜牧科。赴成功嶺受訓。

年份	事紀
1966年	專一年初的寒假，吳晟返鄉，先到舅父家探望，尚未抵家門，父親車禍逝世。隔天，吳晟趕回，未及見父親生前一面。兄長留美，姊姊出嫁，弟、妹皆寄宿在外求學，母親獨自在鄉下耕種田地，撫養子女。 十二月：受在美求學的大哥資助，出版小說集《飄搖裏》，收錄三十多首詩，八十多頁，四十開小型本，請張健先生作序，附了自己的〈後記〉。所收詩作，大多寫於中學時期。專一暑假，遭情治單位進入家中搜查文稿。母親惶恐驚嚇。
1967年	專二，開始主編校刊《南風》和校報《屏東農專雙週刊》，至五十九年，先後和同學仁修、淮德、炳華、國樑、榮顯、凱濤、健民共同負責編務，在指導老師白尚洲先生及沙穗、水淼、仲邦等之協助下，彼此互相激發，充分表露了年輕的激情及純真的情誼。
1968年	專三結束。服兵役。
1969年	退伍。
1970年	返屏東農專重修學分，並在屏東「聲文」印刷廠當印刷工人，自謀學費和生活費。寒假因留校補修學分，參加救國團「大專院校刊編輯人研習營」。結識詩人陳千武、白萩、李敏勇，並與詩人瘂弦再結詩緣。
1971年	一月：完成農專學業。原本要北上任職編輯工作，後來決定返回家鄉溪州國中任教生物、化學等科目，課後及假日則跟隨母親從事耕作。作品大都刊登在《幼獅文藝》。與莊芳華女士結婚。
1972年	長女音寧出世。
1975年	長子賢寧出世。
1978年	次子志寧出世。
1980年	九月：以詩人身分訪美，參加美國愛荷華大學「國際作家工作坊」，為訪問作家，為期四個月。
1981年	回台後，詩作快速減少，幾乎停頓。大量接觸台灣看不到的文章資料、歷史事件真相、社會評論等，思想與情緒受到極大衝擊。
1987年	五月：台北國立藝術學院戲劇系教授汪其楣（1946～），導演「人間孤兒」，於台北市社教館公演。其中一段，選用〈過客〉一詩。
1991年	三月：台北市立松江公園修建完成，園內科寫十二家台灣現代詩作，收錄吳晟〈沉默〉一詩。吳晟應邀北上觀禮。
1992年	為省議員候選人廖永來（1956～）助選，擘劃文宣。
1993年	縣市長選舉，為環保教授林俊義競選台中市長，上台助講。
1995年	一月四日：吳晟夫人莊芳華女士出版第一本論述文集，在台中市辦新書發表會，是日，參觀席德進畫作展，其中名為〈人〉的水墨畫，抄錄整首〈稻草〉詩句。

年份	事紀
1996年	席德進（1923〜1981）的水墨畫作《山水、獨行、席德進》（台北：雄獅，1996年）其中畫幅抄錄吳晟〈序說〉、〈沉默〉詩作。任教美國加州Monterey市的比較文學博士John Balcom將吳晟詩作三十七首譯為英文專輯，並在美國出版，書名為《My Village》（吾鄉）。
1998年	二月：經路寒袖（1958〜）介紹，接受林耀堂（1946〜）先生畫像製為版畫。林氏有「遇見詩人」系列版畫創作，是年八月底至九月中於台北首展，十一月於台中再展。 五月二十三、二十四日：赴台東參與後山文化工作協會舉辦的「文學饗宴」活動，講評詹澈（1954〜）《西瓜寮詩集》。
1999年	九月：吳晟母親逝世。大陸昆明周良沛來台探親，巧識吳晟，甚為投合，吳晟向他展示親手所抄的「蘇金傘詩集」，周氏驚異，回大陸後促成《蘇金傘詩集》出版。
2000年	自溪州國中退休。 五月：收到周良沛寄來《蘇雨傘詩集》乙冊，序言記述周氏訪吳晟的經過。 十一月：「明道文藝社」社長陳憲仁邀吳晟和林耀堂，舉辦「詩與畫的對話」活動，開放給明道中學師生聽講。
2006年	三、四月：彰化師範大學台灣文學研究所開「彰化縣作家講座」的課程，邀請吳晟范校演講。
2008年	十一月十九日：明道大學舉辦「二〇〇八濁水溪詩歌節」，邀請吳晟誦詩說詩（〈堤上〉、〈負荷〉、〈雨季〉），吳晟之子吳志寧歌唱〈全心全意愛你〉。
2009年	六月二十日：彰化縣文化局辦理「二〇〇九文學彰化——與大師有約」邀請到吳晟與民眾分享「詩與歌的交會」。
2010年	十月一日：參與由彰化縣文化局主辦，明道大學中文系承辦的「二〇一〇年濁水溪詩歌節」，並現場朗讀自己的作品。

為兒童織夢的詩人

——林武憲

作家小傳

　　林武憲（1944～），彰化縣伸港鄉人。從小就沉迷在書中的廣闊世界，常把時間花在書店、圖書館和舊書攤上。一九七一年，他參加了「板橋國教研習會」舉辦的「兒童讀物寫作研究班」，這個研究班請到林海音、潘人木等多位著名作家來講課，受到了前輩的啓發和鼓舞，他完全沉浸在兒童文學的世界中，創作的熱情因此被激發出來。一九七二年，他集結了在研究班的創作，出版第一本兒童詩集《怪東西》，從此踏入兒童文學的領域。

　　他不但是傑出的兒童文學作家，也是盡職的老師，畢業後不久即回到母校新港國小擔任教職，也曾代理過校長職務，更設立伸港鄉第一筆獎學金——林永春獎學金。直到一九九二年，因擔任國語教科書的編審工作太忙，才從教職退休，隱身教育界幕後，擔任兒童文學和國語教科書的編審工作，從另一

個方向替兒童貢獻心力。

　　他曾應邀赴韓國訪問，也曾應新加坡教育部的邀請前往講學。他不少作品被譯成英、日、韓、德等語文，也屢次被國內外作曲家譜成歌曲，在歐、美、亞洲各地演唱，感動許多不同國家的人。二○○四年八月，日本名古屋第七屆亞洲兒童文學大會上演的音樂劇《亞洲之風》，〈淘氣的風〉就是代表台灣的林武憲的詩作。

　　他擅長在極小極平凡的景物中，醞釀出深刻意義和高尚情操。他希望用詩讓兒童永保赤子之心，以同情、體諒、博愛、感性的胸懷，營造更陽光、絢麗、美好的明天。

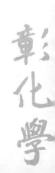

與作家面對面

鄭燕華：我們都知道老師您從事兒童文學創作的機緣是民國
六十年秋天，到板橋教師研習所參加兒童讀物寫作研
習，受到林海音等老師的鼓舞而開始的。您是否記得
林海音老師給了您怎樣的鼓舞？或是她怎樣的風範影
響了您？

林武憲：來幫我們上課的都是一些大作家，像林海音、潘人
木、琦君、林良等先生。我們那個寫作研習班有
二十八人，約分成五組吧！每一組由一個老師指導
五、六個人，我們那一組的指導老師就是林海音先
生。除了共同課外，大部分時間是小組組員和大作家
面對面創作時間，林海音先生總是親切地和我們聊
天，問我們想寫甚麼題材？有甚麼想法？寫好後她也

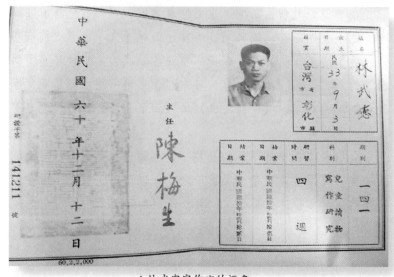

▲林武憲寫作班的證書。

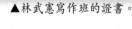

會和我們討論，給我們鼓勵。

　　譬如在那寫作研習班結業後，林海音先生和另一組導師林良先生，合起來又請結業的學生去餐廳吃飯，真的很關心學生。

　　在參加這個兒童讀物寫作研習班之前，我接觸的都是一些語文教育、語法的東西，班上其他同學都有接觸過，而我是第一次。林海音先生因為是教育部兒童讀物編輯小組委員，他把研習中優秀作品集結成冊，也在她的努力鼓勵下我出了第一本童詩集《怪東西》，兒童文學路我算是走得很順利。

鄭燕華：老師您在人生的各個階段是否有不同的欣賞的文學作家？抑或是一路走來都喜愛哪一個作家？

林武憲：初中時，我看書比較雜，到了師範時，我看柏楊、李敖的作品，文學方面也喜看張健、余光中、周夢蝶的

▲林武憲的著作：《怪東西》。

詩，林海音、潘人木、林良的散文，像林海音先生的
《冬青樹》我就很喜歡，兒林良先生的作品也讓我在
寫作技巧上有所收穫。

鄭燕華：從老師您的一些相關資料知道，您早在一九六七年
春在台北當兵時，就買來很多閩南語的書加以收藏
研究，例如：國防部情報局印《實用閩南語會話》、
鼓浪嶼萃經堂印《廈門音的字典》。可說老師對閩南
語研究的接觸早於兒童文學。所以近十幾年來老師致
力於台語童詩的提倡與創作，是老師有意識地要這樣
做？當中有何酸甜苦辣？

林武憲：是的，很早以前我就研究語言。而且我會注意一些新
觀念、新趨勢，所以在一九八七年我就發表一篇〈我
爲什麼要用台語寫作〉，你回去可以看一下。母語推

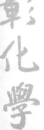

▲林武憲手稿：〈雙語教材〉。

展是勢在必行的話，那就要有教材，因此我開始用台語寫作，先從兒歌寫起。

那因為已經有閩南語研究的基礎，所以不用從頭開始，等於說先前的研究，因為配合時代的需要，而轉為創作，研究與創作是相輔相成的。

鄭燕華：您說創作時是直接用台語思考。那也包括早年的「國語兒童詩」嗎？

林武憲：當然不是！寫國語兒童詩是用國語思考。在寫台語詩時，直接用台語思考，不經過翻譯。

鄭燕華：可以談談您對台灣本土文化教育的看法及您的作為嗎？

林武憲：台灣本土文化教育，不論是我這代還是你們這一代，都做得太少。目前雖然有好一些，但是不能只靠學校，整個政府、社會、學校、家庭都要動起來。

鄭燕華：老師多年來擔任諸多兒童文學作品及活動的評審，從這些作品中，您覺得台灣兒童文學有何特色、限制或契機？

林武憲：台灣的兒童文學作品本土性、鄉土性越來越濃，題材方面很多都有地方特色，這是以前所沒有的。以前的作品比較缺乏孩子生活面向，也比較多顧忌吧。最近有一些舊酒裝新瓶的作品出現，像城隍爺、虎姑婆、老鼠娶新娘啦，都是改寫傳統民間故事而令人耳目一新的好作品。

鄭燕華：對照海外兒童文學的發展，又有何不同或相同之處？

林武憲：台灣的兒童文學如果和香港、中國比起來，是比較好的，至少在詩與兒歌方面。因為台灣的社會比較開放，中國會受到政治的限制。而台灣的兒童文學的文

學性也較高，因爲受到現代文學的影響，容易吸收歐美西方的元素，呈現多元面貌。

鄭燕華：在老師的生命中，「母親」的意義重大且對您影響深遠。但是面對一個母親離開他的孩子，我們如何對他循循善誘？

林武憲：這是我沒有想過的問題。我想面對這種情況，我們盡量引導她走另一個出口，也就是說不要侷限於「母親」這個名號，而是深刻觀察體會生活中對我們像對孩子一般的人，那樣的人就可以是我們的媽媽。

鄭燕華：老師的創作中，是否有類似的主題來關懷這樣的孩子？或是給予甚麼建議？

林武憲：以前我有位義工媽媽寫過兒童詩，或者是對孩子很好的老師也可以當成「母親」的主題。甚至像我寫的〈陽光〉對於媽媽曾在身邊現在不在了的孩子，也可以引導她有一份孺慕之情。

鄭燕華：一般孩子對兒童詩接受度頗高，也能琅琅上口。爲何一到國中就與「詩」絕緣，甚至視朗讀新詩爲彆扭？老師有何看法？

林武憲：其實這跟老師有很大的關係。老師如果本身對詩很有感覺，在詩的教學方面投入，孩子應該是會有所感受。像我編的《小河唱歌》裡面選的余光中、張健等人的詩是大一點的孩子可以讀的，老師如果願意教授、朗讀，或每週一詩，都會有效果。

鄭燕華：現今談閱讀的人很多，假如我想帶領社區鄰居的五、六個孩子（二、三年級）一起閱讀，以老師的看法，可以怎麼做？有什麼推薦的教材？

林武憲：剛剛我看了你之前自編的教材有古詩也有現代詩。所

以我想，像我把李白的〈靜夜思〉改寫成台語詩，你倒是可以兩種都教給孩子，讓她們在同一主題上有唐詩和台語詩兩種不同的體會。

眠床前看著月光
叫是土腳落霜
夯頭看山頂的月娘
頭犁心酸想起故鄉的田庄

　　最重要的是，不論你選甚麼教材，老師都要自己先投入。

鄭燕華：華語詩、台語詩的朗讀和歌唱是否有不同的技巧該掌握？

林武憲：技巧應該都一樣，但是台語音樂性較強，你在朗讀時要特別注意聲調、音的準確，不要還有華語腔調。

鄭燕華：即便兒童文學的道路仍多荊棘，但老師您強烈的使命感，是否讓您在未來想做些甚麼？

林武憲：我想再多用台語寫一些詩歌，另外我還有很多以前寫了而未出版的，或是出版過但要重新出版的作品，都還要再整理，像今年就再版《三隻老駱駝》、《我來說你來猜》、《請你猜》。

　　還有台灣對兒童文學仍不夠重視，有些兒童作品不能順利出版，或者銷路不夠好，所以在推廣方面我仍下很多功夫。希望我的腳步雖然像牛步一樣慢，卻是每一步都是扎實穩固的。

（林武憲口述，鄭燕華訪問、整理、記錄）

作家印象

　　「二○○四年八月初，在日本名古屋舉行的第七屆亞洲兒童文學大會，大會上演的音樂劇《亞洲之風》其中有林老師〈淘氣的風〉，是唯一代表台灣的詩作。」這是我在二○○八年十一月二十八日訪問林武憲老師，於老師家中看到的第七屆亞洲兒童文學大會手冊上的文字！林武憲老師的詩歌，由於翻譯及演唱，已經超越國界，感動不同國家的人。在林武憲老師家中，我也翻閱到老師在一九九七年九月七日在《國語日報兒童文學周刊》發表的〈第四屆亞洲兒童文學大會與感言〉，他以英文朗讀〈心窗〉，請大家打開心結，伸出善意的手。林武憲老師讓其他國家的人也能聽見一位台灣詩人的心跳、心聲，增加對台灣文化的了解；他使彰化變大，使台灣變大，他真誠勇敢的表達了來自台灣的聲音。因為老師認為：如果他和別人一樣默不作聲，只會讓台灣更受忽視。

　　林武憲老師不但是傑出的兒童文學作家，也是盡職的老師，他從師範學校畢業後不久，就回到母校新港國小擔任教職，後來也曾代理過校長職務，更設立了伸港鄉第一筆獎學金——林永春獎學金。直到一九九二年，他因為擔任國語教科

▲林武憲照片（嘉師剛畢業時）。

書的編審工作，常常往來於台北、彰化之間，不但壓力大，也實在忙不過來，才從教職退休，隱身教育界幕後，擔任兒童文學和國語教科書的編輯、審查工作，從另一個方向替兒童貢獻心力。

就是這份責任心與使命感，讓老師一步一步扎穩打地經營起他的兒童文學世界。他不用花言巧語點綴裝飾文學外貌，只是如自己所言的像牛步一樣慢，耙梳自己的文學地景。這讓我聯想起金庸武俠小說《射鵰英雄傳》中的郭靖，誠實的面對自己與他人，不斷的努力練習與琢磨，木訥正直，鐵血丹心，有朝一日終於成為武林大俠！果其不然，林武憲老師的成就，已先後列入韓國及中國《世界兒童文學事典》及《兒童大百科》，這是台灣兒童文學的光榮。

在訪談的過程中，我發現林武憲老師很會保存資料。早在一九六七年春在台北當兵時，他就買來很多閩南語的書加以收藏研究，例如：國防部情報局印《實用閩南語會話》、鼓浪嶼萃經堂印《廈門音的字典》。他說，我們不珍惜這些文物，外國人卻天天在這些舊書堆裡挖寶，看到外國人如獲至寶欣喜萬分的模樣，我們怎麼可以落人後呢？聽了讓人心生警惕啊！也可能老師小時候家中是開書店的，在那個台灣經濟還沒有起飛的年代，一般孩子很少買課外書，而家裡經營書店的林武憲老師接觸書卻相當容易，對於課外書，他幾乎來者不拒，時常沉迷在書中的廣闊世界裡，也因此造就了他一輩子愛看書的習慣。嘉義師範畢業後，他到台北服兵役一樣是在他所熟悉的書局附近活動。從一九六七年開始，大約有三年時間，只要有空，他就把時間花在書店、圖書館和舊書攤上，認真的看書，同時，也開始朝語文方面鑽研，這段時間的磨練，替他日後嚴謹的創作風格奠定了扎實的基礎。所以老師這麼會收藏東西，

又會分類，也應該跟家中開書局多少有關係吧！

　　老師甚至還拿出他結婚時，吳晟老師送給他的賀詞，別說三十幾年的歲月了，一般人有時隨手就把他人贈與的禮物丟棄了，更何況是文字呢！吳晟老師雖然只是林武憲老師的中學同窗，但武憲老師的「惜情」，就表現在這小動作上，如果吳晟老師知道，一定是既感動又訝異！

　　老師對我所整理的資料多所指正，連其他人為他作的碩士論文，他也一一用紅筆圈出錯誤，補充資料。老師嚴肅地說：因為他是學語法的，很重視用字的正確及語文的邏輯觀念。連他參加了「板橋國教研習會」所舉辦的「兒童讀物寫作研究班」，這「兒童讀物寫作研究班」常被研究者或撰稿人誤植為「兒童讀物寫作研習班」，他都非常地在意呢。

▲林武憲收藏吳晟〈賀〉真跡。

　　林武憲老師常說，兒童詩不可少的三要素：童心、詩心、想像。我覺得親自與老師面對面，就可以感受的出，老師是一個天眞又溫和慈祥的老爺爺，就像童話故事中的爺爺一樣，總是展開溫柔的手迎接需要的小孩，若說有人感受不到他的童心，那就是我們自己失去了童心與想像，與老師說著不同頻率的話，當然覺得老師木訥。老師擅長在極小極平凡的景物中，醞釀出深刻的意義和高尚的情操，這讓他的童詩充滿愛、感性、陽光和豐富的想像。在他眼裏，萬物皆有情，萬般皆有愛，他希望用詩來讓兒童永保赤子之心，以同情、體諒、博愛、感性的胸懷，營造更陽光、絢麗、美好的明天。

　　老師在他自印的詩集小冊封底的幾句話很能夠說明他所期待的更陽光、絢麗、美好的明天：

▲林武憲素描（漫畫家吳開乾畫）。

兒童文學是拯救世界的良藥，
是地球村最後的希望。
我們要讓詩的玫瑰到處開放，
讓愛的故事到處飛揚！

　　不論世界怎麼演變，世態多麼炎涼，兒童仍是大家的希望！老師對於兒童文學的摯愛，對於母語教學及創作的振臂疾呼，這種播種與扎根的工作是真正愛地球、愛台灣的最佳辦法，如果孩子們都都能從中學習獲益，必定懂得更深刻地反省生活與面對人生。當一個人懂得反省自己與面對人生，社會就會祥和。

　　老師至今仍徒手寫稿，出門仍搭公車，堅持不用手機，老師是一個真正實踐愛自己家園，愛自己土地，愛自己生存的地

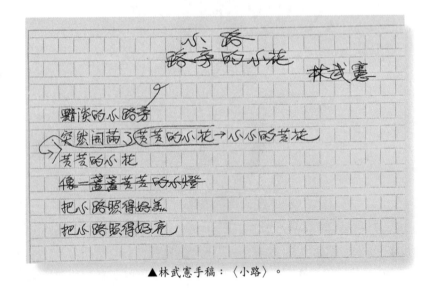

▲林武憲手稿：〈小路〉。

球的人，虧我還在老師面前說我是個重視生態環保的人，面對老師，我汗顏羞愧，因爲我們總是編太多太多理由來合理化我們對自己生存環境的傷害，對自己土地的蹂躪，以及用太多太多花言巧語來粉飾自己不敢爲台灣發聲的怯懦。

林武憲老師，一個兒童文學的耕耘者，三十幾年來默默地用愛與美來播種，即便兒童文學的道路仍多荊棘，但老師強烈的使命感與責任心，促使老師仍孜孜矻矻於兒童文學的推展。老師，是眞正用生命來愛土地、愛台灣、愛世界的人。

（鄭燕華　撰寫）

創作年表

年份	創作
1972年12月	童詩：《怪東西》（台灣省政府教育廳）。
1974年2月	謎語歌：《我來說你來猜》（台灣省政府教育廳）。
1975年07月	童詩編選：《小河唱歌》（台灣省政府教育廳）。
1976年01月	兒童文學：《中國民間的四大節日》（台北：行政院青輔會）。
1978年10月	工具書：《語文辨正手冊》（台北：遠流）。
1979年11月	兒童文學改寫：《小錫兵》（台北：光復書局）。
1979年11月	兒童文學改寫：《火絨匣》（台北：光復書局）。
1979年12月	故事詩：《井裡的小青蛙》（台北：漢京）。
1979年12月	兒歌編選：《搖籃歌》（台北：漢京）。
1981年08月	兒童文學改寫：《畫眉國王》（香港：新雅文化）。
1981年09月	兒歌：《我愛ㄅㄆㄇ》（台北：啓元文化）。
1981年09月	兒歌：《一步一步慢慢來》（台灣省政府教育廳）。
1981年11月	童詩編選：《新苗兒童詩集》（彰化：彰化縣新港國小）。
1984年09月	童詩：《快把窗子打開》（林武憲自印）。
1984年10月	兒童文學：《語文遊戲》（台北：啓元文化）。
1985年01月	兒歌、急口令：《嘰哩呱啦》（台北：信誼基金會）。
1985年06月	童詩：《童詩五家》（台北：爾雅）。
1986年	兒歌：《我愛ㄅㄆㄇ》（台北：親親文化）。
1986年07月	兒歌：《我愛123》（台北：親親文化）。
1986年11月	兒童文學編選：《現代兒童文學精選》（台北：正中書局）。
1986年12月	謎語歌：《請你猜》（台灣省政府教育廳）。
1986年12月	兒歌、急口令：《三隻老駱駝》（台灣省政府教育廳）。
1988年06月	兒歌：《好寶寶》（台北：親親文化）。
1988年12月	故事詩：《小鴨鴨去外婆家》（台灣省政府教育廳）。
1989年05月	詩歌編選：《兒童文學詩歌選集》（台北：幼獅文化）。
1989年06月	童謠編選：《台灣童謠》（台北：遠流）。
1990年04月	兒歌：《鵝追鵝》（台灣省政府教育廳）。

年份	創作
1990年12月	兒歌：《菜呀菜》（台北：光復書局）。
1991年11月	兒歌：《安安上學》（台北：富春文化）。
1992年06月	兒童文學：《我家的菜園》（行政院農委會）。
1992年06月	兒歌：《十二月水果歌》（行政院農委會）。
1993年06月	民間故事改寫：《龍抬頭》（台北：台灣英文雜誌社）。
1993年06月	論述：《兒童文學與兒童讀物的探索》（彰化：彰化縣文化中心）。
1994年05月	圖畫書：《小乖乖回家》（台北：光復書局）。
1994年06月	翻譯：《丁丁點兒》（台北：台灣英文雜誌社）。
1994年06月	論述：《洪醒夫研究專集》（彰化：彰化文化中心）。
1996年02月	圖畫書：《來學ㄅㄆㄇ》（台北：遠流）。
1997年06月	報導文學：《老榕樹搬家》（行政院農委會）。
1997年07月	童詩：《Poems／詩》（林武憲自印）。
1998年4月30日	台語傳統兒歌集：《火金姑》、《紅田嬰》（台北：信誼出版社）。
2001年06月	兒歌編選：《一放雞二放鴨》（台北：青林國際）。
2001年11月	圖畫書：《顏水龍——紅毛厝傳奇》（台南：台南縣文化局）。
2004年7月	散文：《嶺上的月光》（台北：健行）。
2004年11月	童詩及散文：《台灣文學讀本——兒童文學卷上下卷》（彰化：彰化文化局）。
2005年12月	兒歌：《新安安上學增訂版》（台北：富春）。
2006年08月	台語詩歌：《鹹酸甜：人生的滋味》（彰化：彰化縣文化局）。
2007年2月	兒童文學：《無限的天空》（台北：朗智思維科技）。

參考文獻

一、博碩士論文

· 蔡麗雪，《林武憲國語兒歌研究》（花蓮：國立花蓮教育大學國民教育研究所語文科教學碩士班碩士論文，2007年）。

· 林茂興，《林武憲童詩研究》（台東：國立台東大學兒童文學研究所碩士論文，2003年）。

二、單篇期刊論文

· 張清郎，〈「台灣歌曲」之「字調、詞句調」（Words）與「曲調、歌調」（Melody）之美學關係——以張炫文、林武憲之曲、詞創作〈草仔枝〉；呂泉生（居然）之詞、曲創作〈杯底毋通飼金魚〉為例〉，《音樂研究·台師大》第13期（2009年5月），頁157-208。

· 林鍾隆，〈借《無限的天空》討論作詩的方法〉，《滿天星》第61期（2007年12月），頁24-26。

· 陳正治，〈兒童詩的詩趣〉，《滿天星》第61期（2007年12月），頁27-31。

· 傅林統，〈童詩藝術的黃金組合〉，《滿天星》第61期（2007年12月），頁32-34。

· 李長青，〈林武憲印象〉，《滿天星》第61期（2007年12月），頁46-52。

· 梁欽隆，〈林武憲的兒童詩特質〉，《滿天星》第61期（2007年12月），頁53-61。

· 林美琪，〈無限的天空——談林武憲的詩作〉，《明道文藝》第377期（2007年8月），頁63-67。

· 楊淑華，〈打開心窗迎天空——我讀林武憲《無限的天空》〉，《全國新書資訊月刊》第101期（2007年5月），頁30-32。

- 林明霞，〈兒童文學的苦行僧──林武憲的文學腳印〉，《彰化藝文》第28卷（2005年7月），頁64-69。
- 王麗櫻，〈林武憲童詩賞析〉，《中華民國兒童文學學會會訊》第20卷4期（2004年7月），頁11。
- 鍾信昌，〈林武憲：語言韻律優美〉，《台灣閩南語創作的兒歌研究》（2001年7月），頁76-78。
- 林文寶，〈台灣兒童文學100（1945～1998）〉，《文訊》（2000年3月），頁90-95。
- 聖野，〈台灣兒童詩精品選評〉，《台灣兒童詩精品選評》（上海：辭書，1997年5月），頁65-86。
- 沈惠芳，〈《嘰哩呱啦》評介〉，《1995年優良少兒讀物指南》（1996年3月），頁70。
- 施婷婷，〈兒童文學與兒童讀物的探索〉，《書評》第14卷（1995年2月），頁44。
- 潘人木，〈介紹《三隻老駱駝》〉，《幼兒的110好書》（台北：信誼基金會，1993年5月），頁12。
- 趙天儀，〈評林武憲《怪東西》〉，《兒童詩初探》（台北：富春文化，1992年10月），頁236-241。
- 金燕玉，〈追尋溫情的歌者〉，《中國童話史》（江蘇：少兒，1992年7月），頁576-579。
- 鄭蕤，〈《晒太陽》的賞析〉，《東師語文學刊》第4卷（1991年2月）。
- 林煥彰，〈林武憲──掌握語言韻律的美〉，《東師語文學刊》第4卷（1991年2月），頁280。
- 宋筱惠，〈《秋天的信》賞析〉，《認識兒童詩》（1990年11月），頁25。
- 宋筱惠，〈《鞋》的賞析〉，《認識兒童詩》（1990年11月），頁4。

- 洪汛濤，〈台灣資深兒童文學作家——林武憲〉，《台灣兒童文學》（1990年7月）。

- 董忠司，〈童詩用韻研究示例——楊喚、林良、林武憲三家童詩用韻之研究〉，《新竹師院學報》第3卷（1990年6月），頁1-33。

- 徐守濤，〈徐守濤教授談林武憲作品〉，《兒童文學學會會訊》第6卷第3期（1990年6月），頁16-17。

- 陳文祥，〈清新的風‧甜美的泉——讀台灣林良等三人的兒童詩〉，《台灣研究集刊》第3卷（1989年），頁89-93。

- 吳念秋（林武憲），〈秋天落葉信〉，《兒童文學周刊》（1986年9月28日）。

- 趙天儀，〈自然與生活的結合——評林武憲兒童詩集《快把窗子打開》〉，《兒童文學》第718期（1986年3月16日）。

- 林政華，〈《陽光》賞析〉，《國民教育》第26卷第9期（1985年11月）。

- 杜榮琛，〈欣賞《快把窗子打開》〉，《兒童文學》第666期（1985年3月10日）。

- 林良，〈孩子身邊都是詩《快把窗子打開》簡介〉，《兒童文學》第639期（1984年8月26日）。

- 郭惠瑛，〈《小樹》的技巧分析〉，《兒童詩歌的探訪》（1984年6月），頁145。

- 羽仙，〈我看《怪東西》〉，《兒童文學周刊》第599期（1983年11月13日）。

- 陳木城，〈〈小樹〉的綜合賞析〉，《童詩開門》（1983年4月）。

- 梅蓀，〈簡介林武憲及其語文辨正手冊〉，《快樂訊》第16期（1979年3月）。

- 趙天儀，〈讀林武憲等著的〈秋天的信〉有感〉，《書評書目》第62期（1978年6月），頁135-137。

- 趙天儀，〈兒童詩的音樂性與繪畫性——林武憲兒童詩集《怪東西》讀後〉，《台灣教育輔導月刊》第27卷11期（1977年11月），頁24-25。

- 客南（張席珍），〈編贈給國外學人子女小朋友們的一本書《我國民間的四大節日》〉，《中國語文月刊》第228期（1976年6月），頁30-31。

- 林前，〈讀《怪東西》〉，《兒童文學周刊》第134期（1974年11月3日）。

- 曾妙容，〈推薦《怪東西》〉，《國教天地》第5卷（1974年1月）。

- 則正，〈我讀《怪東西》的感想——兼談詩的想像〉，《兒童文學周刊》第75期（1973年9月9日）。

三、報章雜誌相關評論

- 王錫璋，〈中英對照的有聲童詩集——《無限的天空》〉，《國語日報》第5卷（2007年6月10日）。

- 廖健雅，〈巧妙的蟬聲——〈知了唱歌〉〉，《國語日報》第13卷（1999年5月16日）。

- 吳敏而，〈安安上學〉，《民生報》第26卷（1992年04月03日）。

- 洪志明，〈我喜歡那感性的詩〉，《國語日報》第8卷（1988年8月7日）。

- 蔡尚志，〈我愛〈秋天的信〉〉，《台灣時報》副刊（1985年10月20日）。

- 琦君，〈一同來讀詩〉，《中華日報》第9卷（1985年6月9日）。

- 琦君，〈童心與詩心〉，《中央日報》第12卷（1985年4月4日）。

- 蔡尚志，〈秋天寫的信〉，《商工日報》（1984年12月5日）。

- 蔡尚志，〈鞋子的團聚〉，《商工日報》（1984年11月）。

- 夏祖麗，〈大家來讀好書專欄——〈快把窗子打開〉〉，《華視「今天別刊」》（1984年11月）。

- 蔡尚志，〈寫景要生動〉，《商工日報》（1984年11月）。
- 趙天儀，〈林武憲的〈螳螂捕蟬〉〉，《商工日報》（1984年10月30日）。
- 林鍾隆，〈林武憲的《快把窗子打開》〉，《中華日報》（1984年10月22日）。
- 杜榮琛，〈一步一步慢慢來〉，《商工日報》（1984年10月20日）。
- 琦君，〈我讀《我愛ㄅㄆㄇ》〉，《國語日報》（1982年7月25日）。
- 馮輝岳，〈念著玩兒的玩具——評介《我愛ㄅㄆㄇ》〉，《中央日報》晨鐘版（1982年1月17日）。
- 鄭明進，〈看《我愛ㄅㄆㄇ》的插畫有感〉，《國語日報兒童文學週刊》第498期（1981年11月29日）。
- 陳正治，〈《我愛ㄅㄆㄇ》的寫作技巧〉，《國語日報兒童文學週刊》第496期（1981年11月15日）。
- 林文煌，〈撤除年齡的藩籬：〈秋天的信〉作者們的心靈境界〉，《中央日報》第11卷（1979年2月7日）。
- 冬也〈介紹〈小河唱歌〉〉，《青年戰士報》第8卷（1976年4月6日）。

四、傳記、專訪及其他

- 〈林武憲〉，《伸港鄉志》（彰縣：伸港鄉公所，2003年12月），頁513-515。
- 黃雅盈等，〈訪談「為兒童織夢的人——林武憲老師」〉，《中師語文》第13卷（2003年6月），頁28-38。
- 溫知禮，〈《台灣鄉土雜誌》〈人物專訪——林武憲〉〉，《台灣鄉土雜誌》第55期（2002年9月），頁4-23。
- 邱各容，〈兒童文學界的活字典——林武憲〉，《播種希望的人們》（台北：富春文化，2002年8月），頁166-170。

- 謝春玲，〈林武憲彰縣「伸港之珠」〉，《台灣時報》第25卷（1998年09月03日）。

- 簡慧珍，〈林武憲照亮兒童文學界〉，《聯合報》第18卷（1998年9月3日）。

- 施懿琳、楊翠，〈彰化地區兒童文學開拓者——林武憲〉，《彰化縣文學發展史〈下〉（彰化：縣立文化中心，1997年5月），頁527-528。

- 淨元，〈愛與美的播種者〉，《國語日報》第6卷（1996年9月12日）。

- 康原，〈愛與美的播種者：兒童詩人林武憲〉，《文學的彰化》（彰化：縣立文化中心，1992年2月），頁173-180。

- 莊秀美，〈插上想像的翅膀，進入童話的世界——林武憲〉，《國語日報》（1991年10月19日）。

- 〈林武憲〉，《中國兒童大百科全書》第28卷5期（1987年12月），頁432。

- 陳靜修，〈兒童文學大師林武憲十餘年創作開花結果〉，《台灣日報》（1985年3月31日）。

- 丘秀芷，〈一位小學教師〉，《中國時報》第9卷家庭版（1977年6月24日）。

- 〈文學、兒童文學創作獎：林武憲〉，《師友月刊》（1977年5月）。

- 〈語文教學有卓見的林武憲〉，《63年全國特殊優良教師簡介》（1974年9月），頁55-56。

作家大事紀

年份	事紀
1944年	九月三日生於今彰化縣伸港鄉（原台中州彰化郡線西庄，1946.1改為台中縣彰化區線西鄉新港村；1950.10.21彰化縣成立，1959.7新港鄉更名為伸港鄉至今），原名林秀雄。
1951年	就讀新港國民學校。
1957年	改名林武憲，考上彰化中學初中部。
1958年	吳勝雄（吳晟）轉學到彰中，與他同班。
1960年	考上彰中高中部與嘉義師範，就讀嘉師。
1961年	在《嘉義青年》二十期發表〈行軍記〉。
1962年	在《青年戰士報》、《民聲日報》、《自由青年》等發表作品。
1963年	嘉師畢業，分發到雲林縣古坑鄉樟湖國小教書。
1964年	在《中央副刊》發表〈我教一年級〉。
1966年	一月：在吳晟主編的屏東農專校刊《南風》第十期發表第一首新詩〈聆聽春之交響曲〉。 五月：參加板橋教師研習會音樂教師研習，受研習會主任高梓風範影響，開始沉潛內斂。 十二月：入伍服空軍士官役。
1967年	三月：分發到台北，直到五十八年退伍，都在公館附近。
1968年	四月：開始在《中國語文》月刊發表〈談語法和句型〉等一系列探討句型問題的文章。
1971年	到板橋國教研習會參加兒童讀者寫作研習，指導老師是林海音先生，結業作品兒童詩十五首。
1972年	處女作兒童詩集《怪東西》由台灣省教育廳出版。
1973年	〈怎樣教句型和句子的轉換〉獲全國中小學教師語文教育徵文第二名。教育部長蔣彥士頒贈語文獎章。膺選全國特殊優良教師。
1975年	黃友棣《兒童藝術歌曲集》由三民書局出版，收入〈陽光〉、〈小仙人〉、〈北風的玩笑〉、〈風箏〉和〈井裡的小青蛙〉五首。
1976年	一月：受青輔會主委潘振球委託寫《中國民間四大節日》（散文）由行政院青輔會出版，青輔會寄給海外學人，做為給學人子女的春節禮物。
1977年	散文〈燈〉得教育部兒童文學創作獎第一名。得第十八屆文藝獎章。〈小樹〉、〈秋天的信〉、〈鞋〉得洪建全兒童文學獎詩歌類第一名。
1978年	國語教育工作績優，受教育部表揚。

彰化學

年份	事紀
1979年	在《中國時報》家庭版快樂兒童寫「語文遊戲」專欄，至一九八一年十月止。
1981年	〈井裡的小青蛙〉編入國小國語課本第九冊。參加亞洲華文作家會談。父親車禍去世。
1983年	作曲家溫隆信《說唱童年》出版，收入《我來說你來猜》的譜曲十五首。
1984年	華視「今天」節目夏祖麗訪問。〈北風的玩笑〉、〈陽光〉、〈我要做個小仙人〉、〈勇敢的樹〉、〈一天只有一次清晨〉（易名〈晨歌〉）編入《美洲華語》第十冊、第十二冊。
1985年	與林良、林煥彰、杜榮琛應邀赴韓訪問，為中韓兒童詩畫展剪綵，與林良接受釜山MBC電台訪問。
1987年	〈過年〉（張炫文曲）、〈山上的白雪〉（曾興魁曲）編入國中音樂第三冊。宣勇譯《中華民國現代童詩選》出版，〈小樹〉等十首譯成韓文。
1988年	《語文遊戲》得教育廳研究著作獎。湖南文藝出版社出版《台灣兒童詩選》（藍海文編）收入〈媽媽哭了〉等十六首。獲得第一屆中華兒童文學獎。參加亞洲詩人會議和第二屆世界華文教學研討會，提論文〈注音符號的視聽教學〉。童詩〈秋天的信〉等九首，由保登志子譯成日文。列入《世界兒童文學事典》由韓國李在徹主編，啟蒙出版社出版。
1990年	日本保阪登志子編譯的兒童詩集《海流》（中日對照）發行，收入作品〈釣魚〉、〈小柳樹〉、〈柳樹的頭髮〉、〈牽牛花〉、〈螢火蟲〉和〈秋天的信〉六首。〈陽光〉收入大陸《中國兒童文學大系·詩歌二》（蔣風主編）。散文〈燈〉及童詩九首收入《台灣兒童文學》（洪汛濤主編）。
1990年	與吳敏而博士應新加坡教育部邀請前往講學。
1991年	〈晒太陽〉、〈秋天的信〉編入《中國兒童詩人作品選》。
1992年	一月：退休。〈安安和田鼠〉譯成日文，〈草仔枝〉、〈我是一條蕃薯〉、〈感謝〉譯成英文。
1993年	四月：台語詩〈草仔枝〉及〈我是一條蕃薯〉，由林福裕譜曲，在國家音樂廳首演，台北兒童合唱團演唱，並製作成CD。〈回家〉等六首編入《世界華文兒童文學》由洪汛濤主編，山西希望出版社出版。台語兒歌〈月光光〉入選「詠讚台灣」詞曲創作徵詩特優獎。

年份	事紀
1994年	在國語日報寫《語言啓示錄》專欄，以對照比較方式介紹國台諺語的智慧。以台語兒童歌謠創作得教育部母語研究著作獎。〈陽光〉、〈井裡的小青蛙〉等九首，游昌發譜曲，漢聲兒童合唱團再度演唱並製作CD。 台語兒歌〈真伶俐〉、〈歡歡喜喜過新年〉入選八十三年詠讚台灣詞曲創作徵選。台語歌詩〈感謝〉、〈專專頭〉等六首，編入彰化縣鄉土教材《河洛語讀本》。〈大輪船〉、〈打眼睛睜開〉、〈小草〉編入國語實驗教材。母親去世。 〈小樹〉、〈瀑布〉、〈鞋〉、〈安安回家〉、〈性急的農夫〉編入國語實驗教材。台語兒歌〈月光光〉，鄭啓宏作曲，編入康和版五上音樂教材。〈秋天的信〉、〈螢火蟲〉、〈傘〉、〈北風的玩笑〉、〈井裡的小青蛙〉編入新加坡泛亞出版公司《讀詩集》上、下集，由韓獻光主編。 〈想念〉保阪登志子譯成日文，收入《海流》（日本かど創房）。〈秋天的信〉、〈小樹〉、〈螢火蟲〉、〈鞋〉編入《世界華文兒童文學選》由吳城主編，河北少兒出版社出版。〈想念〉由保阪登志子譯成日文，發表於日本兒童文藝誌《藍色的地球》二十三期。
1996年	〈我聽見鯨魚唱歌〉、〈分身術〉、〈全自動功課機〉、〈砂子〉編入國語實驗教材。〈燈〉、〈媽媽哭了〉、〈陽光〉、〈晒太陽〉、〈秋天的信〉編入《世界華文兒童文學大系》，由王泉根主編。《兒童文學與兒童讀物的探索》榮獲教育廳教育人員研究著作甲等獎。 台語詩歌〈草仔枝〉、〈十二月水果歌〉在國家音樂廳及紐澳演唱，並製作CD。
1997年	〈種樹有福報〉獲環保歌曲正選，由許明得譜曲。 〈唱出快樂的歌聲〉、〈看啥人算第一〉等七首編入教育部國小鄉土語言教材。 〈北風裡的樹〉、〈有一天〉、〈種樹〉編入國語實驗教材。〈燈〉、〈晒太陽〉編入八十六年度教孝月專書《母心》。 參加世界兒童文學大會，行前選輯十首童詩，以中、英、日、韓對照方式，印成小冊子，和與會者交流。參加第五屆世界華語文教學研討會。 片桐園將〈北風的玩笑〉、〈心窗〉、〈陽光〉、〈小路〉譯成日文。
1997年	〈快把窗子打開〉編入香港啓思出版社《啓思中國語文》小學三年級教材。

年份	事紀
1998年	參與製作的《台語傳統兒歌集》出版，新書發表會接受中視訪問。吳敏而博士及詩人錦連將作品譯成英、日文。台語詩〈草仔枝〉張炫文教授作曲，編入國中二年級音樂課本共同歌曲。〈時間是什麼〉、〈把握今天〉、〈如果我是魚〉、〈告訴我〉編入國語實驗教材。參與編寫的教育部鄉土語言教材第二冊出版。〈種樹仔〉、〈過新年〉、〈囝仔兒及虎姑婆〉、〈踅夜市〉、〈亂笑鱉〉編入教育部鄉土語言教材。台灣語文學會主編《台灣閩南語教材》第一冊選入〈一尾魚〉、〈月光光〉。〈雞和蛋〉編入中國和平出版社《走進動物世界——彩蛋雞》（常瑞編）。
1999年	以台灣正式代表身分出席第五屆亞洲兒童文學大會，並提論文〈我們只有一個地球〉。參加兒童文學與國小語文教學研討會。在兒童文學資深作家作品研討會上發表〈潘人木的兒歌世界〉。參與編寫的教育部鄉土語言教材第三冊出版，〈感謝〉、〈做銃拍家己〉、〈無講無想著〉編入教材。馬邁克教授將〈草仔枝〉、〈我是一條蕃薯〉、〈小草〉譯成英文。〈種樹〉、〈落雨〉入選國小音樂教材詞曲創作徵選。
2000年	春泉文教基金會曾麗壎小姐拍記錄片。參加兒童文學一百評選暨研討會，發表〈台灣兒童詩歌的發展與特色〉。參加多元母語九年一貫教學研討會，發表〈國小閩南語教材編寫探討〉。
2000年	參加林良先生作品討論會，發表〈林良兒歌創作研究〉。參與編輯的台北市幼稚園河洛語教材出版，收入〈真伶俐〉等三十七首兒歌。兒歌《鵝追娥》入選台灣兒童文學100。
2001年	參與編寫的教育部鄉土語言教材第四冊出版，〈水雞博士〉、〈無下種無收成〉、〈一種可愛的語言〉編入教材。參加台北市立師院「九年一貫語文統整教學學術研討會，發表〈閩南語教學統整的探索〉。參加林鍾隆作品研討會，發表〈林鍾隆兒童詩探討〉。參加華文世界兒童文學學術研討會，發表〈馬景賢兒歌探討〉。〈草仔枝〉、〈種樹仔〉（張炫文曲）列入九十年度全國學生鄉土歌謠比賽指定曲。
2002年	〈我愛水〉、〈真伶俐〉等八首收入陳武雄台語童謠創作曲CD（一）。
2003年	參加香港教育學院兒童文學與語文教育研討會，發表論文〈從語文課程統整的角度談詩歌教學〉。賴德和譜曲的〈小河瘦了〉作為台灣區音樂比賽國中合唱比賽指定曲。高野素子把〈鞋〉譯成日文，編入《彩虹圖書室》十八期。〈感謝〉編入高雄市閩南語教材第四冊。協助編輯《嶺上的月光——嶺月一生及理念》整理嶺月研究資料。

彰化學

年份	事紀
2003年	吳敏而英譯〈快把窗子打開〉、〈我要做個小仙人〉、〈小河瘦了〉、〈星星和月亮〉發表。〈草仔枝〉、〈咱兜〉編入安可《台灣話讀本》四年級下冊。〈一條番薯〉由林福裕譜曲，編入翰林藝術與人文第一冊。〈相看〉、〈撈樓仔〉、〈一條魚〉編入全國教師會閩南語研究教材一、二冊。施福珍譜曲〈快樂的歌聲〉、〈魚鰡〉、〈天橋〉編入《精選囝仔歌伴奏曲集（1）月光光》。〈鞋〉編入新加坡小一華文預備教材。
2004年	〈淘氣的風〉在日本名古屋青少年中心舉辦的第七屆亞洲兒童文學大會音樂劇《亞洲之風》中演出，是唯一代表台灣的作品。〈清明節〉編入香港朗文小學語文教材。福智基金會將〈感謝天感謝地〉編入國小版生命教育優良課程教學教材彙集並上傳教育部生命教育學習網。賴德和教授譜曲〈感謝〉，陳武雄譜曲〈搖嬰歌〉。二○○四年二二八紀念專輯《給我價值給我尊嚴》收入其〈因為二二八〉、〈我是台灣人〉、〈因為我是台灣人〉三首。
2004年	吳敏而博士英譯〈頑皮的小雨點〉、〈淘氣的風〉、〈山上的白雲〉等十二首，在國語日報《小作家》發表。陳瑞璧寫訪問記《跳躍的陽光》完稿，約六萬字。 為彰化縣二○○五年花博會寫詩歌六首。
2005年	伸港鄉兒童博覽會以〈和文學相遇──林武憲的文學腳印〉展出林武憲的簡介、著作及有關資料。加入台灣音樂著作權人聯合總會，成為會員。彰化花博會南郭國小演唱劉學軒作曲之〈四季童謠曲〉並錄製CD。吳敏而博士英譯〈把希望種下去〉、〈水蜜桃〉、〈鉛筆〉等十二首，在《小作家》發表。
2006年	〈秋天的信〉、〈鞋〉、〈全自動功課機〉編入香港教育出版社中國語文教材《快樂學語文》。朗智思維科技公司與小學教育學會合辦「童詩無限・武憲童詩」研討會，於國立台灣師大教育學院舉行。吳敏而博士英譯〈燕子〉、〈小時候〉、〈傘〉等十二首，在《小作家》發表。〈好朋友〉、〈火車〉選入金安台語童謠讀本（二）（四）。〈潘人木女士略傳〉收入《國史館民國人物傳記史料彙編》第三十集。
2007年	接受復興電台黃亦如小姐專訪談台語兒歌創作。接受彰化公益頻道《文化列車》康原專訪。到彰師大「作家現身」演講〈無限的天空──我的探索與追求〉。
2008年	七月一日：接受教育廣播電台王裕仁專訪。 七月十一日：到嘉義縣講〈本土兒童詩歌介紹賞析〉。 七月二十三日：到彰師大演講〈台語詩歌的滋味──講詩、念歌、唱歌〉（台文所97暑期教碩班「彰化縣作家講座」。 七月：〈螢火蟲〉編入亞洲詩選《大自然禮讚》（香港出版） 十一月八日：寓言研討會，報告〈寓言與詩歌的結合〉。

彰化學

年份	事紀
2009年	九月五日：擔任本土新銳作家名作討論會主持人，與會者有林佑儒、林哲璋、侯維玲等新銳作家。
2010年	六月五日：參與二〇一〇詩行：台灣母語詩人大會台中場。

走入民間的作家

—— 康原

作家小傳

　　康原（1947～），本名康丁源，彰化芳苑鄉漢寶村人，曾任賴和紀念館館長、八卦山文學步道的籌備委員，一九九六年成立康原文史工作室。康原早期的寫作以抒情散文為大宗，一九八四年《最後的拜訪》出版後，他一改以往的寫作風格，開始深耕鄉土大地，以逐步踏查的田野調查方式，從事報導文學寫作，《尋找烏溪》、《追蹤彰化平原》、《大師的視界‧台灣》、《懷念老台灣》可說是報導文學的代表作。另外有三本人物傳記：《人間典範全興總裁》、《八卦山下的詩人林亨泰》與《二林的美國媽祖》。

　　康原也創作囝仔歌，曾與施福珍、曾慧青老師合作多本囝仔歌集與故事集，教導下一代從歌謠中學習台灣語言與文化。同時，主張用歌謠寫歷史、用文學寫歷史，他向文化局提議「大家來寫村史」，以庶民立場建構人文歷史的方式，使人人

都能成為史家，康原親身參與寫作，一年一書，二〇〇一年出版《漢寶村之歌》，二〇〇二年與攝影家林躍堂合作出版《康原的故鄉：漢寶》、二〇〇三年《漢寶家園》影集，二〇〇五年出版《野鳥與花蛤的故鄉》。

　　康原志在建構文學的彰化，積極推動彰化歷史人文，至今寫作不輟。二〇〇四年他獲得磺溪文學特別貢獻獎，評審一致肯定，他集文學創作、文史工作、藝文推動，三者於一身，徹底實踐「在地人寫在地文」的愛鄉情懷。目前與彰化師大林明德副校長合作，積極推動「彰化學」。

與作家面對面

張榕眞：在您創作生涯中受誰影響最深？

康　原：我寫作的時間很早，差不多二十多歲開始。當時因為
　　　　工作的關係，自己一個人住在台東，非常想西部的
　　　　家。因為自己一個人，有時候就看一些閒書、報紙副
　　　　刊，覺得書寫自己感情或生活的文章蠻好的，於是開
　　　　始學寫一些東西。年輕時寫的是對自己心靈活動的記
　　　　錄，寫心情、友情、甚至愛情、對家庭的想念，算很
　　　　唯情的。所寫的就是圍繞在自己身邊的事情，有點少
　　　　年情懷總是詩的感覺。我最早出版的書就是《星下呢
　　　　喃》，意思是在異鄉的星空下，想到故鄉及自己，喃
　　　　喃自語起來。漸漸我又寫《生命的旋律》、《霧谷散
　　　　記》，這些書描寫的都是比較私人自我的問題。到民

▲康原著作：《星下呢喃》。

國八十四年以後我就開始寫報導文學，開始思考文學應該要寫一些什麼。所以早期我寫文章應該不能說受到誰的影響，只是寫一些自我的困境及生命的獨白。

張榕眞： 您的創作從抒情散文、報導、囝仔歌、村史、傳記，經過幾次轉折，請談談怎會有這些轉變？

康　原： 我早期的文章是散文書寫，後來我寫了《最後的拜訪》，透過古厝、橋、古蹟、古物去書寫我對土地變遷的感覺，因爲古蹟古物會給你很多的回想，這個迴響就用報導的方式寫出來，在報導的過程，其實是在寫我們過去的生活。後來我著力報導文學很深，像我寫《台灣農村一百年》、《尋找烏溪》、《尋找彰化平原》幾乎都是書寫我們土地發生的事情，範圍都是我熟悉的彰化縣，對書寫彰化我用了很多的力量。我在寫報導文學的過程，我會想到，可能旅遊也要透過文學去導覽自己的故鄉，所以我寫《彰化半線天》、《花田彰化》等，報導文學在我作品裡佔非常重要的部分。

　　另一方面我也透過傳統歌謠去認識台灣的歷史，過去我們的祖先會唸誦的歌謠，用歌謠來詮釋故鄉的生活。例如〈普渡歌〉，這種歌謠的背後就是說農業社會的事情。所以我認爲歌謠實際上保有過去的社會情況，可從歌謠裡去講歷史與生活，後來也寫了四、五本台灣囝仔歌的故事，囝仔歌的故事是透過傳統唸謠，由施福珍老師譜曲以後，我透過歌詞訴說當時的情況。另外像施老師也有創作歌謠譬如〈點仔膠〉，這種歌是他在偶然的機會創作的歌謠，可以說這首歌就是台灣童謠的起點，也記錄著台灣歌謠的歷史。

　　囡仔歌的故事寫完後，我想應該要自己創作歌謠，因爲我主張用歌謠寫歷史、用文學寫歷史，於是我開始將過去的生活情境寫成歌。例如我寫一首〈媽祖婆〉就是寫我小時候不會讀書，結果去拜神，希望拜神之後成績可以比較好，這首詩是這樣「自細漢愛迌迌／冊攏讀無／阿娘叫阮去求媽祖婆／媽祖婆／請你乎阮的考試成績好／牲禮有雞佮有鵝／飯後嘛有荔枝加葡萄。」我想創作歌謠裡可以保留歷史，在我印象中，過去歷史都是記錄帝王將相的政治變遷史，好像沒有常民生活史，而我們過去的生活就是歷史，應該用自己的觀點書寫自己的地方史，所以我向文化局提出計畫，文化局也認同我的提議，我親身參與寫作，以故鄉漢寶寫《野鳥與花蛤的故鄉》。

▲康原著作：《野鳥與花格的故鄉》。

　　我認為每一個人都可以寫歷史，每一個人的過去都是歷史，只要你去記錄就可以把歷史寫下來，我們知道歷史要注重詮釋權，但過去的歷史都是別人寫成的，現在我們應該自己記錄鄉土的變遷、宗教信仰、歷史文化等，一代一代傳下去，所以我才主張用報導文學的方式寫歷史。當然寫作的方法很多，可以用詩、用歌、甚至用小說。例如施叔青《行過洛津》寫清朝時期的鹿港，或李喬《寒夜三部曲》是寫台灣的歷史。因此我幾個寫作轉折就是從抒情散文到報導文學、歌謠、囡仔歌到村史，這些都是我認為需要去做的。

　　另外，我著力在個人生活史的建構，我寫過三本傳記，一是《人間典範全興總裁》，二是《八卦山下的詩人林亨泰》，三是《二林的美國媽祖》。第一本

▲康原著作：《二林的美國媽祖》。

是企業家的傳記，我在訪問的過程中，發現這位企業家認識很多諺語，諺語是過去人們的生活或因為地域相同所形成的共同語言，譬如我們說鹿港的一句諺語「施黃許恰查某／娶到施黃許／敬如天公祖」。因為鹿港施黃許是大宗族，所以如果娶到老婆是這三大姓者，要對他們客氣一點。又如有一句諺語說：「烏溪貓羅溪會流／溪尾寮眼淚流」。就是說烏溪和貓羅溪交界處，有個村莊叫溪尾寮，淹大水的時候，那邊的居民就眼淚流，這種諺語就是地理環境所造成的。又如說農業社會有一句：「長工望落雨／乞丐望普渡」，但我為烏日寫鄉誌時他們說：「作兵望落雨／乞丐望普渡」。所以諺語有變異性，我在第一本傳記裡透過吳聰其先生建構民間諺語，放在傳記裡面，保留民間文學。

第二本是《八卦山下的詩人林亨泰》，林亨泰得過國家文學獎，他出生北斗，在彰化長居。透過他小時候、讀書過程、如何參加社會運動、作品，我將這些連結起來，回歸在書裡建構台灣現代詩的歷史。第三本是《二林的美國媽祖》，瑪喜樂是宗教家，她五十幾歲時就把她在美國的財產賣掉，到二林蓋保育院，教院生如何去謀生，我訪問這些院童如何受阿媽照顧而成為有用的人。瑪喜樂犧牲奉獻，默默做事，因為她在二林，是屬於我們彰化縣，所以我將她的生命歷程記錄下來，讀讀這本傳記，就可以了解這個人的一生，同時跟彰化發生關係，所以我用傳記寫歷史、用歌謠寫歷史、用報導文學寫歷史。

我寫〈八卦山〉也是想透過一個地標來建構歷

史，八卦山是個旅遊勝地，也是一個古戰場。清朝時八卦山是一個定軍寨，是個軍事要地，要攻打彰化城就會攻打八卦山。另外八卦山上有墓地，彰化人死後葬在這邊，因此八卦山是彰化城的表徵。我就用詩來建構歷史，這首詩是這樣「彰化古早叫半線／東爿一粒八卦山／山頂樹木青綠綠／一仙大佛坐婷婷／每年飛過南路鷹／不幸，一萬死九千／古早時，劉國軒入頭兵／清朝時，林爽文、施九緞、陳周全，戴萬生／夯火砲，上山頭來反清／日本人，歹心幸／押霸兼無情／磺溪和仔仙反日走做前／戰後，大佛前／有人賣番賣，鳥梨糖／削甘蔗兼賣芋仔冰／細漢時，阮尚愛／恬佛祖前下願／迌迌佮買冰」。利用詩書寫彰化歷史。

張榕眞：您與林明德老師一同投入「啓動彰化學」的動機何在？

康　原：我對彰化有很深厚的感情和很深入的了解。林明德是自輔仁大學退休後來彰化師大當老師，他是我的老朋友，當時我做賴和紀念館館長時，就推薦他當董事，他對地方也涉入很深，因爲彰化師大有辦彰化學研討會，我想彰化學研究既然開始兩、三年了，應該出版彰化學圖書，我因爲擔任全興文教基金會的董事，就去全興募款，他們支持我們的計畫，所以我們就開始投入彰化學叢書出版。

　　當然還要找出版社，晨星出版社長久出版我的書，老闆願意和我合作，所以整個計畫是產官學的合作，我們預計五年出版六十本，目前已經出版三十二本，將涵蓋地理、歷史、生態、古蹟、音樂等，包含

了整個研究彰化或書寫彰化的書籍，有這個「彰化學」產生，我就向文化局提出應該設立彰化文學館，要設立文學館就要蒐集作家的資料，由林明德副校長來擔這個工作，去訪問作家、收集資料，希望能把彰化文學家的資料留給我們彰化的子孫。

張榕眞：您在寫作之餘，又投入田調，兩者間有無互動關聯？

康　原：做歷史研究除了從文獻，還必須親身去做田野調查，研究台灣的文獻是日本人或先賢流傳下來的，這些資料不一定很正確，所以閱讀文獻資料後就要親身去調查，譬如我們看鹿港，幾百年來有沒有什麼變遷，看文獻記錄有沒有翔實，有沒有新的資料產生？除了調查古蹟人文資料外，可能還有民間文學，它是流傳在常民生活中，你若不去調查，有一天就會消失，所

▲康原和林明德推動的彰化學叢書。

以我很積極去做田野調查。田野調查最有趣的，就是發現民間文學的傳說、故事、歌謠、諺語等。作田野調查可以發現民間文學的變異性，像「吃飯配菜脯／省錢找查某」這句諺語就有三種不一樣的說法，很有趣。最近我在《彰化文獻12期》寫一篇〈民間文學的採集與運用〉有很詳細的說明。

張榕真：何謂磺溪文學？您雖推崇磺溪文學精神，但作品中較無明顯的抗議意識，您怎麼看？

康　原：磺溪是因為郁永河寫一本書叫《裨海記遊》，他來台灣調查硫磺，發現大甲溪以南到虎尾溪以北這段有硫磺，就把這一段叫磺溪。本來磺溪只是地名，但一七二六年蓋彰化孔廟後，讀書人寫詩會落款，像落款磺溪陳肇興、磺溪某某某，磺溪這些詩人寫的文章都是站在民間的立場，具備批判性格和抗議精神，為公理正義奮鬥的詩，磺溪文學就變成一種代表公理正義，所以磺溪早期代表地域後來就變成一種精神。像日治時期賴和先生寫〈一桿秤仔〉、〈蛇先生〉、〈鬥鬧熱〉批判性很強，戰後像吳晟、宋澤萊、林雙不的文章也都具備很強烈的抗議精神。文學的描述方式很多，我們對不義的東西，要如何表達，表達抗議有一種方式就是沉默，我對事情不認同，我不想用喊口號的方式，用另一個角度書寫真正的感受，這或許也是一種沉默的抗議，像靜坐也是一種抗議。賴和寫小說直接表現抗議，但林亨泰不一樣，他就隱藏起來，藝術的表現形式很多，是由詮釋者去解讀的。

張榕真：請老師對有心從事田調、寫作者提供經驗分享與建議？

彰化學

康　原：做過田野調查的人，會知道民間有很多故事，民間
故事如何寫成小說，你去看日本時代李獻璋編一本
書《民間文學選集》，像是〈汪師爺開水圳〉，那是
發生在北彰化的傳說故事，但是經過楊守愚寫成小
說，所以有一個故事原型，創作者可以把故事融入，
用小說型式來寫。像李昂寫《殺夫》寫女性被男性壓
抑，把場景設在鹿港，無形中就放入了民間文學的東
西。妳是一個民間文學的調查者，要如何把這種東西
巧妙地寫進去。像我最近寫一個故事〈蛇郎君與玻璃
廟〉，我要寫的是產業，我寫產業就透過民間的故事
來寫。

　　當然俗語也可以加在裡面，我聽過「一樟、二
芎、三蒲姜、四苦苓、芭樂柴無路用」這俗語是在說
造陀螺的木材好壞，我小時後都在廟埕玩陀螺，就將
俗語和生活經驗寫成歌謠，寫了一首〈干樂〉：「干
樂／干樂愛迫迌／廟埕黑白趖／干樂愛膨風／惦大埕
旋玲瓏／一支腳閣眞擎走／無生喙閣大聲吼」。把民
間調查的諺語和我的經驗放在一起。還有，如果想寫
村莊歷史，一定也要去調查廟宇的事情，因為這個保
留了常民生活，也可以放在村史裡面書寫。我再舉一
個例子，我寫一首〈種菜的阿媽〉：「來來來／緊來
／趕緊來／鬥陣來阮的菜園內／阮的阿嬤擎種菜／看
看看／緊來／緊來看／菜園內的高麗菜／疊甲一堆親
像山／無人買／抗咧爛／阿嬤眞拍拼／透中晝日頭腳
／曝菜乾／曝甲／大粒汗／細粒汗」。這裡面有一個
意象「來來來！」這是我小時後在廟埕看人打拳賣
藥，賣膏藥的人講話的口氣，我將它做轉化，所以就

是民間文學調查的運用。

張榕真：老師在社區大學推廣台灣文學，是抱持什麼理念？

康　原：因為台灣文學是一個很冷門的東西，我們國家很少
　　　　在推動，社區大學主要設的目的，就是希望能夠培
　　　　養一批有批判性的人才，能夠關心社會。像我們台灣
　　　　有一些作家很偉大，如賴和、鍾肇政、葉石濤等，他
　　　　們的作品很少人讀，在社區大學教台灣文學，就可以
　　　　選擇這些作品來教，同時透過文學作品去了解台灣社
　　　　會的變遷，例如二二八事件，我們去看很多人在描
　　　　寫二二八事件時，是透過什麼觀點來書寫，如果只是
　　　　看調查報告，這些資料沒有趣味。但透過文學，你會
　　　　感動，看到台灣人受壓迫也會感覺悲哀，所以我以此
　　　　推行台灣歷史文化。其次，號召一些有志之士，加入
　　　　我們台灣文化的工作，社大的學生，可能有校長、老
　　　　師、退休人員、家庭主婦，希望每一個人可以站在他
　　　　的工作崗位上去推動有關台灣的議題，像我也找他們
　　　　寫村史、報導文學、資源調查、社區營造等，這些都
　　　　是我們的目標。

（康原口述。張榕真提問，楊惠中錄音，張榕真記錄）

作家印象

一、彰化土地公

　　初見康原，少有人不受他爽朗的笑聲、生動的語言所吸引，出生於彰化芳苑鄉漢寶村，外表粗礦、體形壯碩的康原，有著海口人豪爽外放的個性。他在創作上是個多棲者，舉凡散文、小說、詩、藝術評介、文學評論、報導文學等，無所不包，因此有人比喻他是「文壇多爪魚」；又因他愛唱台語歌，體型相貌與郭金發有幾分神似，也有人將他比擬為「文壇郭金發」。最近，康原又得了一個「彰化土地公」的美稱，因為他長期投入彰化歷史人文的推廣教育，對彰化文化如數家珍，在康原目前已完成的七十餘部作品中，就有四十部與彰化有關，著實是個彰化通，幾乎將全副精神奉獻在建構文學彰化的康原，就像土地公一樣古道熱腸又始終關懷斯土斯民。

二、從吟風到采風

　　談起對家鄉的印象，康原只用一個字形容——「窮」。漢寶是地處偏遠的臨海小村，村民以捕魚為生，地質貧瘠多呈鹼性，康原在物質資源缺乏的鄉村長大，幼年家境一貧如洗，家裡除了沙質田園可供耕作外，還得靠著下海捕魚貼補家用。他從小熟於各種農事，為父母分擔家務，務農生活的刻苦與鄉下孩童的天真自得，成為他筆下經常出現的主題，他曾以〈父親・牛事與牛墟〉、〈母親・廚房與農事〉兩篇紀念父親康天權、母親陳美女與記錄早期在家鄉的生活點滴。在訪談中他自白作品幾乎是生活經驗的投射，譬如他創作的囡仔歌，在詩中

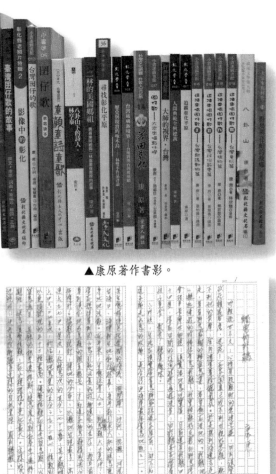

▲康原著作書影。

▲康原的手稿。

出現的走斗箍、行包棋、閣閣雞、放風車、爐土窯、掠吉嬰、灌土猴等，都是舊時鄉村孩子的娛樂活動，他將經驗轉化爲詩歌創作的素材。

康原的父母是典型依附土地生活的農村夫婦，教育程度不高，他說：「當年田莊地區到處有牛、牛車、牛屎，講話或教育小孩子都以牛爲話題。」他的父母常教誨小孩：「甘願做牛，免驚無犁拖。」或以「細漢偷挽瓠，大漢偷牽牛。」警告小孩不可做壞事。長期接觸民間的語言智慧，康原對民間俗諺相當熟稔，不僅能夠運用自如也成爲他日後創作的重要源泉之一。

一九六〇年康原進入秀水農校五年制綜合農業科就讀，這五年農校生涯爲他的文學與生命奠下最重要的機緣與基礎。他因爲熱愛音樂，追隨音樂啓蒙老師施福珍，修習管樂與指揮，兩人並在日後數度合作編纂囝仔歌集、故事集。農校期間，康原結識同學姚金足，一九六五年康原農校畢業入伍服役，兩人也在此年結婚，成爲相互扶持的人生伴侶。

▲康原兒女著作的書影。

　　成家是立業的開始。退伍後康原應聘至台東農校，擔任圖書館員。擔任館員期間，也開啓他寫作的因緣。因為獨居東部，思念在彰化的家人，閒暇之餘藉閱讀書報自娛，自己也開始嘗試寫一些文章抒發心情。他說：「年輕時寫的是對自己心靈活動的記錄，寫心情、友情、甚至愛情、對家庭的想念，算很唯情的。所寫的就是圍繞在自己身邊的事情，有點少年情懷總是詩的感覺。」寫作是早期他在異鄉時排遣寂寞的方式，如此偶然地踏入文學世界，談不上有啓蒙者，他以感性唯情的調性書寫散文十餘年，真正開始風格上的轉變，則是一九八〇年代後的事。

　　一九七〇年康原調職彰化高工服務，並在同年推出第一本散文集《星下呢喃》。在彰化高工，康原拓展了文學視野，他結識同在彰工服務的詩人林亨泰、小說家賴賢穎，不時向前輩請益，並結識音樂家李景臣，李景臣退休後，他接任其彰工管樂隊教學工作。一九七三年康原擔任彰化高工文藝社指導教師，舉辦「文學講座」，先後邀請林亨泰、林雙不、吳晟、苦苓等人蒞校演講，結識這些台灣文學作家，讓他對文學產生了不同的觀點。值得一提的是，康原因與彰化地區文人交往密切，他的子女們在耳濡目染之下，也寫文章。大女兒康玲玫，一九六六年生，十九歲開始寫小說，以「寧馨兒」為筆名，出版過短篇小說集《偶然的好友多刺》，其中〈偶然的好友多刺〉一文得到《台灣新聞報》短篇小說徵獎佳作；長子康乃仁二十歲時以「阿仁」為筆名，出版小說《囝仔兄》，其後又出版《重金屬吉他手》，被苦苓推許為「素人小說家」；小女兒康玲紋也以「小馨子」為筆名寫作散文。這一家父子四枝筆，各顯所長。

　　康原鼓勵子女創作，自己亦不懈怠。一九七〇年發表《星

下呢喃》之後，康原又陸續創作《生命的旋律》、《霧谷散記》、《煙聲》等散文集，抒發他感情世界，這段時期的文章，充滿的是康原個人的所感、所懷、所思，但也正因為這種創作的取向，使得康原長期圍於自我的小小情性世界裡，陷入一種固定的創作型態中，逐漸成為創作上的焦慮。一九八○年代以後，康原不只一次，在談話中，對好友們無所隱諱地表達一種渴望自我超越、自我突破的企圖。同時，發生在一九七七年的鄉土文學論戰，他看到黃春明、王拓、楊青矗所寫的文章，也讓他開始認真思考：「身為作家該寫些什麼？」。

三、貼近民間的脈搏

作家的地緣，往往是文學的母親。康原選擇將筆觸轉向關懷斯土斯民，默默耕耘，近十年無法破繭而出的苦悶，終於在一九八四年有了突破。這一年，《最後的拜訪》出版，書的封面上標示著「一個作家對民風民物的衷心探訪」，文章字句仍秉持抒情，但豐沛的情感轉向對鄉土的關懷，好友林雙不在序文中說：「我明顯看出他內在的小宇宙中有台灣，有他鄉土的愛。他要讓讀者朋友了解的，是台灣寶島自古以來的美麗與可愛；他要和讀者朋友分享的，是台灣寶島綿密濃烈的珍愛與摯情。」這是康原朝鄉土大地深耕的第一步，此後在他的作品中，讀者都能跟著他的腳步探訪每一個村落、深入每一寸沃土，走入鄉間，尋幽訪勝。

受文友林文義《母親的河——淡水河記事》的啟發，一九九四年開始，康原追溯烏溪兩岸文明，歷時兩年完成《尋找烏溪》一書，這是一本康原對烏溪人文、生態的完整報導，透過烏溪兩岸的古蹟、書院、古厝、聚落，尋找先民開發中留

下來的步履遺跡。尋找一條河的生命史只是一個起點，由此推展出《烏溪的交響樂章》、《尋找彰化平原》、《彰化半線天》、《花田彰化》，意味著康原的書寫地圖由彰化縣境東北角，經過彰化平原，向西南面擴張，由點而線而面，涵蓋彰化全縣地理與人文。在《尋找烏溪》中，康原建構出一個庶民觀點的鄉土史，他說：「我在尋找烏溪的田野調查中，往往先找到聚落的廟宇，去了解建廟與民居拓墾的沿革，再從居民祭拜神明之中去探討，了解人群聚居形成的自然單位。常常發現聚落會是『地號名』或『部落名』，再以此聚落爲中心向四面八方發展。」這種以庶民立場建構人文歷史的方式，與他後來在文化局所推展的「大家來寫村史」計畫不謀而合。

　　提及村史計畫，康原說：「在我印象中，過去歷史都是記錄帝王將相的政治變遷史，好像沒有常民生活史，而我們過去的生活就是歷史，應該用自己的觀點書寫自己的地方史，所以我向文化局提出計畫，後來文化局也認同我的提議，我親身參與寫作，以故鄉漢寶寫《野鳥與花蛤的故鄉》。」他對建構常民生活史興致勃勃，切入角度也多元，從民間歌謠、囝仔歌、甚至到傳記，都可以看見他企圖保留民間文化的苦心。

　　他在《野鳥與花蛤的故鄉》一書中，大量引用民間歌謠來印證漢寶村發展的歷史，例如記錄家鄉的七字歌：「漢寶有人講溪底，其實早年東螺溪，日本全盤來規劃，溪頭堵起無問題。溪底無水變溪埔，移民一人來一路，欲做溪底唔免租，砂土一年一年厚，頂港客人做起頭，昭和四年伊來到，先做浮圳再開溝……」透過這首民間詩歌，可以了解客家人在漢寶開發的歷史，以及漢寶園形成的始末，歌謠的傳頌，不僅活化史料，也見證庶民生活史；他寫囝仔歌，加入民間唸謠、諺語，做爲推廣台灣文化、語言的教材；在傳記方面，他爲全興集團

彰化學

總裁吳聰其作傳，在訪談的過程中，發現這位企業家認識很多諺語，於是康原將俗語運用在傳記文學中，寫成《人間典範全興總裁》一書。特別的是，他在每個章節中用一句台灣俗諺提領該章故事的主題，反映吳聰其的人生經歷，在康原筆下，吳聰其為人處世的依據，就是先祖流傳下來的智慧諺語，這本書含括諺語、歇後語、歌謠共一百四十條，是康原在建構個人生活史之中保留民間語言智慧的見證。

四、做為一顆火種的康原

　　康原在文壇好友眼中屬於「樂暢」型的人物，詩人蕭蕭稱他「囝仔性」極重。林雙不與康原相交甚深，他形容康原：「基本上是一個感性重於理性的人。由於感性重於理性，他坦率、豪爽、愛交朋友、不懂得計較利害，卻也盲撞、馬虎、大而化之、無法細密考慮。」因為個性直爽，表現在作品上，詩歌率真、散文質樸；在行動上，則是即知即行，好友王灝稱康原「像一顆火種」、「先天上具有火種的情性，隨時隨地的想去引燃一些火光與熱力。」他參與推動、策劃的文學活動，就足以印證他是真誠的想為地方做點什麼，舉凡能夠提升文藝風氣的大小事，他都願意去做一顆引燃文學生命之火的種籽。

　　一九九五年，康原自彰化師大附工退休後，受聘於賴和文教紀念館，忙碌的生活更勝以往。在兩年館長任期內，他以賴和為彰化的典範人物，傳播賴和文學中的批判抗議精神，並將其引申為礦溪文學精神的主軸。他藉由演講、文藝營等活動，串聯賴和、彰化與台灣文學，培育台灣文學的火種，傳遞台灣文學精神。

　　十年過去，康原的腳步未曾稍歇，近年，他透過廣播電台

▲康原的手稿：〈囡仔兄〉。

的訪談，製作「台灣文化列車」系列專題，並在公益頻道主持「文化列車」節目，傳播原鄉的文化及台灣精神，又擔任國立中央圖書館「台灣文化系列」巡迴講座講師，以「傳唱台灣文化」與「說唱台灣囡仔詩歌」為題，在說說唱唱中，重現台語囡仔詩歌之美；他在社區大學任課、彰化師大台灣文學所開設講座，希望能培養批判性的人才，能夠關心社會，一起推動台灣文化。

康原如水牛般耕耘一片文化田，對地方事物涉入極深。他的貢獻終獲肯定，二〇〇四年獲頒礦溪文學特別貢獻獎，是繼林亨泰、吳晟之後的第三位得主，評審一致認為他集文學創作、文史工作、藝文推動三者於一身，徹底實踐「在地人寫在地文」的愛鄉情懷。不管用報導文學、詩歌、還是村史記錄，其用意都在型塑彰化在地的面貌，表現一個作家的社會關注。

五、彰化學是一生的志業

　　作家陳銘磻相信：「每個作家一生中都會很想寫兩本書：一本為兒童而寫；一本為故鄉而寫。」康原不只為兒童、故鄉寫書，他將鄉土文學與兒童文學做結合，完整呈現在地文化，至今筆耕不輟的他，寫詩、寫傳記、寫村史、寫囡仔歌、還開童謠演唱會，即使已過耳順之年，仍活躍在各種藝文場合，喜歡在演講中即興演唱創作的詩歌，渾厚的嗓音，生動的肢體語言，令人感受到他對文學的熱情。

　　對於寫作，他說：「過去寫作是在抒發內心的情感，現在覺得是一種責任，我最想做的是如何建構一個文學彰化，建構彰化歷史，以喚醒人們對自己生長土地的記憶。」深重的使命感，促使康原一直在思考如何建構一個文學的彰化，他熱切推動彰化藝文活動，如二〇〇〇年的八卦山文學步道，二〇〇三年文學彰化新地標——賴和〈前進〉文學地標，二〇〇四年彰化縣村史寫作，二〇〇五年洪醒夫文學紀念公園。目前，康原與彰化師大副校長林明德共同企劃陸續推動「彰化學」叢書，預計推出六十本，涵蓋文學、地理、歷史、生態、古蹟、音樂、藝術等類別，將研究彰化或書寫彰化的作品納入，這是啓動「彰化學」的第一步。同步進行的，還有設立彰化文學館的計畫，康原希望能為彰化子孫保存彰化作家的資料。

　　詩人蕭蕭曾這麼說：「擁抱彰化，捨『康』其誰？」我想這是康原文學生涯的最佳註解，未來的彰化學發展我們可以拭目以待！

（張榕眞　撰寫）

彰化學

創作年表

年份	創作
1973年12月	散文：《星下呢喃》（台北：現代潮出版社）。
1975年4月	散文：《生命的旋律》（台北：彩虹出版社）。
1976年9月	散文：《霧谷散記》（彰化：大昇出版社）。
1978年6月	散文：《煙聲》（台北：水芙蓉出版社）。
1979年9月	散文：編輯《卦山春曉》（台北：水芙蓉出版社）。
1981年10月	散文：《大家文學選》（明光出版社）。
1982年1月	評論：《真摯與激情》（自費出版）。
1984年1月	散文：《明亮的眸》（台北：水芙蓉出版社）。
1984年5月	報導：《最後的拜訪》（台北：號角出版社）。
1985年7月	工具書：《論文全壘打》（台北：全友出版社）。
1986年4月	散文：《記憶》（台中：晨星出版社）。
1987年11月	報導：《作家的故鄉》（台北：前衛出版社）。
1991年	散文：《佛門與酒國》（高雄：派色出版社）。
1991年3月	散文：《歷史的腳步》（彰化：彰化縣立文化中心）。
1992年2月	評論：《文學的彰化——彰化縣新文學作家小傳》（彰化：彰化縣立文化中心）。
1993年6月	評論：《鄉土檔案——彰化縣作家作品集9》（彰化：彰化縣立文化中心）。
1993年7月	散文：《軍中鬼故事》（高雄：派色文化出版社）。
1994年	詩歌：《說唱台灣詩歌》（台灣區域發展研究院）。
1994年6月	歌謠與故事：《台灣囡仔歌的故事1》（台北：自立晚報社文化出版部）。
1994年6月	歌謠與故事：《台灣囡仔歌的故事2》（台北：自立晚報社文化出版部）。
1995年6月	散文：《懷念老台灣》（台北：玉山社出版公司）。
1996年5月	歌謠與故事：《台灣囡仔歌的故事》（台北：玉山社出版公司）。
1996年5月	散文：《歡笑中的菩提》（台北：健行出版社）。
1996年9月	報導：《尋找烏溪——一條河的生命故事》（台北：常民文化出版公司）。

年份	創作
1997年	鄉志：《芳苑鄉志·文化篇》（彰化：彰化縣芳苑鄉公所）。
1998年12月	報導：《尋找彰化平原》（台北：常民文化出版公司）。
1999年4月	散文：《台灣農村一百年》(台中：晨星出版社)
1999年10月	詩歌：與路寒袖等人共同創作《六〇年代台灣囝仔——童顏童詩童歌》（彰化：彰化縣文化局）。
2000年	報導：《彰化市之美》（彰化：彰化市公所）
2000年9月	民間文學：與施福珍共同採集《彰化縣民間文學集15》（彰化：彰化縣文化局）。
2000年9月	民間文學：與施福珍共同採集《彰化縣民間文學集16》（彰化：彰化縣文化局）。
2000年6月	歌謠與故事：《囝仔歌教唱讀本附CD》（台中：晨星出版社）。
2001年6月	散文：《中華兒童叢書——漢寶園之歌》（教育部）。
2001年7月	詩集：《磺溪文學——彰化縣作家作品集(第九輯)八卦山》（彰化：彰化縣文化局）。
2001年7月	報導：《烏溪的交響樂章》（中國時報文教基金會）。
2001年12月	散文：《中華兒童叢書——賴和與八卦山》（教育部）。
2002年4月	民間文學：《彰化縣民間文學集（17）線西伸港福興地區》（彰化：彰化縣文化局）。
2002年4月	民間文學：《彰化縣民間文學集（18）芬園花壇秀水地區》（彰化：彰化縣文化局）。
2002年6月	影像：《彰化縣老照片特輯（三）——浮光掠影憶彰化》（彰化：彰化縣文化局）。
2002年7月	與施懿琳等合編《八卦山文學步道導覽手冊》（彰化：彰化縣文化局）。
2002年8月	詩歌：《台灣囝仔歌謠》（台中：晨星出版社）。
2003年5月	民間文學：《彰化縣民間文學集（19）員林大村埔心地區》（彰化：彰化縣文化局）。
2003年5月	民間文學：《彰化縣民間文學集（20）北斗田尾社頭地區》（彰化：彰化縣文化局）。
2003年6月	鄉志：《烏日鄉志·文化篇》（台中：台中縣烏日鄉公所）。
2003年4月	旅遊文學：《彰化半線天》（台北：紅樹林出版社）。
2003年7月	傳記：《總裁的故事》（全興文教基金會）。

年份	創作
2004年	散文：《每一句話都是紅玫瑰》（原：《歡笑中的菩提》）（台北：建行出版社）。
2004年7月	其他：《花田彰化》（愛書人出版）。
2004年9月	其他：《彰化孔廟》（彰化：彰化縣文化局）。
2005年4月	報導：《野鳥與花蛤的故鄉》（彰化：彰化縣文化局）。
2005年8月	詩畫：《不破章水彩畫集》（彰化：頂新文教基金會）。
2006年4月	傳記：《八卦山下的詩人林亨泰》（台北：玉山社出版公司）。
2006年11月	詩歌：《台灣囡仔的歌：台灣歌謠教唱本》（台中：晨星出版社）。
2006年12月	報導：《鹿港工藝地圖》（彰化：彰化縣文化局）。
2007年7月	傳記：《人間典範全興總裁》（原：總裁的故事）（台中：晨星出版社）。
2007年8月	報導：《大師的視界·台灣》（台中：晨星出版社）。
2008年3月10日	報導：《追蹤彰化平原》（台中：晨星出版社）。
2008年8月10日	評論：《歷史與現實的啄木鳥——林雙不評論集》（台中：晨星出版社）。
2008年9月	傳記：《二林的美國媽祖——瑪喜樂阿嬤與二林喜樂保育院的故事》（彰化：彰化縣文化局）。
2009年2月	論文：《台灣童謠園丁：施福珍囡仔歌研究》（台中：晨星出版社）。
2009年6月	散文：《巴黎的那場婚禮》（台中：晨星出版社）。
2010年2月	報導：《台灣玻璃新境界：台明將與台灣玻璃館》（台中，晨星出版社）。
2010年2月	詩歌：《逗陣來唱囡仔歌I：台灣歌謠動物篇》（台中：晨星出版社）。
2010年4月	詩歌：《逗陣來唱囡仔歌II：台灣民俗節慶篇》（台中：晨星出版社）。
2010年5月	詩歌：《囡仔歌：大家來唱點仔膠》（台中：晨星出版社）。
2010年7月	詩歌：《逗陣來唱囡仔歌III：台灣童玩篇》（台中：晨星出版社）。
2010年10月	詩歌：《逗陣來唱囡仔歌IV：台灣植物篇》（台中：晨星出版社）。

彰化學

參考文獻

一、專著

·章綺霞著，《追尋心靈原鄉——康原的鄉土書寫研究》（台中：晨星出版社，2010年）。

·施懿琳、楊翠著，〈尋訪土地的素顏——康原〉，《彰化縣文學發展史（下）》（彰化：彰化縣立文化中心，1997年），頁410-412、頁480-483。

二、碩博士論文

·周素珍，《吟唱土地的聲音——康原台語詩歌研究》（台東著台東大學兒童文學所碩士論文，2008年）。

·林愛娥，《康原及其鄉土史書寫研究》（台中：中興大學中國文學系碩士論文，2006年）。

三、單篇期刊論文

·郭麗娟，〈文學花園·兒時花朵——傳承常民美學的康原〉，《源雜誌》第74期（2009年3月），頁54-65。

·王冠祺，〈發現詩哲——讀康原《八卦山下的詩人·林亨泰》〉，《笠詩刊》第269期（2009年2月），頁103-108。

·李桂媚，〈童年是一條快樂兮歌——讀康原、余燈銓「雕詩塑情系列」〉，《明道文藝》第389期（2008年8月），頁65-68。

·張榕真，〈走向民間的文學作家——從賴和到康原〉，《彰化藝文》第40期（2008年7月），頁68-71。

·章綺霞，〈報導文學中的人文彰化——以康原作品為例〉，《彰化文獻》第9期（2007年10月），頁71-92。

·陳益源、林愛娥，〈康原作品與民間文學〉，《民間文學年刊》第1期

（2007年7月），頁145-157。

- 張榕真，〈吟風‧采風‧馭風論康原台語詩中的民間性〉，《第三屆中區研究生台灣文學研討會暨台文系學生論文發表會論文集》（2007年6月），頁168-181。

- 莫渝，〈美的行腳，美的留影〉，《文訊》第61期（2007年2月），頁28-32。

- 蔣美華，〈走過「現代」‧定位「本土」的「現實」詩美學——康原《八卦山下的詩人‧林亨泰》評介〉，《文訊》第253期（2006年11月），頁16-18。

- 蕭水順，〈囝仔歌是台灣詩的田土——細論康原與彰化詩學的幽徑〉，《國文學誌》第11期（2005年12月），頁381-408。

- 張連發，〈拉近歷史與人的距離——讀《野鳥與花蛤的故鄉》有感〉，《彰化藝文》第29期（2005年10月），頁44-47。

- 章綺霞，〈建構烏溪鄉土史——論《一條河的生命史——尋找烏溪》的鄉土史書寫〉，《台灣史料研究》第25期（2005年7月），頁127-146。

- 李勤岸，〈八卦山下的母語歌詩——康原台語詩集《八卦山》〉，《彰化藝文》第13期（2001年10月），頁39。

- 陳益源，〈為你說民俗（18）著台灣歲時唸謠「正月正」——兼介康原《台灣農村一百年》〉，《國文天地》（1999年10月），頁30-32。

- 林美惠，〈一條河的生命史——尋找烏溪〉，《書評》第33期（1998年），頁62。

- 張連發，〈那壺香淳的陳年老酒，看《懷念老台灣》感懷〉，《文訊》第85期（1996年1月），頁11-12。

- 蔡鈴代，〈夢迴童年——我讀《台灣囝仔歌的故事》〉，《文訊》第108期（1994年10月），頁18-19。

- 施坤鑑，〈生命軌跡的永恆記錄〉，《彰化青年》（1992年4月）。

- 劉麗玲，〈和善與歡喜的溫馨〉，《彰化青年》第269期（1992年3

月）。

- 蕭蕭，〈張力——為《佛門與酒國》而寫〉，《佛門與酒國》（1991年
  8月），頁1-6。

- 岩上，〈關愛與鄉情——我讀康原《最後的拜訪》〉，《文訊》第16期
  （1985年2月），頁13-17。

- 王灝，〈風格之誕生與生命的承諾——康原《霧谷散記》小論〉，《幼
  獅文藝》（1977年5月），頁215-220。

- 王灝，〈歷程——讀康原的兩本文集〉，《青溪》第108期（1976年6
  月）。

四、報章雜誌相關評論

- 林明德，〈重塑台灣農村的容顏〉，《台日副刊》（1999年1月22-23
  日）。

- 施懿琳，〈深深紮根在故鄉豐饒的土地上——序《尋找彰化平原》〉，
  《台日副刊》（1998年12月9-10日）。

- 蔡鈴代，〈教師迫切需要的書——簡介《台灣囝仔歌的故事》〉，《台
  灣時報》第22版（1996年7月26日）。

- 岩上，〈驛站與鏢客——序康原《作家的故鄉》〉，《自立晚報》第10
  版（1987年11月19日），頁9-12。

- 王灝，〈為歲月留痕‧替映象演義——《記憶》（上）（下）〉，《台
  灣時報》第8版（1986年8月6日）。

- 麗櫻，〈橫看成嶺側成峰，作家看康原《最後的拜訪》〉，《台灣時
  報》第8版（1985年8月31日）。

- 王灝，〈從吟風到采風——小論康原〉，《自由時報》副刊（1985年6
  月21日）。

- 許建崑，〈路遙知馬力——評介康原《最後的拜訪》〉，《台灣日報》
  副刊（1984年7月31日）。

- 林雙不，〈感性的訪問者——康原與《最後的拜訪》〉，《台灣日報》副刊（1984年4月23日）。
- 宋澤萊，〈略論西部台灣作家〉，《台灣日報》副刊（1984年4月23日）。
- 展甦，〈康原的視野〉，《商工日報》第12版（1984年1月31日）。
- 許建崑，〈酒井康原〉，《台灣日報》副刊（1983年9月29日）。
- 王灝，〈從唯情到入世著康原散文集《煙聲》小論〉，《民聲日報》第11版（1979年6月13日）。
- 黃瑞田（評介《霧谷散記》），《台灣日報》第12版（1977年6月23日）。
- 仲揚，〈霧谷散記讀後〉，《台灣日報》副刊（1977年1月10日）。
- 蕭蕭，〈寬闊的散文平原——讀康原新著《明亮的眸》有感〉，《中央日報》第10版。

五、傳記、專訪及其他

- 顏宏駿，〈美國媽祖瑪喜樂康原筆下更鮮活〉，《自由時報》（2008年10月24日）。
- 吳三伯，〈二林的美國媽祖新書發表會〉，《民眾時報》（2008年10月24日）。
- 張詠曦，〈鄉土作家康原，推動文學彰化〉，《看》第18期（2008年8月），頁22-24。
- 張詠曦、岳翔雲，（彰化人愛鄉土，大家來寫村史），《看》第18期（2008年8月），頁18-21。
- 林明志，〈村史寫作，表述在地記憶〉，《書香遠傳》第5期（2006年4月），頁22-25。
- 林明志，〈大家來寫村史〉，《書香遠傳》第30期（2005年11月），頁42-44。

- 黃裕誠等著，〈彰化作家——康原〉，《建國青年》第35期（2005年5月），頁107-113。
- 吳玉貞，〈滋養台灣文學，他們灑下沃土〉，《民生報》（2004年10月3日）。
- 吳玉貞，〈康原半百爺及肩髮獎無數〉，《民生報》（2004年9月22日）。
- 邱美都，〈美夢相隨的台灣文學班〉，《員林社大學刊》第3版（2004年6月15日）。
- 簡慧珍，〈彰化地方文化館在書中〉，《聯合報》（2004年3月17日）。
- 何炯榮，〈彰化縣民間文學輯新書發表〉，《聯合報》第17版（2001年5月17日）。
- 湯文忠，〈鄉樹鄉歌聽那曲埔鹽菁〉，《聯合報》第21版（2000年12月4日）。
- 張建棻，〈康原盼喚回磺溪人精神〉，《聯合報》（1999年1月24日）。
- 曾明財，〈編纂《芳苑鄉志》康原功不可沒〉，《台灣時報》（1997年12月17日）。
- 蕭博仁，〈種子落地賴和基金會出書〉，《民眾日報》（1996年5月22日）。
- 李曜丞，〈賴和文教基金會推廣台灣文學〉，《聯合報》（1996年5月22日）。
- 李蓮珠，〈探訪台灣歷史，尋回失落的道路〉，《大成報》第20版（1996年5月20日）。
- 吳玉貞，〈賴和獎二十六日在彰化頒獎〉，《民生報》第15版（1996年5月18日）。
- 吳金，〈懷念老台灣攝影展〉，《聯合報》第33版（1995年10月10日）。
- 陶原，〈康原父子競寫〉，《聯合報》第37版（1993年10月3日）。
- 羊草，〈康原和他的孩子一同寫作〉，《聯合報》第25版（1991年2月27日）。
- 洪維勳，〈文藝寫作的老師——簡介幾位默默的播種者〉，《聯合報》第21版（1988年9月28日）。

作家大事紀

年份	事紀
1947年	十一月二十日出生於彰化縣芳苑鄉漢寶村，父康天權，母陳美女。
1954年	入漢寶國民小學就讀。
1960年	畢業於漢寶國民小學。入秀水農校五年制綜合農業科就讀。初中音樂老師施福珍先生，帶入音樂世界，參加管樂隊並擔任指揮。
1965年	畢業於秀水高農。十一月二十四日提前入伍服役，在中坑新兵訓練中心。並於此年與高中同學姚金足結婚。
1966年	長女康玲玫出生。
1967年	退役。
1968年	應前秀水高農校長袁立錕先生之聘，至台東農校服務。長男康乃仁出生。
1970年	台東農工調職彰化高工，服務於彰工。認識詩人林亨泰先生，小說家賴賢穎先生，音樂家李景臣先生。又與李老師學習管樂。李景臣先生退休後，接任彰工管樂隊教學工作約十年。
1971年	次女康玲紋出生。進逢甲大學夜間部會計系就讀，一年後因興趣不合輟學。
1977年	榮獲青溪新文藝獎散文金環獎。
1979年	與碧竹合編《卦山春曉》散文集，由水芙蓉出版社出版。
1980年	國立政治大學空中行政專科畢業。。開始擔任青年寫作協會彰化縣分會理事長迄一九九〇年止。指導彰化高工管樂隊榮獲台灣區音樂比賽優等獎。
1982年	自印《真摯與激情》文學評論集。
1984年	擔任教育部委託高雄師範大學辦理「八十二年度高級中學學生文藝創作研習營」講師。擔任彰化教育學院文藝寫作研究社指導老師。
1989年	長子乃仁（阿仁）由派色出版社出版小說集《囝仔兄》；。長女玲玫赴美國威斯康辛大學攻讀物理碩士。
1991年	三月一日至一九九二年三月三十一日：擔任行政院文建會委託高雄師範大學承辦第四期文藝創作研習班《散文創作技巧講師》。長女玲玫獲物理碩士學位，入芝加哥伊利諾州立大學攻讀電機博士。玲玫（寧馨兒）由合森出版公司出版小說集《偶然的好友多刺》小說集。
1992年	長子乃仁赴伊利若州立大學芝加哥分校就讀。
1993年	長子阿仁出版小說集《重金屬吉他手》。並轉入南依利諾立大學就讀。中華民國青年企業社邀請，演講「咱來唸歌詩」。

年份	事紀
1994年	由自立晚報出版社出版《台灣囝仔歌的故事1》、《台灣囝仔歌的故事2》故事集。並榮獲年度金鼎獎，優良讀物獎（詞曲：施福珍、插圖：王灝）。國立空中大學人文學系畢業，獲人文學士學位。
1995年	服務教育界滿二十五年申請退休，轉任賴和紀念館館長，兩年期間，規劃教師文學研習營、賴和作品彰化城之旅、懷念老台灣攝影展等活動。擔任教育部委託彰化師大舉辦「八十四學年高中學生文藝營」講師。長子乃仁入芝加哥羅斯福大學就讀。
1997年	十月六日：母親陳美女辭世。春泉文教基金會拍攝人文台灣出版《康原12》影集。影像記錄與訪問者：曾麗薰。
1998年	開始撰寫前輩詩人林亨泰先生傳。
1999年	長子乃仁入美國國際大學聖地牙哥分校，攻讀商業管理碩士學位。
2000年	撰寫《烏日鄉志文化篇》；擔任台灣日報《非台北觀點》筆陣撰稿一年。
2000年	獲彰化社教館社會教育有功人員獎。
2005年	台語詩〈台灣的詩情〉收入《台灣詩選》蕭蕭主編。策劃賴和週「文學帶動彰化」活動。
2006年	〈望高寮的春天〉散文在《明道文藝》開始連載。
2007年	榮獲吳濁流文學獎新詩獎。在彰化縣政府演藝廳及員林演藝廳發表《台灣囝仔的歌》二十首。
2008年	一月四日：彰化師大、一月十六日大華技術學院演講，講題〈俗語·詩歌與寫作〉。 元月七日：大葉大學演講，講題〈八卦山與台灣文學〉。接受大千電台陳惠英訪問、正義之聲溫翠琴訪問，談〈傳唱台灣文化──以詩歌說歷史文化〉。 四月十八日：彰化師大通識中心演講，談〈土地戀歌與影像詩情〉。 四月二十三日：明道大學中文系演講〈彰化詩人陳錦連〉。 六月二十五日：在員林圖書館演講〈傳唱社區文化，認識台灣歷史〉。應世界台語學會在鹿港舉辦文藝營講〈用台語寫文學，用母語寫彰化〉。擔任成功大學文藝營講師，以〈創意〉為題做講座。 七月二十九日：應彰化師大文史研習營之邀，講〈八卦山與賴和文學〉。 十月九日：於建國科技大學空間設計學院演講〈八卦山下的詩人林亨泰〉。
2009年	《台灣童謠園丁：施福珍囝仔歌研究》與《巴黎的那場婚禮》相繼出版。

彰化學

年份	事紀
2010年	參與二〇一〇年彰化研究學術研討會，發表〈常民生活史的書寫策略——以《野鳥與花蛤的故鄉》與《人間典範全興總裁》為例〉一文。

集編、寫、評、散於一身的詩人

—— 蕭蕭

作家小傳

　　蕭蕭（1947～），彰化縣社頭人。輔仁大學中文系畢業，台灣師範大學國文研究所碩士，曾任教於中州工專、達德商工、再興中學、景美女中、北一女中、南山中學教師；先後兼任中國文化大學、東吳大學、輔仁大學中文系、真理大學台文系講師；二〇〇七至二〇〇八年擔任明道大學中文系主任，現任中文系副教授。

　　在大學時期與陳芳明共同創辦「水晶詩社」，曾參與「龍族」詩社，《詩人季刊》主編，目前為《台灣詩學》季刊主編。出版作品除了詩、散文外，另有編選文類與新詩創作教學著作，對台灣詩壇貢獻良多。

　　蕭蕭的創作文類以詩和散文為主，主張詩是想像的，散文則具有對話性的，並兼以評論與詩作教學，多年來努力不懈。在新詩創作教學方面，張春榮稱他是「現代詩的長青志工」，

肯定他是「現代詩的一把梯子」。

　　長期以來對故鄉有著一份感情與盼望，企圖透過詩學建構彰化文學，並出版全台灣第一本區域詩學《土地哲學與彰化詩學》（台中：晨星出版社，2007年）。

與作家面對面

林明德：在你被選入課本的作品中，有幾篇是跟家人有相關性
　　　　的作品。像是〈穿內褲的旗手〉、〈憨孫耶，好去睏
　　　　啊〉、〈父王〉等篇，似乎阿嬤及父親或家人對你有
　　　　深遠的影響，是否可以談談兩位老人家或童年時期
　　　　呢？

蕭　蕭：每個文學家的第一本著作，大部分都是從身邊最熟悉
　　　　的事物寫起，我也不例外。作品中最早被選入課本的
　　　　就是〈穿內褲的旗手〉，這也是我第一本散文，其實
　　　　這本書的副標題是「朝興村雜記」，內容都是以親
　　　　情為主。家人對我影響當然是很深的，像是阿嬤常常
　　　　告訴我說「祖父是秀才」，所以要我以他為榜樣，也
　　　　要努力念書，與人為善，而〈憨孫耶，好去睏啊〉這
　　　　篇，就是在說我阿嬤，雖然她不認識字，可是常常看
　　　　我熬夜念書，也常常陪伴著我渡過念書的時間，那種
　　　　親情的影響力是很大的。

林明德：從你的經歷可知在求學的階段就開始接觸文學，甚至
　　　　創作，但是你寫詩、寫散文、寫評論，單單缺乏小
　　　　說，有什麼樣的原因促使你成為詩人、散文家，而非
　　　　小說家？

蕭　蕭：所有的文類，我都希望嘗試，但就我個性來講，跟人
　　　　對話方面是比較笨拙的，這部分是我不擅長的；我也
　　　　不擅長編造故事。我們知道小說家最重要就是虛構，
　　　　要用對話方式去推展故事，這就是我平常經驗中最
　　　　欠缺的，我的生活很單純，就是學校、家庭，沒有那
　　　　種屬於很多人生歷練的嘗試，值得我去書寫下來。詩

跟散文是最大的書寫場域，內容最多的部分，看了很多作品後，內心會有很多想要講出來的話，所以詩跟散文，我把他區隔成：詩是比較想像性的東西，散文是生活週遭人與人之間接觸的題材，理論是因為同樣是現代人所寫的現代詩，為什麼那麼多人看不懂，所以我先從賞析、導讀的部分開始，後來覺得詩的發展也有值得去建構理論體系的部分，我就加強這部分。一般人對現代詩的發展也有所誤解，總認為現代詩是一九四九年後從中國大陸帶來的產物；其實很久以前在日治時代，就有很多人接觸現代主義甚至於超現實主義，所以我認為這就像是Y字型，一邊是中國大陸所帶來，一邊是日治時代的傳統，而下接承是現在所發展的現代詩階段，現在很多人在書寫現代詩的發展，而我加入了美學的發展，後來我發展新詩的理論就往這方向去思考。

林明德：好，謝謝。接著，我想一個作家的成長過程，都會涉及到一個啟蒙，生命歷程中受到啟發的對象，是否能談談比較關鍵性的老師？

蕭　蕭：最早啟蒙我的是初中一年級的導師，他是一個退伍的軍人，在學校教國文，嚴格講發音並不標準，也不是正科班，但我卻可以感受到他的熱忱。對一個鄉下到都市去念書的孩子，他給我生活上很大的照顧。他對我們很嚴格，像是要背詩、詞、古文等等。有時候他會讓我到他宿舍去幫忙整理房間，那時候就可以喝到黑松沙士，對一個窮苦家庭的孩子來講，這就很新奇。老師的房間又有很多的古文、古詩，那又是我喜歡的，所以奠定了基礎。接下來念輔大，輔大敦聘一

批台大過來的老師，所以我受的古文學問都是台大的，研究所考上師大，又接受師大的訓練，我的碩論指導老師又是政大的教授，因此那時候我受到許多傑出學者的薰陶，來自不同的領域，這對我有很大的衝擊。

林明德：這算來是機緣，一九六○年代當時的輔大來講，的確是得天獨厚的。張春榮曾說你是「現代詩一把梯子」，稱讚你爲「現代詩的長青志工」。寫詩者不一定會教人寫詩，而你除了寫詩之外，還有評論詩，甚至教人寫詩，不知跟本身從事教職有關外，是否可能有其他原因？

蕭　蕭：也許吧，我們說好爲人師，就是這樣吧！我們說好東西要跟好朋友分享，我自己很喜歡現代詩，總覺得現代詩這麼好的作品，爲什麼那麼少人接觸。我很想要從詩的賞析、詩的導讀之中，帶領人家進入詩的境界。後來自己也嘗試去創作，總覺得爲什麼大家都要經歷同樣錯誤的摸索階段，難道不能夠從最早的一步就跳到入門的、甚至登堂的地方，我很想要去研究前輩創作的訣竅在哪裡？然後自己創作時思考的過程又是什麼，再把這兩者結合。雖然我的技巧不一定是很好的，但比起一般小學或中學老師教人作文，我多了一項是刺激想像，發揮學生想像力。這點在現代詩教學中是最重要的，也是被傳統的、正規的國文老師所忽略的，所以我很希望跳出來，告訴大家這些東西。

林明德：的確，就我的長期觀察，蕭蕭投入在詩的這領域是不遺餘力。多少年來只要彰師大有關詩的相關活動，邀請他來，他都願意幫忙。在彰化推動詩學，很受到肯

定。特別是演講，經驗的分享頗具開示作用。接著，很有意思的，一九八九年你出版測字相關書籍，引發廣大的迴響及討論，測字有些玄妙，當時什麼機緣讓你從事創作又玩文字遊戲，文字遊戲背後帶來一些命相義理，這段經歷可否請你談談？

蕭　蕭：測字本身類似文字遊戲，在宋朝文人間就很流行。作為中文系的學生，有三門課必修：文字學、聲韻學、訓詁學，文字學就是研究字形，聲韻學在研究字音，訓詁學就是研究字義，一個字就是靠三者組合，也都有連帶關係。測字就是從文字發展出想像，告訴人家命理、命運、生命觀、哲學觀是什麼，所以測字就是文學思想性的東西。我在講測字的時候並沒有偏離文學，從文字如何發展想像，然後達到人生指引的作用，所以跟文學密切相關。當一個人遇到煩惱來詢問時，我們如果給他適當的一條路，這條路可能古代聖者都講過的路，我們透過包裝的方式，從他寫出來的文字，給他引導到正確的方向去，也有一種心靈指導的作用。

林明德：另一個問題，從中學退休後，你回到故鄉彰化到大學從事教職，在台北與彰化間的轉換是否會有不適應？很多外來的會不適應，離鄉背景也不適應，對於彰化，或是朝興村，你對故鄉深層的感情，你怎麼來呈現，怎麼來回饋土地？

蕭　蕭：對故鄉的愛，是每個人內心都俱備的。只是有些人說出來、寫出來，有些人則不說、不寫。我剛說我第一本散文集《穿內褲的旗手》，就在寫我成長的故鄉，到最近一本散文集《放一座山在心中》，那座山就是

八卦山，很多人都說，心都已經夠小了，爲何還要放一座山在心中，這也表示我願意承擔這座重量很足的山在我心中。回來之後，就跟學長（指林）一起努力使彰化學能夠形成一個很好的架構，有很好的內容，所以我回到彰化，很努力在探討彰化地區新詩人的成就，所以寫出大概是台灣第一本區域詩學《土地哲學與彰化詩學》，這是我在現代詩的理論發展方面，跨出對彰化的第一步，之後還會更努力繼續下去。八卦山的詩人有何成就？濁水溪旁的詩人如何研究？八堡圳旁的詩人有何成就？這就是我對彰化的一個回饋。當然我也希望可以用詩來表現，寫大村農田的記憶、寫西螺大橋……。有抒情性的、有議論性的，兩方面都在努力。

林明德：這可以看出，通過點、線、面完成彰化詩學的全貌；企圖爲彰化從傳統到現代，建構詩學體系。文獻資料顯示，彰化地區作家寫古典詩、現代詩，蔚爲台灣詩學的壯觀。接著，你到明道大學來，除了教學之餘，也擔任一些行政，先後任通識中心主任、中文系系主任，在我印象中，這兩三年之間，好像也急著要推出一些文學的活動，包括系列講座、學術會議；去年有錦連、未來有翁鬧百年冥誕研討會，你企圖讓明道大學中文系能夠在這地方結合一些學者專家，來擦亮它的能見度，你當時怎麼會想到，基於你的專業或地緣關係，資源怎麼去整合，請你說明一下。

蕭　蕭：因爲出身中文系，有關文學方面的發展，特別在中文系課程中（明道是在南彰化設立的大學），希望能跟在地有個很深的結合。希望每一年都能舉辦與彰化有

關的文學議題，像是翁鬧，是跟我同鄉村的人，相距六十年，沒見過面。翁鬧只寫過六篇短篇小說，一篇中篇，彰化地區卻沒有人去研究他，相當可惜。古典文學方面，希望能聚焦唐宋學，這是輝煌的年代，可以被一直探討下去。今年我策劃濁水溪詩歌節，第一場是吳晟，台上放著是傳統農具；第二場是鄭愁予，放一些田尾的花卉，桌上放著高粱酒，來談他的詩，讓更多人瞭解詩。我會用濁水溪是因為它是台灣第一條大河，說它是母親之河也不為過。

林明德：這是頗具巧思的安排，讓詩走入生活、走入人群，對觀眾來說都是很深刻的表演。接著，底下的問題，在這一兩年，本來你像水牛一樣衝，身體卻亮起黃燈，對你來講，生命的重新思考，以及在年過六十耳順之後，怎麼來思考，過去的、當下的、未來的人生規劃？

蕭　蕭：我從十歲就開始熬夜，所以在三十歲開始寫出第一本書，到六十一歲時，就完成第一百本書，可見我是個拚命三郎式的人。在我考上大學時，就去拜訪我們的鄉賢，二水鄉的鄉賢謝東閔副總統，那時他是省主席，他只有跟我講一句話：「改變工作就是休息」，其實這句話等於沒有休息，所以我一直都很拚命在工作，直到去年身體開始變化，所以靠自己調養，較不熬夜，規矩休息。原本以為在操場走路就是運動，現在就白天都是去爬山，讓自己大汗淋漓，新陳代謝。為了生活改變，放下一些次要的東西，所有的詩、散文的創作就納入計畫寫作，以前不是，會答應很多編選，現在就推掉了。

林明德：更具體一點，我們這些老朋友都要引以爲鑑，你在當頭能停下來思考，這就是人生有了重大轉變，有什麼話可以分享給我們老友的？

蕭　蕭：我覺得在創作的歷程、在求學的過程，一個字就是「眞」，情感發自内心就是眞情，也去發覺很多事情的背後的眞相是什麼。當然文學有一部分是有指導人生的作用，所以我希望能在人生歷程中發現眞理。包括我們對身體的眞，一有狀況就去面對處理，也眞正去瞭解身體的肌肉、血液的部分，到底是什麼，這也要去瞭解，否則就是一知半解，就是不眞。整個生命的認識、身體的認識、文學的認識，我覺得用一個「眞」字，就可包括了。

林明德：是、是。這算是一字「眞」言啊！我想因爲經過這樣的，親身經驗，以及從裡面所體會出來的，我們在成長過程中，會把理想擴大，至於能不能實現，可能無從計較，其實我們都在理想中存活。現在能回到眞實基本面來思考，實在不容易。這裡我想到，吳晟也

▲蕭蕭的著作書影。

是我們本地的農民詩人，特別是與土地黏得很緊的詩人，在前幾年也是有深刻生命體會後，寫出他的「晚年冥想」。你有沒有對這一生怎麼走過來的，進行書寫傳記的打算？不爲他人的邀稿，而是爲自己而寫的，對生命的一個交代。

蕭　蕭：爲自己寫傳目前是沒有這個計畫，大概也不會。嚴格講，寫了一百多本書，這就是一個傳了。所以讓後生，像茵慧這樣的人去處理，不是我去處理的。像寫作計畫還是有啦，至於《台灣新詩美學》，我是用共構的方式去處理台灣新詩的發展；第二本書《現代新詩美學》，用現代主義的觀點看台灣新詩的發展，現在要寫的是《後現代新詩美學》，從二十世紀的九〇年代以後到現在都在一種後現代之中，甚至有一種後殖民的觀念在其中，都是我要去論述的。剛剛提到彰化新詩的發展、特色如何寫出來，這是我繼續努力的工作。這些完成後，我倒是很希望寫一部台灣新詩發展史，這時大概也是台灣新詩發展一百年了，從謝春木開始創作，一直到現在、未來，希望能完成一部新詩百年史。最近兩本詩集是《後更年期的白色憂傷》、《綠色草葉書》（這是已經出版的），未來有一本《石頭小子》，石頭是億萬年的東西，很老的，但會不會有新的想法呢？我只寫石頭，去看看有沒有新的思想、活潑的東西出來，目前規劃五年就不錯了。

林明德：五年的確就不錯了，希望未來果實纍纍！

　　　　　　　（蕭蕭口述，林明德提問，蘇茵慧錄音、記錄）

作家印象

一、楔子

當詩人從課本走進現實生活中，而且還成爲班上導師時，這大概是人生中難得的一次經驗。認識蕭蕭老師，就是因爲明道管理學院（今明道大學）。

升上大二剛開學的那星期，只聽聞班上導師換人，沒想到就是在中學課本上鼎鼎大名的蕭蕭老師。我更在因緣際會下成爲蕭蕭老師的兼任助理，幫忙一些打字、校稿、整理書籍等瑣事，因此有比班上同學更多機會跟蕭蕭老師接觸，甚至能更進一步靠近蕭蕭老師的生活與作品。

這次回到母校訪談蕭蕭老師，當走進校園門口時，和蕭蕭老師相處的情形如幻燈片般的播放，這也是我第一次這麼靠近一位詩人，不只是藉由課本上的文章來分析詩人的思想與文風，而是走入詩人的生活、教學，透過生活上的細節更了解蕭蕭老師，他是感性的、眞誠的、甚至還有人說他像小孩子一樣，我想這應該是在說他有一顆赤子之吧！

二、初次印象

回憶起第一次見到蕭蕭老師，是因爲當時老師正準備書寫《老子的樂活哲學》，所以需要一位打字快速的幫手，我在助理的推薦下，展開跟老師的初次見面。

蕭蕭老師講話不急不徐，字字清晰將找我來的目的說明清楚，除了一些資料的蒐集外，還要將一些資料建檔處理成電

子檔。當我問起這些資料要何時完成時，老師只說：「越快越好。」聽到這裡，趕緊告辭回家整理資料，雖然老師沒有講出一個明確的時間，但那句「越快越好」就像是有支鞭子在後頭追趕我一樣。

　　現在想想，每當蕭蕭老師交待一些事情時，總是以「越快越好。」來回答交件日期，久而久之就習慣這樣的模式，也知道老師是一個力求完美的人，少有大聲罵人，縱然有所不如意，也會適時轉換角度來調適心情。

　　很多不認識老師或是只談過一兩句話的人，對老師的第一印象就是嚴肅、不苟言笑，的確，我的第一個印象也是如此。但隨著接觸的時間久了，我慢慢對老師改觀。

▲蕭蕭。

　　嚴肅、不苟言笑只是因為老師與人對談方面比較不擅長，他曾自述說：「我之所以寫詩、寫散文而不寫小說，是因為小說最重要就是虛構並要用對話方式去推展故事，這就是我平常經驗中最欠缺的，我的生活很單純，就是學校、家庭，沒有那種屬於很多人生歷鍊的嘗試，值得我去書寫下來。」

　　由此可知，嚴肅與不苟言笑只是蕭蕭老師的一種表象，實際上老師是具有浪漫情懷的詩人，也具有純真、調皮的赤子之心，這些都表現在蕭蕭老師的生活上。就好比老師研究室的擺設，原本只能容納大約七人的空間，除了原本的書桌外，擺上老師收藏的書籍後，更顯得狹窄，但老師相當堅持一定要放入沙發椅與玻璃桌，還要在玻璃桌下弄個造景，增添些生活趣味。

三、農家子弟的求學過程

　　蕭蕭老師出生在彰化社頭，家中務農，生活環境較為貧困，但卻擁有豐富的親情關懷，特別是阿嬤對他的影響特別深。

　　還記得前陣子有部電影叫《佐賀的超級阿嬤》，內容是在記錄一個孩子與其阿嬤的相處點滴。蕭蕭老師在看完電影後，淚流滿面，雖然故事與他親身的經驗不同，卻教他想起自己的阿嬤，由此可見其感性之一斑。

　　在求學的過程中，影響、啟蒙蕭蕭老師最深的老師——何乃斌老師。何老師是一位退伍的軍人，在中學教國文，有很濃厚的外省腔調，但教學的熱忱卻使人感動，當時何老師要求學生背誦唐詩宋詞，蕭蕭老師的文學也由此奠定了基礎。

　　蕭蕭老師回憶起何老師，至今仍記憶深刻。對於一個鄉

下孩子到城市去念書，何老師給予更多的關懷。考完大學聯考後，蕭蕭老師確定考上台北的輔仁大學，但卻苦無教育費，因此父親到處借錢、請求幫忙，何老師得知這個消息後，帶著蕭蕭老師到當時員林的大街小巷去募款，商店、銀行、大地主……等等，用著不標準的台語與外省腔調夾雜說明：「這個孩子很有向學的心，現在考上輔仁大學，卻沒錢繳註冊費，請大家幫幫忙……」，偏偏遇到的店家或是對象總是聽不明白，於是轉頭問一旁的蕭蕭老師說：「囝仔，伊是底說啥會？」當時，蕭蕭老師可真是尷尬，只好硬著頭皮再述說一次。這樣的東拜託、西請求下，總算將註冊費給備齊了，準備展開第一個學期。

一九六〇年代，戰鬥文藝營號召喜愛文學的青年參加營隊，班上有同學知道了，就鼓勵蕭蕭老師去參加，無奈蕭蕭老

▲蕭蕭的夫人。

師雖然很想參加，但卻要繳交報名費，所以正想著放棄，沒想到居然有同學向班上同學募款，把蕭蕭老師送去參加戰鬥文藝營。在營隊中與陳明芳、周玉山同組，接受詩人瘂弦、鄭愁予指導，對文學更加精進。也讓蕭蕭老師覺得，文學不只是他個人的事情，還是大家的事情，他應該要帶著這些幫助他的同學那份情，努力打拚下去。

四、羊毛出在羊身上

在這次的訪談中，我問起了〈只是一件羊毛衫〉的故事，這個問題讓蕭蕭老師害羞地笑了一下，原來這是老師與師母之間的故事。

當時蕭蕭老師在台北念書，北部的天氣比中部的天氣更為寒冷，有時候冷到連話都講不清楚，後來才知道有「夾克」這種衣服，但價格不便宜，也買不起。

在蕭蕭老師大二的那年冬天，班上有位女同學想買毛線衣送給弟弟，於是請蕭蕭老師作陪，她挑質料，蕭蕭老師挑花色，走遍整條衡陽街，終於買好了，送這位女同學回宿舍。沒想到，女同學在宿舍門口前，將衣服交給了蕭蕭老師，並說那位弟弟就是蕭蕭老師。

說到這兒，蕭蕭老師忽然嘆了口氣，說：「唉，當時心頭一熱，決定要用一生來回報這位女同學。只能說是，羊毛出在羊身上啊！」詼諧的開自己玩笑，但更能看出老師的真性情。

五、文學是一生的志業

耳順之年的蕭蕭老師，從一九七六年出版第一本散文集

《流水印象》至今，已經出版一百多本書籍。在身體還未出現警訊前，蕭蕭老師活躍於文學活動，對於演講、講座、文學營隊、編選文章等總是不拒絕，一直到去年身體微恙後，才開始正視自己身體情況，對生命有所省思與體悟。

蕭蕭老師向來堅持，除了教學外，文學是他一生的志業，對於未來，更是希望能單純地爲自己創作、爲自己書寫，盡量減少與文學不相關的活動。

不僅如此，蕭蕭老師還立下目標，在先後完成《台灣新詩美學》、《現代新詩美學》兩本詩學與美學相結合的理論著作外，更期待自己能在未來五年內，完成《後現代新詩美學》，爲台灣的現代詩耙梳並開創獨特的詩路。

▲蕭蕭所著《土地哲學與彰化詩學》是台灣第一本區域性詩學論著。

　　中學退休後的蕭蕭老師，回到故鄉彰化重執教鞭，在明道大學教授新詩課程，並與彰師大副校長林明德教授、文史工作者康原老師一同推動彰化學，企圖重新擦亮故鄉的能見度，將彰化地區獨有的文學風範與精神再一次呈現。文學與土地之間的關連，蕭蕭老師將他的觀察寫在《土地哲學與彰化詩學》中，並自認為這是台灣第一本區域詩學的著作。此書更希望達到拋磚引玉的效果，讓更多的人來認識彰化文學、關心彰化文學，這更是走在先鋒的蕭蕭老師所希望看見的成果，並期待未來有更多的生力軍投入，讓彰化文學持續發展下去。

（蘇茵慧　撰寫）

創作年表

年份	創作
1976年5月	散文：《流水印象》（彰化：大昇出版社）。
1977年4月	評論：《鏡中鏡》（台北：幼獅文化公司）。
1978年6月	詩作：《舉目》（彰化：大昇出版社）。
1979年	教學：《青紅皂白──中國古典詩中的色彩》（台北：故鄉出版社）。
1979年11月	教學：《現代詩導讀──導讀篇1》（台北：故鄉出版社）。
1979年11月	教學：《現代詩導讀──導讀篇2》（台北：故鄉出版社）。
1979年11月	教學：《現代詩導讀──導讀篇3》（台北：故鄉出版社）。
1979年11月	教學：《現代詩導讀──理論篇》（台北：故鄉出版社）。
1979年11月	教學：《現代詩導讀──批評篇》（台北：故鄉出版社）。
1980年4月	教學：《中學白話詩選》（台北：故鄉出版社）。
1980年4月	評論：《燈下燈》（台北：東大圖書公司）。
1981年2月	散文：《美的激動》（台北：蓬來出版社）。
1982年2月	教學：《現代詩入門》（台北：故鄉出版社）。
1982年11月	詩集：《悲涼》（台北：爾雅出版社）。
1983年11月	散文：《來時路》（台北：爾雅出版社）。
1984年10月	散文：《太陽神的女兒》（台北：九歌出版社）。
1984年12月	教學：《感人的詩》（台北：希代出版社）。
1986年5月	散文：《稻香路》（台北：九歌出版社）。
1987年4月	散文：《感性蕭蕭》（台北：希代出版社）。
1987年4月	評論：《現代詩學》（台北：東大圖書館公司）。
1988年9月	散文：《與白雲同心》（台北：九歌出版社）。
1989年1月	教學：《青少年詩話》（台北：爾雅出版社）。
1989年4月	散文：《一行二行情長》（台北：漢光文化公司）。
1989年7月	詩集：《毫末天地》（台北：漢光文化公司）。
1989年9月	散文：《測字隨想錄》（台北：合森文化公司）。
1990年8月	散文：《字字玄機》（台北：健行文化出版社）。
1990年8月	散文：《神字妙算》（台北：漢藝色研公司）。
1991年	編選：《七十九年散文選》（台北：九歌出版社）。
1991年2月	散文：《八字看平生，一字透玄機》（台北：健行公司）。

年份	創作
1991年6月	評論：《現代詩縱橫觀》（台北：文史哲出版社）。
1991年7月	教學：《現代詩創作演練》（台北：爾雅出版社）。
1992年3月	散文：《忘憂草》（台北：九歌出版社）。
1992年10月	散文：《每一滴水都有他自己的聲音》（台北：耀文圖書）。
1993年2月	評論：《從鍾嶸詩品到司空詩品》（台北：文史哲出版社）。
1993年6月	評論：《現代詩廊廡》（彰化：彰化縣立文化中心）。
1993年10月	散文：《站在尊貴的窗口讀信》（台北：九歌出版社）。
1994年6月	散文：《47歲的蘇東坡，47歲的我》（台北：爾雅出版社）。
1995年3月	散文：《禪與心的對話》（台北：九歌出版社）。
1995年9月	教學：《新詩三百首》（台北：九歌出版社）。
1996年3月	詩集：《緣無緣》（台北：爾雅出版社）。
1996年4月	散文：《心中升起一輪明月》（台北：九歌出版社）。
1997年3月	評論：《雲端之美，人間之真》（台北：駱駝出版社）。
1997年8月	教學：《詩從趣味始》（台北：幼獅文化公司）。
1997年11月	教學：《現代詩遊戲》（台北：爾雅出版社）。
1998年7月	詩集：《雲邊書》（台北：九歌出版社）。
1999年9月	教學：《中學生現代詩手冊》（台南：翰林出版公司）。
1999年9月	教學：《中學生現代散文手冊》（台南：翰林出版公司）。
2000年2月	詩集：《皈依風皈依松》（台北：文史哲出版社）。
2000年3月	散文：《詩人的幽默策略》（台北：健行出版社）。
2000年4月	詩集：《凝神》（台北：文史哲出版社）。
2000年5月	詩集：《蕭蕭·世紀詩選》（台北：爾雅出版社）。
2000年9月	詩集：《我是西瓜爸爸》（台北：三民書局）。
2001年6月	教學：《蕭蕭教你寫詩·為你解詩》（台北：九歌出版社）。
2001年12月	散文：《父王·扁擔·來時路》（台北：爾雅出版社）。
2002年6月	詩集：《蕭蕭短詩選》（香港：銀河出版社）。
2002年8月	教學：《新詩讀本》（台北：二魚文化公司）。
2003年3月	散文：《詩話禪》（台北：健行出版社）。

年份	創作
2003年4月	散文：《暖暖壺穴詩》（台北：紅樹林文化）。
2004年2月	評論：《台灣新詩美學》（台北：爾雅出版社）。
2005年5月	教學：《新詩體操十四招》（台北：二魚文化公司）。
2006年11月	散文：《放一座山在心中》（台北：九歌出版社）。
2006年11月	散文：《老子的樂活哲學》（台北：圓神出版公司）。
2007年7月	評論：《土地哲學與彰化詩學》（台中：晨星出版社）。
2007年7月	評論：《現代新詩美學》（台北：爾雅出版社）。
2007年12月	詩集：《後更年期的白色憂傷》（台北：唐山出版社）。
2008年10月	詩集：《草葉隨意書》（台北：萬卷樓圖書公司）。
2009年10月	詩集：《管簫二重奏：禪意畫情》（台北：九歌）。
2009年10月	論文：《林亨泰的天地：林亨泰新詩研究》（台中：晨星出版社）。
2010年6月	教學：《蕭蕭教你寫詩、為你解詩》（台北：九歌）。
2010年9月	教學：《現代詩創作演練》（台北：爾雅）。
2010年11月	散文：《少年蕭蕭》（台北：幼獅）。

參考文獻

一、碩博士論文

· 林毓鈞，《蕭蕭新詩研究》（彰化：國立彰化師範大學國文學系碩士論文，2006年）。

· 蔡欣倫，《1970年代前期台灣新世代詩人群研究》（桃園：國立中央大學中國文學研究所碩士論文，2005年）。

· 黃如瑩，《台灣現代詩與佛——以周夢蝶、敻虹、蕭蕭為線索之考察》（台南：國立台南大學語文教育學系教學碩士班碩士論文，2005年），頁127-158。

· 陳政彥，《蕭蕭詩學研究》（桃園：國立中央大學中國文學研究所碩士論文，2002年）。

二、單篇期刊論文

· 楊雯琳，〈月光下的現代詩——論蕭蕭《後更年期的白色憂傷》中的禪意特色與其發揮之用〉，《問學》第16期（2009年2月），頁228-244。

· 康原，〈朝興村的蕭蕭〉，《追蹤彰化平原》（台中：晨星出版社，2008年），頁171-174。

· 林田富編〈磺溪文學特別貢獻獎：蕭蕭贊語、個人簡介、得獎感言〉，《磺溪文學獎得獎作品專輯第九屆》（彰化：彰化縣文化局，2007年），頁13-16。

· 羅婉真，〈麥比烏斯環式的新詩美學建構——蕭蕭《台灣新詩美學》、《現代新詩美學》讀後〉，《當代詩學》第3期（2007年12月），頁177-180。

· 鄭懿瀛，〈在空白處悟詩——午後·蕭蕭〉，《書香遠傳》第44期（2007年1月），頁44-47。

· 丁旭輝，〈論蕭蕭短詩的簡約美學〉，《台灣新詩研究：中生代詩家

論》（台北：五南出版社，2007年1月），頁67-94。

· 王乾任，〈詩的獨立與依存——我讀《台灣詩選2005》〉，《全國新書資訊月刊》第89期（2006年5月），頁44-46。

· 洪淑苓，〈現代詩的練習曲——蕭蕭《現代詩遊戲》評介〉，《現代詩新版圖》（台北：秀威資訊科技，2004年），頁129-130。

· 張默，〈從葉維廉到唐捐——「年度詩選」入選詩作十二家小評〉，《台灣現代詩筆記》（台北：三民書局，2004年），頁309-324。

· 陳謨翔，〈台灣新詩美學〉，《中央日報》第17版（2004年7月8日）。

· 落蒂，〈無端心事飛——析蕭蕭〈白楊〉〉，《詩的播種者》（台北：爾雅出版社，2003年），頁162-164。

· 吳當，〈深情回首——賞析蕭蕭〈仲尼回頭〉〉，《拜訪新詩》（台北：爾雅出版社，2001年），頁169-174。

· 吳當，〈深情草戒指——賞析蕭蕭〈草戒指〉〉，《拜訪新詩》（台北：爾雅出版社，2001年），頁57-62。

· 吳當，〈盪漾的心——賞析蕭蕭〈洪荒峽〉〈風入松〉〉，《拜訪新詩》（台北：爾雅出版社，2001年），頁121-126。

· 吳當、落蒂合，〈有情天地一蕭蕭——讀《蕭蕭·世紀詩選》〉，《兩棵詩樹》（台北：爾雅出版社，2001年），頁91-100。

· 張春榮，〈現代詩的長青志工：評《蕭蕭教你寫詩、為你解詩》〉，《文訊》第192期（2001年10月），頁22-24。

· 陳巍仁，〈羚羊如何睡覺？〉，《皈依風皈依松》（台北：文史哲出版社，2000年），頁12-31。

· 李癸雲，〈風景與自我——《蕭蕭：世紀詩選》導言〉，《蕭蕭·世紀詩選》（台北：爾雅出版社，2000年），頁7-29。

· 羅門，〈扛著「現代」與「後現代」走向二十一世紀的詩人——序《凝神》詩集〉，《凝神》（台北：文史哲出版社，2000年），頁6-27。

· 方群，〈凝神諦聽回音——談蕭蕭的《凝神》〉，《凝神》（台中：文

史哲出版社，2000年），頁28-50。

· 丁旭輝，〈賞析蕭蕭的三首絕妙好詩〉，《笠詩刊》第220期（2000年12月），頁138-143。

· 羅門，〈扛著「現代」與「後現代」走向二十一世紀的詩人——序《凝神》詩集〉，《淡藍為美：藍星詩學》第7期（2000年9月），頁167-178。

· 丁旭輝，〈蕭蕭圖象詩研究〉，《中國現代文學理論》第19期（2000年9月），頁470-480。

· 陳巍仁，〈羚羊如何睡覺？——如何看《皈依風皈依松》〉，《創世紀》第123期（2000年6月），頁106-117。

· 李癸雲，〈風景與自我——蕭蕭《世紀詩選》導言〉，《創世紀》第123期（2000年6月），頁127-138。

· 吳肇嘉，〈讀蕭蕭〈我心中的那頭牛啊！〉〉，《台灣詩學季刊》第28期（1999年9月），頁55-57。

· 向明，〈真空妙有——賞析蕭蕭的「空與有」（第一首）〉，《台灣詩學季刊》第27期（1999年6月），頁34-35。

· 白靈，〈詩的第五元素（序）〉，《雲邊書》（台北：九歌出版社，1998年），頁9-29。

· 謝輝煌，〈熾烈的火花過後——寫在蕭蕭、古遠清、古繼堂的對陣後〉，《台灣詩學季刊》第21期（1997年12月），頁162-164。

· 古繼堂，〈回答蕭蕭兼談《新詩三百首》〉，《台灣詩學季刊》第20期（1997年9月），頁117-124。

· 黃鳳鈴，〈一粒落在地裡的麥子——與詩人蕭蕭談新詩教學〉，《明道文藝》第257期（1997年8月），頁96-100。

· 張默，〈垂今釣古話蕭蕭序《緣無緣》詩集及其他〉，《緣無緣》（台北：爾雅出版社，1996年），頁1-22。

· 朱學恕，〈詩論專輯三、天才詩人的《緣無緣》詩集〉，《大海洋詩雜誌》第51期（1996年7月），頁8-9。

- 古遠清，〈蕭蕭先生批評大陸學者的盲點——對〈大陸學者拼貼的「台灣新詩理論批評」圖〉一文的回應〉，《台灣詩學季刊》第15期（1996年6月），頁104-110。

- 張默，〈垂今釣古話蕭蕭——試論《緣無緣》詩集及其他〉，《台灣詩學季刊》第15期（1996年6月），頁123-131。

- 焦桐，〈聽聽那牧歌——小評蕭蕭詩集《緣無緣》〉，《聯合文學》第139期（1996年5月），頁166。

- 張默，〈垂今釣古話蕭蕭《緣無緣》序〉，《爾雅人》第39、40期合刊（1996年4月）。

- 古添洪，〈評《新詩三百首》〉，《中外文學》第286期（1996年3月），頁147-154。

- 張雙英，〈世紀之選？略評《新詩三百首》〉，《文訊》第121期（1995年11月），頁14-15。

- 蔡源煌，〈論探源式的批評——兼評爾雅版《七十二年詩選》〉，《當代台灣文學評論大系（4）新詩批評卷》，（台北：正中書局，1993年），頁469-495。

- 徐望雲，〈可能有問題的兩岸詩學交流——與蕭蕭、白靈、向明、古遠清、章亞昕、耿建華「研究研究」〉，《台灣詩學季刊》第5期（1993年12月），頁154-159。

- 章亞昕，〈隔著海峽談詩——從蕭蕭先生對《台灣現代詩歌賞析》的批評說起〉，《台灣詩學季刊》第4期（1993年9月），頁106-109。

- 耿建華，〈搔到了誰的癢處——就〈隔著海峽搔癢〉一文與蕭蕭先生商榷〉，《台灣詩學季刊》第4期（1993年9月），頁109-112。

- 康原，〈念舊土地的詩人〉，《文學的彰化》（彰化：彰化縣文化局，1992年），頁168-172。

- 張春榮，〈給現代詩一把梯子：評蕭蕭《現代詩創作演練》〉，《爾雅人》第66期（1991年9月）。

- 游喚，〈《現代詩導讀》導讀些什麼〉，《台灣文學觀察雜誌》第3期（1991年1月），頁88-99。
- 蓉子，〈心井〉，《青少年詩國之旅》（台北：業強出版社，1990年），頁87-88。
- 張默，〈蕭蕭／白楊〉，《小詩選讀》（台北：爾雅出版社，1987年），頁181-185。
- 許悔之，〈讓詩停止流浪蕭蕭《現代詩學》讀後〉，《文訊》第31期（1987年8月），頁301-303。
- 隱地，〈蕭蕭〉，《新書月刊》第18期（1985年3月），頁63。
- 向陽，〈在天藍與草青之間蕭蕭的悲涼和激動〉，《文訊》第15期（1984年12月），頁284-291。
- 蔡源煌，〈論探源式的批評兼評《七十二年詩選》〉，《現代詩》復刊第6期（1984年6月），頁112-129。
- 郭成義，〈都是語言惹的禍──評蕭蕭《現代詩七十年》一文〉，《笠詩刊》第106期（1981年12月），頁47-55。
- 馮青，〈詩世界的引導者──《現代詩導讀》讀後感〉，《中華文藝》第107期（1980年1月），頁137-139。
- 李瑞騰，〈《鏡中鏡》話〉，《創世紀》第46期（1977年12月），頁61-62。
- 張默，〈新銳的聲音──《中國當代廿五位青年詩人作品集》序〉，《飛騰的象徵》（水芙蓉出版，1976年），頁201-220。
- 詩敏，〈我看《現代詩三百首》〉，《青溪雜誌》第97期（1975年7月），頁123-125。
- 林鍾隆，〈現代詩的形式問題〉，《現代詩的解說和評論》（彰化：現代潮出版，1972年），頁137-143。
- 張默，〈新銳的聲音──《中國青年詩選》序〉，《幼獅文藝》第226期（1972年10月），頁22-34。
- 林鍾隆，〈現代詩的形式問題〉，《龍族詩刊》第6期（1972年5月）。

三、報章雜誌相關評論

- 廖之韻，〈種詩、煮詩、賣詩〉，《聯合報》第E7版（2005年5月16日）。

- 林政華，〈台灣新詩的全才子蕭蕭〉，《台灣新聞報》第9版（2002年12月18日）。

- 李癸雲，〈文學編輯獎：蕭蕭溫暖的光芒，秩序的創造〉，《中央日報》第18版（2001年5月4日）。

- 陳鵬翔，〈叫「世紀詩選」會否太沉重？〉，《中央日報》第21版（2001年1月17日）。

- 吳當，〈盪漾的心──試析蕭蕭〈洪荒峽〉〈風入松〉〉，《中央日報》第25版（1999年12月15日）。

- 宇文正，〈選集的時代？從《天下詩選》出版談起〉，《中央日報》第22版（1999年10月18日）。

- 阿盛，〈感性的蕭蕭〉，《自由時報》第41版（1998年11月27日）。

- 張怡雯，〈詩從趣味始〉，《中國時報》第46版（1998年9月17日）。

- 白靈，〈詩的第五元素──讀蕭蕭詩集《雲邊書》〉（下），《中央日報》第19版（1998年7月19日）。

- 白靈，〈詩的第五元素──讀蕭蕭詩集《雲邊書》〉（上），《中央日報》第22版（1998年7月18日）。

- 張默，〈前期蕭蕭的詩與詩緣〉，《中華日報》第14版（1996年2月5日）。

- 周炎錚，〈繁花盛開──試談《新詩三百首》〉，《台灣新聞報》第18版（1996年1月6日）。

- 沈奇，〈評《新詩三百首》〉，《自由時報》第34版（1995年11月23日）。

- 余光中，〈跨海跨代的《新詩三百首》當繆思清點她的孩子〉，《中國時報》第39版（1995年9月8日）。

- 陳麗卿，〈再創詩民族的光芒──且讀《青少年詩話》〉，《台灣新聞報》第12版（1995年8月27日）。

- 洪淑苓，〈現代詩遊戲〉，《中國時報》第42版（1988年2月5日）。

四、傳記、專訪及其他

1. 專訪

· 潘煊，〈訪蕭蕭〉，《普門》第234期（1999年3月），頁51。

· 康原，〈來時路上的顧盼——訪蕭蕭談詩與散文〉，《自立晚報》第10
版（1986年3月6日）。

2. 其他

· 何炯榮，〈作家蕭蕭開門：共享童年書香〉，《聯合報》第B2版
（2010年5月20日）。

· 艾農記錄，〈詩是活潑潑的生命——葉維廉V.S蕭蕭〉，《創世紀》第
120期（1999年9月），頁40-53。

· 林漢傑紀錄，〈夢與地理「詩人的鄉土情懷」座談會紀要〉，《聯合
報》第41版（1997年9月19日）。

· 陳子帆記錄，〈蕭蕭talks with曹又方〉，《金色蓮花·佛學月刊》第51
期（1997年3月），頁12-19。

· 鍾怡雯整理，〈讓想像的翅膀飛翔——蕭蕭談現代詩教學〉，《國文天
地》第121期（1995年6月），頁32-35。

· 章化，〈蕭蕭推廣現代詩創作演練〉，《聯合報》第25版（1991年8月
27日）。

· 洪靜儀記錄，〈從《現代詩學》看現代詩學〉，《台北評論》第5期
（1988年5月），頁246-255。

· 何芸記錄，〈堪得回首來時路——蕭蕭作品討論〉，《文訊》第15期
（1984年12月），頁262-283。

作家大事紀

年份	事紀
1947年	七月二十七日出生於彰化縣社頭鄉朝興村八卦山腳下。曾祖父為晚清秀才，父親務農。
1953年	入朝興國民學校就讀。
1956年	小學四年級，得恩師柳明智、任文治先生指導，閱讀課外讀物，初識文學。
1959年	小學畢業，入台灣省立員林中學初中部。在初一導師何乃斌誘引下，苦背舊詩、古文，也是啓蒙的恩師。
1962年	直升省立員林中學高中部。創辦校內刊物《晨曦》文藝，後來由校方接辦，改為《員林青年》，續任主編。
1963年	六月十八日：在彰化市舊書攤上購得洛夫詩集《靈河》，初識現代詩。嗣後參加「中國文藝函授學校」詩歌組，閱讀覃子豪先生所編講義。 十月：在一次《笠》詩刊的籌備會上，認識詩人桓夫──生平第一位認識的詩人，同時也會見了林亨泰、錦連等。 十一月：習作第一首詩，發表於桓夫商借《民聲日報》編刊的《詩。展望》上。
1964年	高三，與同學黃榮村參加以古貝、陳奇合為主的《新象》詩刊，參與編輯。此年盡讀員中圖書館中國古典小說。
1965年	入輔仁大學中國文學系，認識外文系學長王裕之，瘋狂閱讀並背誦現代詩。任中文系、哲學系合組之「文哲學會」會長，參與《輔大新聞》編務。
1966年	任「輔大新聞社」及「新境界社」社長，與林文寶、周順、林明德等共同主編《輔大新聞》、《新境界》校刊，及《輔仁文學》系刊。 七月：參加暑期「戰鬥文藝營」，與陳明芳、周玉山同組，受詩人瘂弦、鄭愁予指導，習作較多。 九月：協助陳明芳創辦輔大「水晶詩社」。
1968年	認識青年詩友林鋒雄、陳明台、黃勁連、鍾友聯、龔顯宗、李弦、蔣勳、翔翎、皇篁（華岡詩社）及羅青等人。
1969年	年初，撰寫〈文學無我論〉長文，開始熱衷於文學特質之省察。 六月：輔大畢業，考取師大國文研究所碩士班。 七月：入伍，服役於國防部心戰總隊「光華廣播電台」。 十二月：調任金門服役。

年份	事紀
1970年	二月：寫作散文〈流水印象〉，《這一代》月刊連載。 三月、四月、五月：撰述三萬字論文評析洛夫一首〈無岸之河〉，引起詩壇注意。 七月：退伍。 九月：入台灣師範大學國文研究所讀碩士班（所長林尹先生）。結識「創世紀」詩社諸君子。 十二月：認識青年詩友辛牧、施善繼，並策劃成立屬於青年而有關注台灣現實的詩社。
1971年	一月：「龍族詩社」正式成立（創社詩人共有九位：辛牧、施善繼、林煥彰、林佛兒、景翔、喬林、陳芳明、蘇紹連、蕭蕭）。第一首詩〈舉目〉發表於《龍族》創刊號。
1972年	五月：退出龍族詩社。稍後蘇紹連亦退出，參與「後浪詩社」，為「詩人季刊」前身。 六月：碩士論文《司空圖詩品研究》在恩師盧元駿先生指導下完成，通過碩士學位考試，論文輯入師大國文研究所集刊。 八月：返回員林，任中州工專講師兼課外指導組主任。與戴惠櫻結婚。
1973年	四月：長男必沛出生。
1974年	八月：轉任達德高級商工職業學校教師兼訓育組長。與張漢良同獲「創世紀」詩社創立二十週年詩評論獎。
1976年	五月：出版第一本散文集《流水印象》
1977年	四月：經由瘂弦先生推介，出版現代詩評鑑專集《鏡中鏡》，由幼獅文化公司發行。 八月：轉任再興中學教師。認識詩友渡也、李瑞騰、向陽等人。
1979年	主編《詩人季刊》。
1980年	一月：開始發表「朝興村雜記」各篇散文，正式專事散文創作。 三月：應「文藝月刊」邀請，撰寫「現代詩泛論」開始逐期連載。 八月：次男必浩出生。
1981年	一月：應《幼獅少年》之邀，撰寫「我們來寫詩」逐期連載，指導青少年寫詩。 七月：應《台灣時報》副刊邀請，策劃「時報詩學月誌」，每月月底出刊。
1982年	七月：應《自立晚報》副刊（向陽主編）邀請，每週撰寫專欄「蓬萊速記」（週一刊出）。 八月：離開再興中學，轉任景美女中教師，並經由李瑞騰介紹為德明商專兼任講師。
1983年	八月二日：獲中國青年寫作協會頒贈「第一屆青年文學獎」，並當選為青年寫作協會理事。

年份	事紀
1985年	十月：以《太陽神的女兒》榮獲七十四年「金鼎獎」（優良圖書獎）
1987年	二月一日至十日：與洛夫、張默，向明、白萩等人應「千島詩社」諸社團之邀，赴菲律賓參加「菲華現代詩學研討會」，並順道訪問香港，認識藍海文、傅天紅等詩人，討論中國現代詩前途。 八月：離開景美女中，轉任北一女中教師。
1988年	二月十六日至二十二日：與羅青應菲律賓「千島詩社」之邀，再度赴馬尼拉演講。 六月：獲行政院文建會及中國新詩學會頒贈「詩運獎」。 七月：「現代詩注」開始於《文藝月刊》逐月連載。 十二月：應「合森文化事業有限公司」之邀，擔任編輯顧問。
1989年	一月：「中學生詩話」開始於《幼獅文藝》及《青年世紀》隔月連載。 九月：因李瑞騰先生之推薦，赴文化大學教授「新文藝選讀及習作」。 九月：出版散文集《測字隨想緣》。自此書出版後，先後在《中國詩報》闢「字字玄機」專欄，《聯合報》闢「神字妙算」專欄，掀起港台兩地測字熱潮。
1990年	九月：應黃湘陽先生之邀，赴輔仁大學教授「新文藝習作」。
1991年	四月：獲中國文藝協會第三十二屆文藝獎章（散文創作獎）。 九月：應王國良先生之邀，赴東吳大學教授「現代詩」、「現代文學批評」課程。
1994年	二月：應「台灣新生報」副刊（劉靜娟主編）邀請，撰寫「霹靂小品」專欄。 八月：離開北一女中，轉任景美女中教師。
1998年	七月：自景美女中退休，轉任南山中學教師，兼任真理大學台灣文學系〔現代詩〕課程。
1999年	十月：與綠蒂、羅青等人赴墨西哥參加世界詩人大會。
2003年	五月：至國立彰化師範大學發表論文：〈超現實主義的穿透性美學——商禽論〉。
2004年	八月：應陳維德之邀，結束中學三十二年教職，轉回彰化，擔任明道管理學院中文系助理教授。 十月：至國立中興大學發表論文：〈台灣圖象詩繪聲繪影的特技〉。
2005年	二月至六月：擔任弘光科技大學駐校作家一學期。 四月：參加二〇〇五木雕藝術創作采風展——雕塑與詩的對話。 五月：至國立彰化師範大學發表論文：〈後現代主義的台灣論述——羅青論〉；於明道管理學院發表論文：〈彰化文學的在地性格〉。

年份	事紀
2005年	十一月：至國立台北教育大學發表：〈閉鎖式的現代主義：白萩與台灣的焦急〉。
2006年	四月：至香港大學發表論文：〈孤獨美學：現代主義裡的古典文學情愫——以鄭愁予為範式〉。榮獲鄭愁予與二十世紀華文文學研討會「優秀論文獎」及榮獲新詩教學「終身成就獎」。至國立中興大學發表論文：〈旋與炫：台灣後現代新詩的跨界與越位〉。 九月：擔任嘉義女中駐校作家一學期。 十月：參與海洋台灣。文學之島——高雄市教師會「二○○六台灣文學營」並擔任活動計畫主講人，主講題目：台灣海洋詩的美學探討。至國立彰化師範大學發表論文：〈八卦山：蘊藏多元的新詩能量〉。 十一月：當選第十二屆中華民國新詩學會常務理事。
2006年	十二月：擔任〈洪醒夫文學創作營〉研習活動講師。
2007年	三月：榮獲台灣十大詩人研究「終身成就獎」。 四月：至中國發表論文：〈放逸型的現代主意：洛夫詩中新陳代謝的象徵意涵〉。榮獲洛夫與二十世紀華文文學研討會「傑出論文獎」及淮海華文詩歌「終身成就獎」。 六月：榮獲礦溪文學獎「特別貢獻獎」。至國立成功大學發表論文：〈新詩「教學創作」的九種可能〉；至國立彰化師範大學發表論文：〈林亨泰：建構台灣的新詩理論——細論林亨泰所展開的八方詩路〉。
2007年	十一月：受邀至「高雄市政府教育局九十六年度作家村」，並擔任駐校作家；參與《台灣詩學》季刊十五週年慶活動。
2008年	三月：至香港大學發表論文：〈人體代謝與天體代御——論余光中展現的身體詩學〉。 五月：策劃錦連詩作學術研討會並發表論文：〈銀鈴會與銀幕詩——錦連詩作的雙銀地位〉；至國立政治大學發表論文：〈角度調適與角度調整——論余光中呈現的地方書寫〉。 九月：擔任「2008兩岸女性詩學」研討會特約討論人。 十月：至國立中興大學發表論文：〈飄浪行旅間的空間詩學——論金庸小說的角落設計〉。
2008年	十一月：策劃明道大學「濁水溪詩歌節」。 十二月：受邀參加第一屆黃山歸園國際詩歌節。
2009年	十月：出版詩合集：《管簫二重奏：禪意畫情》。
2010年	九月：出版散文《少年蕭蕭》一書，自述青少年的成長歷程。

為現代困惑心靈覓尋出口

—— 愚溪

作家小傳

　　愚溪（1951～），本名洪慶祐，出生於彰化縣的一個小鄉鎮，成立普音文化公司，創立「鶴山詩歌獎」，創辦《新原人雜誌》，設立「造福觀音文教基金會」，出版書籍已達數十種；同時也是《文學人》雜誌的發行人。

　　愚溪先生不僅是多產且是質優的作家，榮獲金鼎獎、金曲獎、揚·斯默瑞克詩歌銀像獎、獲蒙古總統、印度總統等頒發獎章，其詩集更改編成音樂動畫片於世界詩人大會開幕式放映。榮獲無數國內外文學、音樂大獎，揚名國際，其音樂鉅作「圓相世界」並於世界巡迴表演音樂歌舞劇。

　　他是位熱愛寫作、攝影、旅遊，致力發揚佛教文化的作家，也是位將喜悅的、智慧的生命哲思融入佛教音樂的音樂人。藉由文學、音樂，愚溪先生建立起台灣和世界其他各國的橋樑，傳遞出信仰、美、平實，在他悠遊的文字裡，我們看見

生命的長河、看見如夢如幻的大海，探索了心靈與生命的價值。在柔軟的文字裡，我們看見他對生命的寬容；在性靈的樂音裡，我們聽見緩緩流動的生命活水，為現代困惑的心靈找到自由的出口。

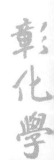

彰化學

與作家面對面

邱詩羽：洪慶祐先生的作品融入大量的佛教文化，哥哥傳慶法師也同樣爲佛教界服務，您的出生地彰化縣芳苑鄉是海邊的漁村，請問二人是否受到地緣關係、家庭或童年經驗的影響？洪慶祐先生在三十七歲時創立普音文化公司，開始大量文字創作及製作佛教音樂，但在此之前的資料則相當的少，請問愚溪先生有何成長歷程可以跟大家分享？

愚　溪：我在頂廍村長大，我很喜歡那個地方，住在三合院，在那個時代裡，我們沒有自己的房子，爸爸跟人家住，三合院中間有一棵老榕樹，我們兄弟曾經從上面摔下來。

　　　　這個地方比較熱鬧的就是有活動，看大拜拜、看

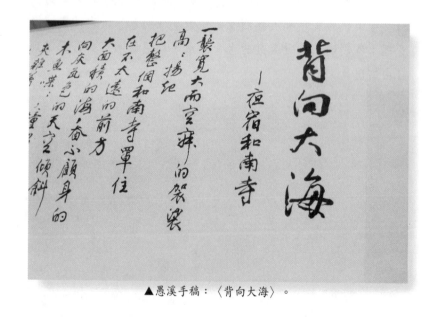

▲愚溪手稿：〈背向大海〉。

戲，頂廟村有一個國小，現在應該沒有了，一、二、三年級在頂廟村的國小上課，四、五、六年級到鹿港上課，看戲演出的地方是王功沿海，王功燈塔是非常有名的，現在還是地標，以前那時候還沒有燈塔，遠足的時候去那裡，潮水一直退，你們知道西海岸和東海岸的差別嗎？西海岸的海水是幾里幾里的一直退，東海岸的海水不進不退，能退個三公尺就很了不起了，所以每學期遠足的時候要看時間，潮水一退就跑到漁船停泊的地方，中午就在漁船上吃地瓜，西海岸的漁船都很大，東海岸的比較小。在那裡一定要會抓螃蟹，大約下午三點潮水來了要跑很快，因為潮水的速度比人還要快，這種感覺讓我很懷念，我創設普音文化公司還帶員工到王功沿海旅遊。

　　另外，西海岸的海平面是向下沉的，看了會比較憂傷；我後來會選擇住東海岸，眼睛和海平面是平視的，看了會比較快樂，而且東海岸是看日出，在西海岸是看日落。我很喜歡海，從西海岸到東海岸，我都是與海為伍。

　　在我四、五歲的時候，有個農村和漁村混合的地方，靠近漁村，但又有一段距離，所以務農兼捕漁，小時候媽媽把我們帶去田園，她就在那裡耕種，所以小時候我是在一個很漂亮的棉花田長大，跑著跳著，到了秋天就看到一團一團的棉花爆開，讓我印象很深刻，仍然是我心裡的夢幻，這是我對頂廟村最懷念的地方，現在已經沒有在種棉花田了，看不到了，跟我在國外旅行看見遍地野花、白雪、大冰的感受不同。

　　芳苑鄉沒有什麼特別好吃的，頂廟村沒有什麼

店，大拜拜的時候，全村都聚在一起，不分你我，那種感覺很難忘。

　　遇到颱風的時候，會有人說：「風這麼大，不要出門了。」但還是會有男人說：「我不去檢查船，我不放心。」那個時代，一年內總會聽到一、二個人沒有回來，這種感覺真的很不好。

　　後來我二十二歲就在東海岸長住了，發現這裡的討海人沒有那麼辛苦，因為他們捕的都是龍蝦、九孔，也不需要漁船，直接潛水就可以下去捕，東海岸的日出那麼絢爛，士氣會很高昂，但我內心懷念的還是西海岸，因為那是我出生、成長的地方，但我大概已經十年沒有回去了。

　　我哥哥十七歲的時候出家，當年我四歲，那時爸爸並不同意，所以他不敢回家，他第一次回家是我讀國小一年級的時候，當時我正在三合院的大樹旁採葡萄，他跟我說，他是我哥哥，我爸爸拿著鋤著追出來，他就跑掉了，所以驚鴻一瞥就不見了，記憶中就是有找親戚一直在溝通，我十歲的時候，爸爸接受了，我才開始比較認識他。但他兩、三年才回來一次，所以碰面的機會不多，我十七歲的時候聽到他去了花蓮，二十二歲時去花蓮看過他，他要我待在那裡，那個地方我也真的很喜歡。他比我早六年到花蓮，後來我借用他那個地方看藏經，因為他是佛教，他讓我看藏經，我才開始轉入佛教的，事實上我年輕的時候是喜歡老莊的：我書中的佛教文化是受他影響的。

邱詩羽：洪慶祐先生基於何種機緣，產生對文學創作的興趣？

是否受到哪些名家作品的啓發？

愚　溪：我對頂廍村充滿懷念，但我不認爲我應該住在那裡，心裡一直有抗拒的聲音，我十七歲的時候就立志不結婚，我是獨身主義者，這是因爲後來搬出去住的時候，鎮上有請教私塾的，教人怎麼寫信、寫文宣。

　　我小時候並沒有想過把佛教當作我寫書的特色，我眞正喜歡的是老莊，我在當兵的時候就參加軍中文藝函授班，但那時只是一種興趣，還沒有想要當作家，只是讀老莊時比較嚴肅，想讀一些文學，還大量讀了托爾斯泰、泰戈爾。二十三歲參加中國文藝協會，有新詩組、散文組、小說組與戲劇組，老師包括琦君、紀弦、王夢鷗等，當時才想創作，但我知道創作在這個時候對我來說不是最有益的，因爲我知道我想創作的是屬於内在心靈的内容，我在東海岸的十年借用了一個很大的宗教圖書館，讀了十年的藏經，因

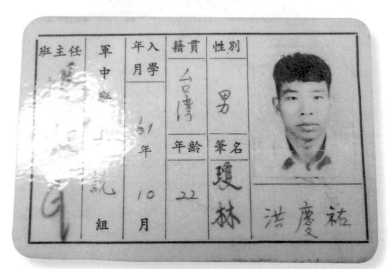

▲愚溪的證書。

為我認為人的智慧還是很重要的。

後來偶爾到台大旁聽，我有個老師叫愛新覺羅·毓鋆，那十年光陰就是在自修、聽講，參與很多道家哲學的討論。

為什麼我會對芳苑鄉這麼懷念，我出過一本書《袍修羅蘭》，得過金鼎獎，同時入圍的還有柏楊的《回憶錄》等，我很高興《袍修羅蘭》得獎，因為書中的「紫芳苑」，指的就是芳苑鄉，我大部分是在東海岸創作，但是書中所寫大部分是故鄉，東海岸提供了我創作的地方，內在元素卻都是西海岸，有人要我寫東海岸的故事，我覺得很難寫，因為童年的記憶很深刻，東海岸是長大成人了才看見的，要寫出浪漫夢幻的感覺是很難的。浪漫夢幻是屬於兒時，十七歲以

行政院新聞局獎牌

愚溪先生作詞之「夢一般的大海、嚴密睡蓮、月光古鏡、光明之歌〈紫金寶衣〉」，經評定入圍第十屆金曲獎最佳作詞人獎，特贈獎牌用資鼓勵。

局　長　程建人

中華民國八十六年四月十日

金曲獎

▲愚溪的獎座──金曲獎。

前的西海岸和歲時節慶結合在一起，才有這樣的感覺。

邱詩羽：洪慶祐先生在新詩及小說方面皆多有創作，請問您對這二種文體的看法？您的創作可分為哪些階段？您的著作中較喜愛的作品為何？您將佛教文化以文字、音樂、動畫片及歌舞劇等方式推廣至全世界，請問從何時開始立定這樣的宏願？您在五十五歲時創立「鶴山詩歌獎」，頒給國際間在世的、享有盛名而未曾獲得諾貝爾文學獎的詩人，請問您對文學獎的看法，及鶴山文學獎的品評標準。

愚　溪：後來我發現高度意識對人們的影響是非常深重的，佛教會影響這麼深遠，因為它還包括了敦煌藝術、目蓮救母、天女散花等文學、音樂各方面，在這樣的觀照下，才思考如何推廣這些意識，這跟普音的成立是有關的，普音成立的宗旨是不以營利為主，雖然也有營利，但主要是為了保留高度意識，普音的系統就是圖書、音樂、藝術，而且是走創作的、精緻的，普音是從音樂先開始的，因為如果從圖書或雜誌開始，可能會有經營上的困難，音樂經營了一段時間之後，才開始出版圖書、雜誌。

　　我在東海岸沉潛十年，後來造福觀音大佛，名字是毓鋆取的，開光的時候，引起了我思考人生的下一步，本來並沒有想過以後要做什麼，所以後來成立了普音。會從事創作是因為做音樂專輯需要填詞，我就開始自己填詞，後來又慢慢有別的形式的作品，早期一直不是用真正的名字去發表，因為覺得寫的東西不成熟，後來有人建議不要只寫宗教性的作品，所以

我就開始寫小說《紫金寶衣》，我的小說裡，我覺得寫得比較好的，就是《紫金寶衣》，曾入圍金鼎獎四項。所以我的創作是應觀眾的需要才慢慢走入，《紫金寶衣》後來變成舞台劇的演出；到了二〇〇〇年才開始寫自己想寫的詩。我認為小說必須要建構很多東西，要注重情節的發展，所以組織要比較嚴密；我寫詩是抱著隨緣自在的心情，只要能抒情、表達精美就可以了。

寫了一段時間的詩，出了十本的詩集之後，我想變化一種不同的形式，就寫了卷軸詩，很長很長，每一首詩平均都要兩百行。我寫卷軸詩是像小說建構一般，用小說的思考來寫詩，〈111卷軸詩〉我到目前還是很喜歡的，因為我認為要再寫出是很困難的，那個時候剛好遇上SARS，我整天關著一直寫，是我花非常大的心力寫的，我認為詩可以表達我個人的生命、哲學、思考。〈111卷軸詩〉完成之後，我認為這又是一個階段，它讓我想嘗試將詩和小說結合，就像我在公司嘗試多方位的經營，甚至國際化都與這有關。

所以我又建構了「詩‧小說卷」的形式，用詩的語言來寫小說，這是我目前還在走的階段。我嘗試將「詩‧小說卷」立體化，以詩的精美的語言去融合小說的繁複，我總是嘗試新的模式，不要陷入在一個領域裡，不要有語言的隔閡，我比較偏向未來可以翻譯成各國語言，要跟世界接軌，而不是侷限於華人，所以二十一世紀初，我就開始按照這樣的步驟來做，因應國際化成立了「鶴山二十一世紀國際論壇」，建

立世界文學交流的平台。跟一些有機緣認識的國家重要的文學家或詩人,例如蒙古總統他本身就是個文學家,著作非常多,他在官邸請我吃飯時甚至跟我對談老莊,後來他也成為鶴山的高級顧問;而印度前總統卡蘭每個月一定發表一首詩。

　　我們辦的詩歌獎,評審沒有台灣詩人,全部都是國際間的詩人,有比利時等九國詩人,以避免不公正性,我們是主辦國,每年會在不同的國家辦論壇。去年九月在蒙古演出的《圓相世界》也得到很大的好評,未來在印度等其他國家也會演出。

邱詩羽:洪慶祐先生的另一項興趣是攝影,但卻少見攝影作品的發表,請問是否有公開攝影作品的計畫?

愚　溪:我現在還是有在攝影,但是比較少量,因為眼力不好了,其實攝影對我的眼力的傷害比寫書還大,因為我很喜歡攝影,發表過的作品非常少量,本來有人希望我在溫哥華開攝影展,但我排不出時間,去年出國了六次,到過巴黎、蒙古、斯洛伐克等國家。

　　（愚溪口述,林明德、邱詩羽提問,邱詩羽錄音、記錄）

作家印象

一、看見「紫芳苑」

《袍修羅蘭》開篇即寫著：

> 紫芳苑，亙古以來，就獨立在生老病死、成住壞空混雜交
> 融的世界之外。在廣大無邊的宇宙邊緣，它，立於群山萬
> 壑之中。天地把最好最美的景致，都賦予了這個只有福慧
> 雙全的人，才有緣來到的地方。

「紫芳苑」正是愚溪的故鄉，他對於出生地彰化縣芳苑鄉
的依戀，在他的文字裡含蓄蘊藉地一一透顯出來，遍野的棉花
田的飛絮輕盈地飄散在空中，是他心中最美的最夢幻的最浪漫
的場景，就像我們每個人心目中都有著童年裡永懷忘懷的一幕
畫面，縱然時過境遷、物是人非，也不會磨滅的時刻。

愚溪從西海岸的成長經歷，直至弱冠後到東海岸的十年
歲月，經他娓娓道來之後，赫然發現原來即使是同一座島嶼，
海的姿態也各有不同，千變萬化，海的憂傷深沉，海的壯麗昂
揚，海的奧祕在愚溪的創作裡是最重要的能量與元素：

> 見與思都在染神
> 塵沙添幾許
> 鑒用不拭　轉無明
> 太陽西沉
> 還有明月指引
> 千溪萬水奔向大海

海　納百川縱容無塵
印　無所不映日邊清

　　青春年華都在潮汐裡度過的愚溪，在許多作品裡鋪陳了西
海岸的意象，儘管東海岸能予人朝氣蓬勃之感，但能與他心中
的記憶、哲思相感通的，還是那只見日落的悠悠之海。

二、生命哲學的闡釋

　　愚溪早年喜愛老莊思想、道家哲學，獨身主義的理念也
由此而來，後與哥哥傳慶法師住在花蓮時，才開始大量閱讀佛
經，十載春秋，愚溪融合了釋道的逍遙與超脫，在無常的人世
裡以筆書寫更寬廣的生命之愛，所以他說：

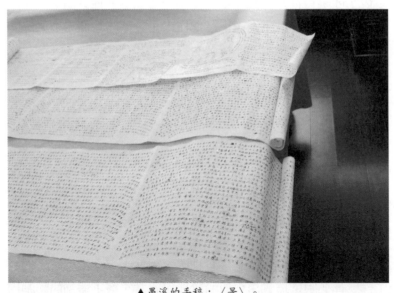

▲愚溪的手稿：〈景〉。

有情世界永不謝
愛的色彩不會老
夜裡若有思念
波光水鏡　因愛的投射
你就會乘著風
從星海裡
來　我光明心鏡裡相會

　　愚溪在生活的塵埃與雜質之間，默默注入了一股清流，指引我們前往豁然開朗的境界，一一帶著我們領略他在浪花與山居的歲月裡所感知的美好，在未和愚溪會面之前，拜讀他的文字，充滿了情懷的真摯，不可思議的大量創作，我疑惑著他怎麼能有那麼多的能量筆耕不輟？持續地以各種藝術型態展現著宇宙間的萬象，怎麼沒有靈感枯竭、遇見瓶頸的時候？見面以後，才曉得他是懷抱著赤子之心的老頑童，他沉潛的十年歲月，在山與海的能量下，已為他注入了豐沛的想像力與靈動的心思，無怪乎能寫出如此恬靜的詩作：

潺潺之瀑　漾漾之波
是一個撐船漢　還是一個弄潮人
眼見性　純天真　安穩眠　任屈伸
樹蔭下　聽蟬鳴　鈍鳥棲蘆
窗外下著雨　滴滴落在君眼裡
天天來朵勿忘我　過著真情的生活

　　所以，他的創作能量不會枯竭，因為大海永不枯竭。他的工作夥伴們眼裡流露出對他的尊敬與欣賞，毫不矯飾的眼神裡

是和他相同的慈愛，而不是在多數工作場合裡，上司與下屬尖銳的針鋒相對，或是暗中怨懟著，在偌大的廳堂裡，我看見了一個充滿寧靜的世外桃源……

三、遇上浪漫時的姿態

閒談中我說著和他一樣是雙魚座，他說，雙魚座是十二星座中最好的星座！充滿浪漫的情懷、愛幻想，最適合創作。愚溪無論是填詞、寫小說等，都是在很偶然的機緣下才從事創作，我想，他並非先學會藝術創作的技巧，而是先學會擁有一

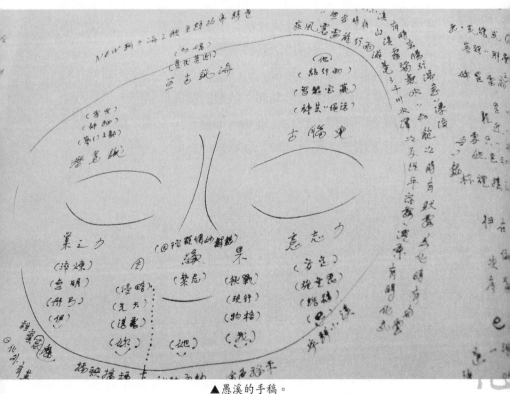

▲愚溪的手稿。

顆愛人、愛生命、愛世界的心，所以他才能不侷限於文字的領域，而具備了繪畫、攝影、音樂、戲劇、文學等多樣的才華；所以他才能「嗅到陣陣南風裡吹來悠淡的馨香，聞得月光下魚群的歌唱……候鳥就要南飛，夜晚，孢子自草叢花間飄飛升空；我聞得宇宙微妙的音聲，大地的悸動。」聞人所未聞，感知人所未感知的，他肆意遨遊於天地間，感受清靈，感受深沉，感受永恆，感受世間的芬芳與美好。

愚溪渴望推廣文學與其他形式的藝術於世界的各個角落，心靈之至愛不應受限於島嶼之內，甚而，不只人有靈性，萬物如是，所以，我們的所思所感也必須無限擴展，聚焦處除了人與人之間的相會以外，尚有天地山川草木萬物，當我們能夠依尋生命最初的原點而扶搖直上時，「將有無邊的芬芳皎潔，自我們思想的宇宙，流轉出無邊綺麗風光。」

和愚溪的相會是一場動人的、美的際遇，這樣的喜悅在我的意料之外，他由內心自然而然散發的純真的情感，帶領我走過一場時空的洗禮，在台北這個大都會裡，充滿焦慮與心緒漸成寒冰的城市裡，還有一個不受拘束的空間，還有一群自由的人存在著。

（邱詩羽　撰寫）

創作年表

年份	創作
1989年	兒童圖書：《鳥銜花——鹿媽媽的故事》（台北：普音文化出版社）
1994年	兒童圖書：《新幼學故事瓊林》、《九色鹿》、《觀世音》、《天人師》、《如來世家》、《雲童》（台北：普音文化出版社）。
1994年12月	小說：《紫金寶衣》（台北：普音文化出版社）。
1995年11月	小說：《袍修羅蘭》（台北：普音文化出版社）。
1997年2月	小說：《阿蜜利多》（台北：普音文化出版社）。
1998年2月	小說：《蕊香漩渡》（台北：普音文化出版社）。
1999年5月	小說：《17‧23七夜待》（台北：普音文化出版社）。
2000年6月	小說：《天行露》（台北：普音文化出版社）。
2001年5月	詩集：《愚溪詩集I》（台北：普音文化出版社）。
2001年7月	詩集：《愚頑樂》（台北：普音文化出版社）。
2001年9月	詩集：《樂在有情》（台北：普音文化出版社）。
2001年10月	詩集：《頑石逗泉》（台北：普音文化出版社）。
2002年2月	詩集：《降一色》（台北：普音文化出版社）。
2002年3月	詩集：《歌羅分》（台北：普音文化出版社）。
2002年4月	詩集：《霜降之歌》（台北：普音文化出版社）。
2002年5月	詩集：《霜夜白》（台北：普音文化出版社）。
2002年8月	詩集：《雙魚玩月》（台北：普音文化出版社）。
2002年8月	詩集：《兔子懷胎》（台北：普音文化出版社）。
2002年9月	詩集：《白馬入蘆花》（台北：普音文化出版社）。
2002年10月	詩集：《五天銀燭輝》（台北：普音文化出版社）。
2003年07月	詩集：《西方詩鈔：紫英八卷》（台北：普音文化出版社）。
2003年8月	詩集：《東方詩鈔：薩雲十三卷》（台北：普音文化出版社）。
2003年9月	詩集：《南方詩鈔：敷華十卷》（台北：普音文化出版社）。
2003年9月	詩集：《北方詩鈔：泥洹九卷》（台北：普音文化出版社）。

年份	創作
2003年10月	詩集：《中方詩鈔：牧童九卷》（台北：普音文化出版社）。
2003年11月	詩集：《字母遊魚》（台北：普音文化出版社）。
2004年4月	詩集：《無孔鎚十一卷》（台北：普音文化出版社）。
2004年12月	詩集：《無鬚鎖》（台北：普音文化出版社）。
2005年1月	詩集：《無絃琴》（台北：普音文化出版社）。
2005年1月	詩集：《無底缽》（台北：普音文化出版社）。
2005年1月	文學繪本：《紫金寶衣》（台北：普音文化出版社）。
2005年10月	詩集：《10分之3.28767123》（台北：普音文化出版社）。
2006年6月	詩集：《大海之歌》（台北：普音文化出版社）。
2006年7月	兒童文學：《獵人師》（1－4冊）（台北：普音文化出版社）。
2006年10月	小說：《素潔》（台北：普音文化出版社）。
2006年11月	小說：《碎啄》（台北：普音文化出版社）。
2006年11月	小說：《末形》（台北：普音文化出版社）。
2007年1月	小說：《碧寂》（台北：普音文化出版社）。
2007年7月	小說：《迴脫》（台北：普音文化出版社）。
2008年5月	歌舞劇本：《圓相世界》（台北：普音文化出版社）。
2008年8月	詩集：《青鳥的月光奏鳴曲》（台北：普音文化出版社）。
2008年8月	小說：《落處》（台北：普音文化出版社）。
2008年10月	小說：《愚溪·詩·小說卷：落處05》（台北：普音文化出版社）。
2010年4月	小說：《愚溪小說選》（台中：晨星）。
2010年5月	詩集：《愚溪詩選》（台中：晨星）。

參考文獻

一、單篇期刊論文

- 林明理，〈發出自己的詩音——淺釋愚溪的詩〈原鄉・山胡椒的告白——四千歲台灣高山湖泊「駕鴦湖」旅記〉〉，《文訊》第297期（2010年7月），頁18-19。

- 林明理，〈當代三家詩賞析——洛夫、愚溪、方明〉，《創世紀詩雜誌》第161期（2009年12月），頁62-69。

- 墨韻，〈出入方位〉，《新原人季刊》第63期（2008年秋季號），頁155-174。

- 簡政珍，〈佛理的景象與意象——愚溪十本詩集的印象〉，《文訊》第244期（2006年2月），頁104-106。

- 葉海煙，〈人，自在；詩，自由〉，《新原人季刊》第51期（2005年夏季號），頁32-41。

- 石朝穎，〈新古典精神與藝以載道〉，《新原人季刊》第51期（2005年夏季號），頁42-47。

- 蕭蕭，〈台灣新詩經典賞——介紹《風谷原鄉》〉，《新原人季刊》第51期（2005年夏季號），頁48-51。

- 石朝穎，〈「追尋」與「鄉愁」：愚溪的《東方詩鈔》之觀照〉，《新原人季刊》第44期（2003年秋季號），頁63-69。

- 落蒂，〈清新雋永，禪味十足——讀愚溪詩集《兔子懷胎》〉，《文訊》第209期（2003年3月），頁25-26。

- 楊忠衡，〈新世紀新人類的音樂劇——《花嚴之歌》文殊指南圖〉，《音樂時代》第9期（2003年2月25日）。

- 李政達，〈新遊戲——蕊香漩渡〉，《新原人季刊》第40期（2002年夏季號）。

- 石朝穎，〈超越與飄泊的詩人〉，《新原人季刊》第37期（2001年冬季

號），頁48-59。

二、報章雜誌相關評論

・田俊雄，〈世界詩人大會閉幕　以和平為題愚溪向詩友徵文〉，《聯合報》第B1版（2010年12月7日）。

・何定照，〈五天銀燭輝禪歌遇上交響樂〉，《聯合報》第B2版（2009年6月3日）。

・綠蒂，〈心靈淨瓶：文學繪本民俗風〉，《自由時報》自由副刊（2005年1月28日）。

三、傳記、專訪及其他

・林煥彰，〈探訪「原鄉心靈」・與大師談心──詩人愚溪專訪〉，《乾坤詩刊》第34期（2005年夏季號），頁6-17。

・辛鬱，〈詩，連接藍天與綠地──「鶴山」訪詩人愚溪〉，《創世紀詩雜誌》第139期（2004年6月），頁61-75。

作家大事紀

年份	事紀
1951年	出生於彰化縣芳苑鄉頂廍村。
1986年	一月：創立「普音文化公司」，以「為大千世界傳遞一份清涼訊息」為文化理念。
1988年	獲優良唱片金鼎獎：「九色鹿」。
1989年	獲第十四屆金鼎獎：《雲童》音樂專輯。
1991年	獲「唱片作曲金鼎獎」：《如來世家》音樂專輯；獲「優良唱片金鼎獎」：《新幼學故事瓊林》音樂專輯。
1992年	創辦《新原人》雜誌。
1994年	十二月：出版《紫金寶衣》。成立「造福觀音文教基金會」，以弘揚東方藝術文化為深耕目標。
1995年	十一月：出版《袍修羅蘭》。
1996年	獲第二十一屆金鼎獎：《袍修羅蘭》。
1997年	小說《紫金寶衣》獲台北市政府推介為「優良讀物」。
1998年	《紫金寶衣》之春「紫衣王子」漫畫繪本、小說《阿蜜利多》獲台北市政府推介為「優良讀物」。
1999年	獲第十屆金曲獎：〈夢一般的大海〉，《紫金寶衣》。
2000年	獲第十一屆金曲獎：〈晚紅〉，《蕊香漩渡》。
2001年	歌曲〈願與你心相投〉，《風谷原鄉》、音樂專輯《金鼓》入圍第十二屆金曲獎。
2002年	歌曲〈沉思者〉、音樂專輯《霜降之歌》及音樂專輯《音聲海·世間燈》入圍第十三屆金曲獎。 五月：獲頒「中國文藝獎章」。 十月：美國暨歐洲世界藝術文化學院（WACC）授予「榮譽文學博士（Litt.D.）」學位。
2003年	十一月：榮獲韓國漢江文化基金會頒授「漢江文化獎」。出任第二十三屆世界詩人大會榮譽會長。
2004年	獲第十五屆金曲獎〈花嚴之歌序曲：儼然末散靈山會　郁乎方濃趙州茶〉。愚溪為了紀念其兄長，亦即致力佛教藝術的花蓮和南寺傳慶法師，創立「台灣鶴山二十一世紀國際論壇」，這是一個屬於地球村、世界觀的新世紀文學、音樂、詩歌、哲學的學術論壇。獲世界藝術文化學院院長頒授President's Medal for Poetic Excellence 獎章。音樂專輯《悉達多美麗的一生》、《紫金寶衣》及《袍修羅蘭》入圍第十五屆金曲獎。

彰化學

年份	事紀
2005年	詩集《路》音樂動畫片在美國洛杉磯世界詩人大會開幕式受邀首映，以英文版播放。愚溪創立「鶴山詩歌獎」，是頒給國際間在世的、享有盛名而未曾獲得諾貝爾文學獎的詩人。得獎人將獲得獎金三萬美元和獎狀，詩集將由台北普音文化公司譯成中文出版。 八月：獲美國世界藝術文化學院頒授詩人最高榮譽桂冠「Poet Laureate」。音樂專輯《白馬入蘆花》及《袍修羅蘭》之〈夜止天〉入圍第十六屆金曲獎。
2006年	五月：榮獲中國文藝協會「中國文藝獎章」攝影類。 九月：獲蒙古總統恩克巴雅爾頒授「偉大蒙古國八百週年紀念榮譽勳章」及「世界的人物——成吉思汗國際詩歌節」首獎。榮獲韓國杏村文化基金會蘋果文學獎。詩集《路》音樂動畫片重新繪圖編製，結合佛教經典「悉達多美麗的一生」與「善財童子五十三參」，建構更精緻的動畫作品，於第六屆「印順導師思想之理論與實踐」學術會議中，展演古往今來的絲路旅者，以及行者大悲濟世的精神。於蒙古出版第一部詩集《藍海》中英蒙詩選集。
2007年	三月：拜訪印度總統卡蘭，卡蘭寫了一首〈我的花園在微笑〉（My Garden Smiles）詩文，連同自己的詩集《生命之樹》和《爍光》贈送愚溪。 五月四日：中國文藝協會於三軍軍官俱樂部舉辦九十六年文藝節慶祝大會暨「第四十八屆中國文藝獎章頒獎典禮」。「鶴山廿一世紀國際論壇」創始人愚溪，將其為印度阿布杜·卡藍總統所作的詩、歌、樂交響曲《跨世紀的火鳳凰》限額珍本，贈送昭慧法師。任中國文藝協會理事長。 九月一日：美國世界藝術文化學院暨世界詩人大會贊助人愚溪，在印度南部坦米爾那都省首府清奈藝術文化中心舉辦世界詩人大會東方文化音樂會。 九月二日：在印度清奈市舉行的第二十七屆「世界詩人大會（World Congresses of Poets）」上，愚溪將兩本中英對照的《卡蘭詩集》贈印度前總統卡蘭，並致贈專為卡蘭創作的詩樂作品「青鳥的月光奏鳴曲」，內容包括對卡蘭致敬的詩作，以及由台灣新生代聲樂家閻一格朗誦詩作、同時以黃河流域傳承兩千五百多年的古琴樂音為背景的CD專輯。印度總統卡蘭頒給他一枚金質獎章。

年份	事紀
2008年	三月三十日：飛抵斯洛伐克首都布拉第斯拉瓦訪問十天，應世界詩人大會邀請，愚溪在歐洲接受斯洛伐克前任總統柯瓦克頒贈銀質勳章，並且以詩選集《路》獲得「揚・斯默瑞克詩歌銀像獎」，愚溪是第一位獲得此項榮譽的台灣詩人。 五月四日：第四十九屆文藝節大會暨文藝獎章頒獎典禮，愚溪擔任大會主席，邀請馬英九總統蒞臨擔任頒獎人。 七月：接受蒙古文化藝術大學頒贈榮譽文學博士學位。並在蒙古現代藝術美術館舉辦「愚溪第九維度創作空間─湛藍的秘密海印」經象藝術特展，包含詩歌、小說、劇本、攝影、音樂、多媒體、舞台表演等七大藝術。 九月：造訪蒙古，以《大方廣佛華嚴經》為基底的愚溪先生音樂鉅作「圓相世界」寓言小說詩歌舞劇，在蒙古國立傳統歌舞劇院舉行世界巡迴首演。並且在烏蘭巴托市舉行《路》蒙古文版的新書發表會，蒙古國總統恩和巴雅（Nambar Enkhbayar）親自出席。 案：圓相世界原訂七月二日演出，但七月一日晚間遇上政治暴動，蒙古共和國宣布緊急戒嚴、宵禁，因此演出順延。 十月二十一日：蒙古總統恩和巴雅頒贈最高榮譽友誼勳章。 十二月：拜訪斯洛伐克共和國，榮獲開國元首柯瓦奇（Michal Kovac）頒授銀質勳章。此外，他以創辦人的身分，在斯洛伐克舉行的「鶴山丹頂國際詩歌勳章」頒獎典禮，授獎予斯洛伐克國寶級詩人米蘭・儒福士（Milan Rufus），各國文人雅士皆蒞臨觀禮。
2009年	六月五日：詩人愚溪的詩劇「五天銀燭輝」在台北國家音樂廳舉行。
2010年	五月十八日：詩人愚溪以中國文藝協會理事長身分，在印度新德里與前總統阿布度・卡藍三度會晤。 十二月二日至六日：「第三十屆世界詩人大會」，在台灣「鶴山二十一世紀國際論壇」的爭取下，順利來到台灣舉辦。

彰化學

進出寫實魔幻的小說家
——宋澤萊

作家小傳

　　宋澤萊（1952～），本名廖偉竣，雲林二崙鄉人。一九七六年台灣師範大學歷史系畢業，任教彰化縣福興國中，二○○七年退休。

　　宋澤萊大學時開始從事文學創作。創作歷程可分四個時期：一是現代主義時期，主要作品包括〈審判〉、〈李徹的哲學〉、〈嬰孩〉、《紅樓舊事》、《惡靈》等；二是鄉土寫實時期，也是奠定文壇成就的重要階段。從「打牛湳村」系列農民小說，轉而以現代化農村、市鎮變遷為描寫對象，嘗試藉小說記錄戰後台灣市民社會；三是政治小說時期，指一九八○年代的作品，包括《廢墟台灣》、〈抗暴的打貓市〉等；四是魔幻現實時期，作品有：〈變成鹽柱的作家〉、《血色蝙蝠降臨的城市》與《熱帶魔界》。這些作品，除了延續政治小說的關懷，同時加入作家的宗教經驗及魔幻現實主義的技法，可以視

為小說家另一階段的創作。

　　宋澤萊以小說屢獲獎項，其他如台語詩、政論與佛論的造詣亦相當獨到。他主張台灣文學該是「流血的、激情的、戰鬥的、悲壯的、龐大的，可以來改造民族精神的另一種文學」，並創辦《台灣新文化雜誌》、《台灣新文學雜誌》、《台灣e文藝》，強調「台灣意識」，提倡「台語文學」，目前有關他的研究，專著、散論不少，甚至有「人權文學」的議題出現，足見宋澤萊在台灣文學史上的重要性。

彰化學

與作家面對面

古庭芳：老師能不能請你談一談你的人生經歷？

宋澤萊：我和大部分這時代的人一樣，我住在鄉下，鄉下孩子
　　　　長大的，媽媽當然是做事的（指農務），家中有三、
　　　　四分田地，我的爸爸是老師，國小的老師，較特別的
　　　　是我爸爸曾經去過南洋戰爭，受日本教育，我從小
　　　　就常聽見日本時代怎樣怎樣，所以我也對台灣的歷史
　　　　很懂得，歷史觀念很早就有了。我阿嬤她活到很老，
　　　　九十幾歲才往生，在她身上我也看見不少台灣的歷
　　　　史，我阿伯在她的告別式上發表了一篇文章，說阿嬤
　　　　她活過三個朝代，我阿嬤是生在清末，台灣要割讓給
　　　　日本最後大概兩年或者三年，之後日本時代，戰後時
　　　　代，一個人要能夠活過三個朝代，這是相當厲害，我
　　　　從阿嬤的身上看到許多台灣的過去，這些都會影響我
　　　　的寫作，後來我寫農村小說，有很多故事和台灣歷史
　　　　有關係，故事的內容都是從那裡來的。並沒有什麼特
　　　　別的地方，如果有，也是對年輕人來說，我們是這樣
　　　　長大的。

古庭芳：老師在你的中學或大學有沒有影響你或令你印象深刻
　　　　的老師？

宋澤萊：沒有。我從小可以說是很正常地長大，成績是普通普
　　　　通，老師也不會說對我另眼相看或是怎樣。在大學以
　　　　前，我沒有嘗試過投稿或者是想做一個作家，所以我
　　　　不是文藝青年。我的國文成績很高，不過都沒有說要
　　　　當一個作家，我國中就會寫文言文，對於古典詩詞是
　　　　很有興趣，但是對現代文學卻缺乏興趣，如果有興趣

我就會更早寫作。也是因為課本的現代文學讀過都覺得不好，買來看，也很少受到感動的。與其這樣，我還寧願去古典裡面去找我的境界，有美感，有色彩，有音樂，讀那種東西我覺得很愉快。對現代文學從高中到上大學我都沒有看上眼的，也因為這樣，所以也沒有動過要寫文章或當作家這樣的念頭。我高中的時候是和林雙不是同班的，他在高中已經非常有名，寫了很多的散文，但我也沒有去閱讀他，總之就是在很正常的情況下成長，就是一個老師不會很喜歡，很普通的一個小孩子，文藝在我高中時是很遙遠的東西。

古庭芳：老師你為什麼選擇歷史系就讀，而沒有選擇中文系？

宋澤萊：當時我覺得歷史這種東西是比較有趣的。我覺得念歷史的話很輕鬆，因為它是以一個故事型態來存在的，會覺得說蠻有趣的，不過我大學的時候，歷史和國文都不是我的第一志向，那時候考大學我的第一志願是教育系，因為我爸爸是老師，我想說我也可以當老師，這是完全站在職業的觀點來看的，所以我一直想念教育系，但是我的成績不夠，教育系沒有考上，就只好念歷史系了。不過念了之後我才知道我的歷史也沒有很強，在某些方面缺少一些條件，我畢業以後才慢慢去體會到。

古庭芳：有沒有哪個作家對你有所啟發或說讓你很喜歡？

宋澤萊：我真正接觸到新文學是大學的時候，會接觸新文學的原因是因為我想要表達我內心的一些痛苦，內在的痛苦可能跟我的背景有關係。我十七歲就有腎結石，當時候我也亂吃藥，我家人也不認為腎結石是什麼了不起的病，鄉下小孩子啊，當然，我爸爸媽媽也沒有說

帶我去開刀去看醫生，然後那個病就讓他一天天拖，後來很嚴重。我在大學的時候沒有辦法在椅子上坐兩個鐘頭以上，尿尿的時候就有一大灘的血，血都把小便池通通染成紅色，所以我大學有一段時間心裡蠻恐慌的，我不曉得怎麼去對付那個病，總覺得說自己會死掉。吃了止痛劑之後發現會神經衰弱，我怕燈光，怕照影，都躲在那個角落裡。上課也不能撐太久，要回去宿舍躺一下，大概在師大的時候都是在病痛中度過。又覺得自己大概會死掉，所以開始想要去表達自己內心的東西，對死亡恐懼的那種東西。然後就買西洋的文學作品來看，所以我最先看的是喬艾斯和亨利詹姆士，因為他們所寫的很多都是我知道的，我知道他在寫什麼，我知道他的作品是怎麼寫出來的，然後要表達自己的內在，我就模仿他們，開始寫出很多現代主義的作品，非常前衛的。我的基礎大概是在那個時候打下來的，所以很多人會把我的小說當成是外國的翻譯作品，我想原因在於我的學習對象不是東方的，而是翻譯小說。

　　現代小說寫了一陣子之後，我慢慢對文學這個東西比較清楚了，但是現代主義作品能夠看得懂的人不多，我自己心裡很清楚，後來我慢慢摸索，才知道文學作品還是需要有人去看，還是要和一般的人取得聯繫，就寫一些人家比較看得懂的東西，我就拿芥川龍之介、莫泊桑、陳映真的作品，走回來比較寫實的路線，而莫泊桑影響我還是最大的。這樣寫了一段時間，就慢慢寫鄉土文學，走回寫實的路線，開始寫〈打牛湳村〉。當然這也受到社會派作家的影響，

比如說最直接的就會受到當時的黃春明、王禎和他們小說的影響，剛好是接黃春明和王禎和他們的小說下來，等我寫〈打牛湳村〉的時候，就把小說推到一種抗爭的層面上去，因為以前的鄉土小說都很溫和的嘛，〈打牛湳村〉就把它推向一個抗議的路上面去，所以有人說有那是個里程碑，也是因為寫〈打牛湳村〉才逐漸有人看，這個都是已經大學畢業，來到當國中老師的時候了。

古庭芳：老師能不能請你談一談創作的甘苦？

宋澤萊：創作對我來講不很苦，而且是一種必須，好像是一種藥一樣，因為在寫文章當中可以獲得一種愉快，這種愉快可以持續讓他一直寫，如果覺得寫小說是一種災難，一種痛苦的話，那麼你的路不會走太遠。大體上寫作的人都會在裡面發現那種愉快的，寫完以後會得

▲宋澤萊手稿：〈布袋戲尪仔電視連續劇〉。

到舒緩和快樂，愉快和放鬆，然後覺得很滿足，又創造一種新的東西出來。所以寫文章對我來講是一件好事，但是沒有辦法持續一直寫下去，是因為寫文章對我來講是一種專注的工作，我寫小說會忘記現實，進入一種異樣的想像的時空裡面，現實的東西會忘掉，所以我寫作大多在我結婚以前，結婚完後，就不敢寫小說，不是說不寫，而是不敢寫。因為我如果寫小說下去的話，我就沒有辦法去帶小孩，沒有辦法去整理家務，去照顧家庭，所以結婚以後作品就大量減少。現在退休，我在想是否再來寫一寫，因為實在是太專注了，那種專注有時候你想起來會害怕，會忘我，進入那種全然忘記的那種和現實疏離掉（脫節就對了），這大概也是我還沒有想到怎麼去克服的困擾。

鄭哲明：老師那這個部分是不是引導你去走向宗教？你去接觸宗教是不是也是有這樣的一種理由？想從宗教找到安定，可以把你拉回現實？

宋澤萊：倒不是，宗教是我寫作寫到一半，大概一九八一年左右，我突然間去參禪。

古庭芳：為什麼呢？為什麼會去參禪？

宋澤萊：參禪的原因有很多，本來身體不好嘛，我就在畢業以後偷偷學氣功，尤其是我當兵完身體就變得很好。但又覺得一直練氣功也不是辦法，就找一些靜坐法來看，後來就去參禪。我說要參禪，我都是有行動的，我的佛教老師是聖嚴法師，就去參加打禪七，打禪七就是在那邊坐七天，靜坐，不能講話。而禪宗裡面有很多公案也是我想了解的，比如說我當時最大的困擾是「我是什麼」這樣的一個議題，我一直想探討這個

我是什麼，探討「我是什麼」這個可能，這個可能比我練氣功還來的早，我總是覺得，一切的奧秘都隱藏在那個「我」裡面，所以要把這個東西解決掉，「我是什麼」這個是最重要的，到底為什麼我會去在意「我」就對了。世界上如果沒有「我」的話就沒有事情發生了，所以想把他作一個專精的處理。參參參，後來開悟了，而且能夠貫通所有世界上的神祕教，還有道家、大乘佛教這樣的東西，這方面我也寫了一些書。寫文章會和生活脫節，但是參禪不會，參禪對我來講是非常實在的東西，我在探求的時候，都變得非常現實，像現在信基督教也是一樣，可能是我都是拿來解決我現實的問題，比如說我的疾病，我做一個禱告，乃是因為要治療這個病，所以我會特別注意我的身體轉變，祈求上帝或耶穌讓我找到好的藥。最後靠著禱告的力量把病治好，轉變得非常實在。所以我是用實用的態度來信宗教。

鄭哲明：能不能請老師介紹一下〈打牛湳村〉這樣一部作品的背景？

宋澤萊：寫〈打牛湳村〉的時候，因為是鄉土文學嘛，那時候我大概二十幾歲，那種青年人有的一種正義感，那時候台灣的工業正在起飛，但是農村經濟非常殘破，農民很窮，很多都是賠錢的，但農村所以不賺錢的原因，一直到現在都一樣，就是產銷制度不良，生產和銷售中間有人剝削，傳統上就有這種問題，我就把這個問題揭發出來，還有農民的窮困也把他寫出來，所以寫〈打牛湳村〉是有年輕人那種正義感，那種使命感的，所以會把他推向一種抗爭面，和一般鄉土小說

不一樣，我們很早就把農村的大問題寫出來，卻一直都沒有得到解決，這方面台灣是很糟糕的，所以〈打牛湳村〉是有他一定的社會意義在裡面，一直到現在都還存在。

鄭哲明：現在還會不會想再寫一部類似〈打牛湳村〉這樣子的作品？

宋澤萊：不會，因為現在農村的狀況我比較不容易掌握。

鄭哲明：〈打牛湳村〉之後有所謂浪漫主義的作品出現，能否請老師談一談？

宋澤萊：〈打牛湳村〉之後我就不再寫一些比較苦悶的場面，就拉到比較有美麗的風景啊，寫了很多結婚、愛情這些比較浪漫的東西，但裡面還是有反映到農村的蕭條、做工人的辛苦，也沒有離開這種東西，但是看起來會比較光明一點。原因在於我當兵的時候發生了暴行事件，一個士兵把一個班的老兵通通打死，把他消

▲宋澤萊著作書影。

減掉，我看到那種死亡的場面是很可怕的，就不想要
再寫一些悲慘的東西，因爲再悲慘也不會比那更悲
慘。所以就轉而寫一些比較美麗的東西，也寫了大量
南部的風景。差不多我很多鄉土小說中的風景都是屏
東的景色，台灣南部的漁村或者農村的景色。大概是
這個原因，不然應該不會離開〈打牛湳村〉這樣的寫
作方式。

鄭哲明：老師你後來寫了〈熱帶魔界〉，有人形容這是魔幻寫
實，能不能請老師你聊一聊爲什麼會有這樣子的作品？

宋澤萊：會用魔幻寫實，可能跟我後來的宗教信仰有一些關
係。因爲我發現沒有一個文學流派可以容納我的宗教
觀念，還有一些神秘體驗，後來我發現要把這些東西
弄到小說裡面，大概只有魔幻寫實才能夠。因爲魔幻
寫實像拉丁美洲就是鼓勵人去寫那個傳說、神話這種
東西，那種東西就和宗教雷同，所以我就運用這種半

▲宋澤萊與其他詩人合照。

眞實，半虛構的方式把它整合在一塊兒寫。又因爲大家覺得很好玩，想像空間很大，所以我就寫那樣的一個東西。

鄭哲明：老師對台灣文學有什麼看法？

宋澤萊：台灣文學差不多有四百年，所謂台灣文學是什麼，必須分階段來看它。台灣文學最大的意義還是在表現台灣人和這一塊土地的處境，台灣人怎麼在這一個處境當中活下來，我想這是台灣文學最大的特點吧。從清朝到現代，都有我們和這一塊土地的關係。所以台灣文學還是離不開和這塊土地生存的關係。而且我覺得寫到這個東西才比較有意義。那我所寫的都有反映這樣的關係，我反映是我處的時代。如果說價值，我的文學就是在這一方面有價值：寫出了某一個時期，台灣人和他的處境的關係，他們怎麼活下來等。

鄭哲明：能否請老師談談念中興台文所的原因？

宋澤萊：會念中興台文所的原因，在於退休以後也比較有空，想了解一下文學理論，徹底了解一下，要把文學弄通這樣子；另外，因爲台文所是鍾肇政、李喬這些文學的前輩大家提倡的，我想了解一下，到底他們教了什麼給年輕人，去探究到底內幕是什麼，是一種探索的心。

古庭芳：退休後有無寫作計畫？

宋澤萊：我有計畫，我計畫寫歷史新編小說，短篇的，從荷蘭時期一直寫寫到現在。大概我會走比較尋奇的、傳奇性的那樣的東西。這大概是我人生最後一個階段寫作，當然也要看身體能不能負荷。

（宋澤萊口述，古庭芳、鄭哲明提問，古庭芳錄音、記錄）

作家印象

學文學這麼久了，從沒想過有一天我會與作家面對面地交談。

其實我對廖老師是不甚熟悉的，準備研究所升學考試的那段日子，彷彿有這麼一句筆記曾經進駐過我心裡：鄉土作家、七十年代、打牛湳村、宋澤萊。這些，就是我對廖老師全部的記憶了。

我卻擁著這些全部的記憶，選擇了廖老師作為這次文學館作家建構計畫的對象，我是那麼地在意這些記憶的僅有，卻也是那麼地感激與廖老師的相遇。惶恐是有的，不單單是我這些記憶的稀疏，而是那些不論是片段的、切身的評判與經驗，來自於師長的傳述與自白，此後，我便對廖老師懷有孤高的印象了。

▲宋澤萊家的照片。

　　我向來對於孤高的作家感到不捨，很是為他們的落寞心疼。他們在等待什麼呢？他們所等待的曾出現過嗎？所等待的假若出現，是否曾經減輕了他們心中的落寞幾分？我深深地明白，自己不會是廖老師所等待的那種人，但我卻深深地希望，廖老師終能為我對文學的虔誠所動。

　　聯繫的電話接通的剎那，遠端那一頭卻傳來令人備感溫暖的話語，訴說著我們何時去拜訪他，他都方便，我一時之間不禁內疚了起來，人與人之間多麼容易因為自己的意會而誤解，廖老師原不如我們所想的那般孤高。

　　多可惜又多可喜這並不是誤解。參訪的那一天，燕華陪同我偕往，我們在預定地等候廖老師，只見老師穿著簡便，騎著機車前來迎接我們，我倒有些彆扭與不安了，似乎太勞煩了老師。老師家位於一條幽深的巷子裡，屋外有著一大叢的九重葛，那一大叢美麗的九重葛無妨作為一標記，然而我們的訪談並不在這鮮明標記的九重葛攀延的屋子中展開，而是另一棟同屬於老師的房子，平日供老師讀書、寫作、禱告、頌詩和聚會的所在。入門前可瞥見楹上有著一幅聯子，上頭「饒恕別人如神饒我」，是廖老師以工筆的書法寫成的，我的心感到一陣沉澱與洗滌，老師卻早已在屋內搬座椅、煮茶和款待了。

　　我簡潔地向老師報告著此番前來叨擾的目的，廖老師安然地聆聽著我的陳述，末後緩緩地也委婉地告訴我，先前拜訪他的，不論是研究生或他人，都將他的作品悉數讀過，所以談訪內容是相當愉悅和深入的，隨即從裡頭找出了「宋澤萊談文學」這本集子作為他立場的註腳。我心在開始時便遭到波折，談話不知如何接續，只好重覆地表明我的歉意與謙卑，一面暗自祝禱著老師能感受到絲毫我的誠心與種種理想的未竟。

　　我遙想著《三國演義》中的劉備、關羽、張飛諸人，在

▲宋澤萊著作書影。

造訪諸葛亮時是否也曾碰上這樣的處境？又記起《史記》那篇
〈魏公子列傳〉，當侯生看見執轡愈恭的魏公子，內心的消融
與轉變。

於是我們把話題拉遠了，不再執著於計畫的建構。雖然在
那時不免有負使命的悵惘，也只能暫且擱置和作罷。旋及我才
發覺，從生活的層面來了解老師，抑或說是了解一個作家，才
能體會到他們與土地、與人民貼近的關係，而不是被讀者、文
學批評家所架空的、脫離的、神化的崇高形象。

由於廖老師不久前就讀於興大台文所，我們便相互交換
讀書的經驗。我從未思索過台灣文學的意義是什麼，最初選擇
的理由，只是基於對現代文學的偏愛，喜歡在小說中找尋台灣
人的精神圖像，對歷史的傷痕與承接有所緬懷與悼念，如此而
已。但經老師一提及，現今各大學院校之所以有台灣文學研究

所的設置，全是鍾肇政等一群人用生命打拚出來的，我很震撼，老師還說道，許多老師不了解台灣文學，往往覺得台灣沒有文學，或誤認爲台灣文學已經被研究完了，到了窮途末路的田地，所以紛紛想變名，擴大其研究範圍，接軌國際，或逕自改設爲台灣文化所，令他憂心，也辜負了當時鍾肇政等人的美意和初衷。

　　我好感動，也與有榮焉，我無法爲我所鑽研的領域貢獻什麼，只好用鍵盤敲下一字字老師說過的話語，希望驚動所有關注台灣文學的靈魂。我期待將來有這麼一群人，眞正是台灣文學科班出身，帶領著、肩負起台灣文學的未來，一如廖老師所期待的那般，讓台灣文學四百年來的主體性浮現出且趨於完整。

　　經由這番談話，氣氛變得活絡多了。這其間師母和老師的兒子招待殷勤，糕餅和水果拼盤輪番請用，覺察到老師家庭的

▲宋澤萊手稿：〈無力感〉。

圓滿和樸實，以及老師和家人間濃厚的學養和溫愛。

隨後我們藉此談及到老師的家人，頗令人驚訝的是老師對於小孩的教育方式。老師並不因自己是一個作家的身分，便特別關切他的孩子在文學上的造詣。相反的，他的兒子學的是醫科，兩個女兒分別對繪畫和運動感興趣，我仔細端詳老師在訴說時眉宇間可否有著唏歔或失落，卻從未捕捉到一絲絲的遺憾與欠缺。老師是幸福的，他的幸福來自於他的孩子能夠快樂的、適性的成長與發展，身為旁者的我們也無端覺得幸福了起來。

就是這種愈趨融洽的氛圍推移下，老師終於允許我們翻拍他所提供的照片和一些著作的書影。至此，我的心才總算落定。如今回想起來，不免羞赧於自己處事方法的不夠圓滑，也遺憾著正因為這樣的責任加身，鈍化了所有感動的可能。

我們還在翻拍資料的同時，老師從他那九重葛攀延的家中，帶回了他在中興大學台灣文學研究所就讀的成績單，以及我們留下用膳的訊息。廖老師在研究所就讀期間的成績是極優異的，且對於台灣古典文學格外喜好，藉此，我們又聊了些關於古典文學方面的研究方法。老師說道，台灣古典文學該由進士、舉人、秀才這樣的順序來看待的，據他的觀察，進士的詩確實寫得比較好，舉人次之，秀才又次之，今人的眼光尚且如是觀，更甭提古時閱卷的官員了。時過午後，無意間從上午到下午叨擾老師達數個小時之久，若非因老師每個禮拜日有基督教友的聚會頌詩，只怕我們太想聆聽老師談文學或談自身而不願離去了。

第二次造訪老師是四天後的早晨，我的心情是更加地忐忑了，因為這一次除卻我之外，前來拜訪的還有攝影團隊，是一個正式的數位影音資料的建構。原預定的時間是上午，不料廖

老師家因故斷了電，遂安排於中午進行拍攝。又因攝影大哥和我之間種種原因耽擱，到達老師家已是午後一時了。

來遲了，不知廖老師在屋內等候我們多久了，心中的歉意油然而生，倏忽間我看見桌子上頭擱著點心，是廖老師為我們準備的，他只輕聲地問候一句「還沒吃午餐吧！」我感動的眼淚就要滑落下來。一直以為老師是個孤高的人，雖則這念頭曾淡抹過，但這印象總不知怎麼老是呼之欲出，一個我所抱信不疑孤高的人，卻在最疲憊的時候，給了我溫暖和慰藉，我歡欣，我感動，我感激，我牢記。

錄影總算開始了，我在老師談話不久意外得知，老師青年時期為了腎結石的身體病痛受了不少折磨，曾在小便時流了大大的一灘血，所以他早年的文學風格傾向於喬哀思等人的現代主義，與死亡接近的感覺，使他在書寫習慣上表露出蒼白與羸弱。至此，我大略明白何以老師會去參禪與信仰基督教了。宗教信仰或許不一定如廖老師所云有實際的功效，但他確確實實給了人寄託，一種心靈的附著，好讓心靈不再漂泊與絕望。我始終相信懷有宗教信仰的人，都是相信宗教的修補力量，讓人跳脫或昇華。

老師亦提及他中期的寫作風格轉向寫實主義，譬如代表作〈打牛湳村〉，是因為年少時的滿腔正義，想透過文學為受剝削的弱勢農民，尋求一種抵抗的可能。其實這種現象何曾改善過？苦難始終是底層的，或說是下層的人民來承擔，但享樂的卻是上位者。抗拒，成為老師鄉土作品鮮明的特點，不同於其他作家只滯留於農民災難的刻劃。

我始終覺得寫作是一件累人的事，文字和文意是永恆的追逐，若追得了，那是幸運與成就；若無追得，那便是冗贅與徒勞。但廖老師卻似乎不以為寫作是件苦差事，不知道是否身為

一個作家都懷有這樣的天賦或異質。據老師說，他在寫作的時候是相當專注的，暫時進入一個異想的世界，與現實脫節，這也是他晚婚，以及結婚後曾有一段時間作品發表銳減的原因，若他持續寫作，他便忽略現實的環境，無法兼顧家庭。換句話說，寫作本身對老師而言是喜樂的，唯一的不便就是使人忘記現實的存有，把自己擱淺在文字打造的國度。

而創作能力的開拓，對老師來說可謂因緣際會，雖則老師從前的國文成績頗高，文筆不凡，但在當時他卻沒有想過要進入文學殿堂朝拜，相反的，倒是對歷史有著濃厚的興趣。大約是家人的啓發吧，我是這麼想的，因爲老師說道，他的家中有一個高齡的祖母，現今已經往生了，她橫跨了清末、日本治台和戰後國民黨接收台灣、統治台灣等三個時期，幾乎是台灣歷史的縮影，積聚於老師祖母的一生當中，遙想著她如何撐過那一大段苦難連篇的歲月，見證著台灣歷史的過往，不爲之動容倒是件難事。至今我如看見年長之人，都不免湧現一股深切的悲憫，當台灣走向一個更自由與開放的社會，他們卻已經宛若風中殘燭而無多久長的福氣消受了。

如今老師已經從任教的福興國中退休，頗令人關切的是在將來還有無寫作的計畫。老師說他有的，他計畫著要撰寫幾篇短篇小說，時空設置在荷蘭人據台時期，曾大量屠殺台灣原住民這方面史實般的題材。聽起來很讓人期待，也讓人隱約感受到老師對台灣這塊土地不變的關懷和熱衷。

整個訪談錄影的過程，最令我感動的是老師朗誦自己所創作的台語詩。廖老師所朗讀的詩篇名是〈學生和老師〉，收錄在《一枝煎匙》的集子裡面。在朗誦前他稍稍介紹他這篇詩作的寫作背景，是關於一個他學生的故事。老師說他以前經常接任放牛班的導師，所謂導師，即是從國一擔任導師直到國三

畢業。這些放牛班的學生成績雖然很壞，但有些卻很乖巧懂事，比如他們會自行到工廠去工讀賺取些微薄的津貼以補家用。「才幾歲而已啊」，我心裡這麼想著。甚至還有學生就在前往工作的路途中發生意外而逝世了。「才幾歲而已啊」，這話又在我心裡迴盪了一遍。而這首詩的主人翁亦是老師班上的導生，他拿過剪刀恣意剪下女同學的頭髮，逃學逃家，加入幫派，幾乎所能聯想到的惡行惡狀他都具備了，然而老師筆下的他卻不帶一點責備和輕蔑，取而代之的，是無止的包容和惋惜。

當我聽見一次又一次地重覆著如「石膏像般枯坐的父母」時，我眼眶不禁濕了，一個人要對抗下墜的力量是何等微弱，卻沒有任何一個人願意拯救他的悲哀，哪怕是他的父親同母親。猶記得以前老師諄諄惕勉著我們，在我大四那一年，說要「看見學生」，我一直不很明白這當中的意思，但如今我終於知曉了，從廖老師的這一首詩，或者，更明確地說，從廖老師「看見學生」的感動中，使我發現所有學生良善的本質與相信

▲宋澤萊著作：《一枝煎匙》書影。

的可能。

錄影結束，出到門外，起風了，不似午時的溫煦陽光。

廖老師送我們到門口，我又看見那一大叢攀延在老師屋外的九重葛，它的枝影在地上隨著風搖曳著，像在翻閱這幾日來和老師結識的點點滴滴。我連聲向老師說了幾次再見，卻發覺這道別有些哀傷。

老師一直到我們上了車都還未離去，我悄悄記下這屬於廖老師式的溫暖，連同那叢九重葛，並且我已知道，它將在腦海中不停地播送。

（古庭芳　撰寫）

創作年表

年份	創作
1976年3月	長篇小說：《廢園》（台南：豐生出版社）。
1978年9月	小說：《打牛湳村》（台北：遠景出版社）。
1979年4月	中篇小說：《紅樓舊事》（台北：聯經出版社）。
1979年	長篇小說：《變遷的牛眺灣》（台北：遠景出版社）。
1979年	中篇小說：《骨城素描》（台北：遠景出版社）。
1979年	小說：《糶穀日記》（台北：遠景出版社）。
1980年4月	詩歌小說合集：《黃巢殺人八百萬》（台北：東大圖書公司）。
1980年6月	小說：《蓬萊誌異》（台北：遠景出版社）。
1983年4月	論述：《禪與文學體驗》（台北：前衛出版社）。
1983年11月	詩集：《福爾摩沙頌歌》（台北：前衛出版社）。
1985年3月	散文：《隨喜》（台北：前衛出版社）。
1985年5月	長篇小說：《廢墟台灣》（台北：前衛出版社）。
1986年	論述：《誰怕宋澤萊？：人權文學論集》（台北：前衛出版社）。
1986年	譯述：《白話禪經典》（台北：前衛出版社）。
1986年	論述：《終戰的賠償》（台北：名流出版社）。
1986年	主編：《一九八五台灣小說選》（台北：前衛出版社）。
1987年8月	小說：《弱小民族》（台北：前衛出版社）。
1988年	論述：《台灣人的自我追尋》（台北：前衛出版社）。
1988年	論述：《台灣人權五十分》（台北：前衛出版社）。
1988年	小說：《打牛湳村系列》（台北：前衛出版社）。
1988年	小說：《等待燈籠花開時》（台北：前衛出版社）。
1988年	小說：《蓬萊誌異》（台北：前衛出版社）。
1988年	合集：《宋澤萊作品集》（台北：前衛出版社）。
1989年	佛論：《被背叛的佛陀二卷》（台北：自立晚報社）。
1990年	佛論：《被背叛的佛陀續集》（台北：自立晚報社）。
1990年	佛論：《拯救佛陀：根本佛教教義精論》（高雄：派色出版公司）。
1992年	散文：《八正道》（台北：鴻泰出版社）。

年份	創作
1995年	翻譯：《白話四聖諦、緣起法：雜阿含經白話翻譯》（台北：鴻泰出版社）。
1996年5月	長篇小說：《血色蝙蝠降臨的城市》（台北：草根出版公司）。
1998年	主編：《台語小說精選卷》（台北：前衛出版社）。
2001年2月	長篇小說：《熱帶魔界》（台北：草根出版公司）。
2001年8月	母語詩集：《一枝煎匙》（台北：聯合文學出版社）。
2002年9月	母語詩集：《普世戀歌》（台北：印刻出版社）。
2002年12月	小說：《變成鹽柱的作家》（台北：草根出版公司）
2003年	論述：《誰能當選總統I》（台北：前衛出版社）。
2003年	論述：《快讀彰化史》（彰化：彰化縣文化局）
2004年1月	論述：《誰能當選總統II》（台北：前衛出版社）。
2004年3月	論述：《誰能當選總統III》（台北：前衛出版社）。
2004年4月	論述：《誰能當選總統IV》（完結篇）（台北：前衛出版社）。
2004年9月	論述、訪談：《宋澤萊談文學》（台北：前衛出版社）。
2005年	歌詞：《綠色台灣是咱的》（蕭泰然作曲）（台北：福爾摩沙合唱團）。

參考文獻

一、專著

- 陳建忠，《走向激進之愛——宋澤萊小說研究》（台北：晨星，2007年）。

二、碩博士論文

- 鐘世瑋，《宋澤萊社會小說敘事研究》（台北：台北教育大學台灣文化研究所，2007年）。
- 陳瑗婷，《概念隱喻理論（CMT）在小說的運用——以陳映真、宋澤萊、黃凡的政治小說為中心》（台中：東海大學中國文學研究所博士論文，2006年）。
- 高清安，《宋澤萊小說之現代主義精神研究》（雲林：雲林科技大學漢學資料整理研究所碩士論文，2006年）。
- 戴春足，《七○、八○年代洪醒夫、林雙不、宋澤萊農民小說研究》（彰化：國立彰化師範大學國文學系研究所碩士論文，2004年）。
- 游順歷，《宋澤萊九○年代小說研究》（台北：文化大學中國文學研究所碩士論文，2003年）。
- 邱幗婷，《魔幻現實主義與當代台灣小說：以宋澤萊為例》（台北：淡江大學中文研究所碩士論文，2002年）。
- 洪英雪，《宋澤萊小說中原鄉題材的研究》（台中：逢甲大學中文研究所碩士論文，2001年）。
- 陳建忠，《宋澤萊小說（1972～1987）研究》（新竹：國立清華大學中國文學研究所碩士論文，1996年）。

三、單篇期刊論文

- 陳金順，〈解嚴前後台語政治小說ê書寫策略：以胡民祥、宋澤萊、陳

雷ê作品做例〉，《台語研究》第2卷第1期（2010年3月），頁98-119。

· 吳晟，〈媒體、記憶與友誼──回應宋澤萊先生〈我與陳映真的淡泊情誼〉一文〉，《印刻文學生活誌》第76期（2009年12月），頁202-206。

· 侯作珍，〈論宋澤萊和舞鶴小說中「異鄉人」命運的傳承與轉化〉，《台灣文學研究學報》第9期（2009年10月），頁163-186。

· 郭麗娟，〈台灣文壇的震撼彈──百變宋澤萊〉，《台灣光華雜誌》第34卷第2期（2009年2月），頁96-105。

· 吳明益，〈環境傾圮與美的廢棄──重詮宋澤萊《打牛湳村》到《廢墟台灣》呈現的環境倫理觀〉，《台灣文學研究學報》第7期（2008年10月），頁177-208。

· 歐崇敬，〈虛無主義對抗傳統主義──論宋澤萊〈弱小民族〉的哲學思想〉，《通識研究集刊》第13期（2008年6月），頁43-55。

· 石弘毅，〈宋澤萊〈變遷的牛眺灣〉中的農村與農民〉，《空大學訊》第327期（2004年6月），頁44-47。

· 陳明芳，〈宋澤萊《廢墟台灣》人民之順從與抵抗〉，《台北教育大學語文集刊》第10期（2005年11月），頁167、169、171-185。

· 劉慧珠，〈台灣成人版的哈利波特──評宋澤萊《血色蝙蝠降臨的城市》〉，《文訊》第232期（2005年2月），頁30-32。

· 曾麗壎，〈驚雷作家宋澤萊從打牛湳村悄然而來〉，《書香遠傳》第14期（2004年7月），頁35-37。

· 陳文芬，〈宋澤萊在鹿港〉，《印刻文學生活誌》第8期（2004年4月），頁146-160。

· 孟佑寧，〈《廢墟台灣》中的荒原意識〉，《淡水牛津台灣文學研究集刊》第7期（2004年12月），頁73-86。

· 林香薇，〈論宋澤萊台語詩《一枝煎匙》的用字與用詞〉，《師大學報：人文與社會科學類》，第48卷第2期（2003年12月），頁95-117。

・黃錦樹,〈從戀屍癖大法官到救世主──論附魔者宋澤萊的自我救贖〉,《台灣文學學報》第3期（2002年12月）,頁53-79。

・李鴻瓊,〈創傷、脫離與入世靈恩──宋澤萊的小說《血色蝙蝠降臨的城市》〉,《中外文學》第356期（2002年1月）,頁217-250。

・黃文車,〈從廢墟──荒原意象聆聽宋澤萊《廢墟台灣》的人權呼喊〉,《中正大學中國文學研究所研究生論文集刊》第2期（2000年9月）,頁191-210。

・陳建忠,〈凝視鄉土困境──宋澤萊鄉土寫實時期（1975～1980）小說初探〉,《竹塹文學獎:一九九七得獎作品選集》（新竹:新竹市立文化中心,1997年）,頁312-331。

・朱志學,〈《廢墟台灣》之存在情境揭示〉,《問學集》第7期（1997年12月）,頁1-12

・謝靜國,〈從廢墟中建立──談幾部未來小說〉,《問學集》第7期（1997年12月）,頁13—26。

・許秀霞,〈細數農民的血與淚──宋澤萊〈打牛湳村〉系列探討〉,《台灣文藝》第157期（1996年10月）,頁20-33。

・謝淑如,〈試論台灣文學中農民形象的政治性格以洪醒夫《吾土》、林雙不《筍農林金樹》及宋澤萊《打牛湳村──笙仔與貴仔的傳奇》為例〉,《台灣文藝》第156期（1996年8月）,頁50-67。

・石弘毅,〈從宋澤萊的《打牛湳村系列》看七0年代台灣農村的變遷〉,《書評》第18期（1995年10月）,頁3-12。

・翁聖峰,〈下層社會的見證──討論宋澤萊的《蓬萊誌異》〉,《第二屆台灣經驗研討會》（嘉義:中正大學出版,1993年11月）。

・黃重添等著,〈「小說界的一顆新星」宋澤萊〉,《台灣新文學概觀》（台北:稻禾出版社,1992年）,頁271-280。

・施淑,〈大悲咒──宋澤萊集序〉,《宋澤萊集》（台北:前衛出版社,1992年）,頁9-12。

- 傅大為，〈從廢墟世界來的挑戰與鄉愁——談《廢墟台灣》的一種讀法〉，《台灣文藝》125期（1991年6月），頁74-81。
- 王火獅，〈呼喚台灣文學的黎明〉，《台灣文學入門文選》（台北：前衛出版社，1989年10月），頁202-206。
- 李江南，〈告別成功——台灣青年作家宋澤萊和他的《廢墟台灣》〉，《台聲》第9期（1988年7月），頁19-26。
- 龍應台，〈台灣的一九八四——評《廢墟台灣》〉，《當代》第1期（1986年5月），頁148-150。
- 宋冬陽，〈傷痕書——致宋澤萊〉，《台灣文藝》第99期（1986年03月），頁16。
- 黃重添，〈台灣作家宋澤萊小說的當代性〉，《天津師大學報》第6期（1985年），頁69-72。
- 王華，〈宋澤萊小說藝術散論〉，《台灣研究集刊》第2期（1984年8月），頁47-52。
- 高天生，〈最後一場戰爭——宋澤萊小說中的太平洋戰爭經驗〉，《台灣文藝》第77期（1982年10月），頁113-117。
- 高天生，〈訪宋澤萊談文學創作與作家良心——鷹鸇何事奮雲霄〉，《書評書目》第93期（1981年1月），頁113-121。
- 武治純，〈台灣青年作家宋澤萊〉，《書林》第6期（1980年12月），頁46-53。
- 林雙不，〈雙不齋談書——《黃巢殺人八百萬》〉。《書評書目》第88期（1980年8月），頁87-89。
- 高天生，〈解剖刀與社會良心——再論宋澤萊的小說〉，《蓬萊誌異》（台北：遠景出版社，1980年6月），頁327-343。
- 林端，〈從宋澤萊的小說談起（下）〉，《文藝月刊》第132期（1980年6月），頁10-20。
- 林端，〈從宋澤萊的小說談起（上）〉，《文藝月刊》第131期（1980

年5月），頁12-22。

· 壹闡提，〈文史一家宋澤萊〈變遷的牛眺灣〉、〈骨城素描〉〉，《書評書目》第83期（1980年3月），頁35-39。

· 何欣，〈宋澤萊論〉，《中外文學》第8卷第1期（1979年6月），頁72-96。

· 花明，〈觸鬚──淺介〈打牛湳村〉〉，《愛書人》第94期（1978年12月），頁32-38。

· 許南村，〈試評〈打牛湳村〉〉，《現代文學》復刊號第5期（1978年10月），頁43-63。

四、報章雜誌相關評論

· 曾麗壎，〈驚雷作家──宋澤萊〉，《Taiwan News 財經·文化周刊》第173期（2005年2月），頁86-87。

· 應鳳凰，〈宋澤萊的小說《打牛湳村》〉，《國語日報》5版（2001年6月23日）。

· 胡長松，〈挑戰邪惡與困境的生命想像暴動──論宋澤萊魔幻寫實小說《熱帶魔界》〉，《台灣新聞報》第19版（2001年02月12日-2001年02月27日）。

· 胡民祥，〈若你心內有台灣──讀宋澤萊的《血色蝙蝠降臨的城市》〉，《自由時報》副刊版（1996年7月7日）。

· 戴顯權，〈宋澤萊寫作，扣緊淑世慰人〉，《中國時報》開卷版（1995年04月27日）。

· 萬榮華，〈打牛湳村〉，《中國時報》人間副刊版（1993年8月6日）。

· 洪惟仁，〈鶴佬儂個好囝孫──評宋澤萊「台語文字化e問題」〉，《自立晚報》第10版（1987年2月25日）

· 高天生，〈新生代的里程碑──論宋澤萊的小說〉，《自立晚報》副刊版（1983年7月21日～23日）。

- 康原，〈一個作家的成長——小論宋澤萊〉，《台灣時報》第30版（1982年11月17日）。
- 張恆豪等，〈靈魂的搏動——從廖偉竣到宋澤萊的變奏和迴響〉，《自立晚報》副刊版（1981年8月14日－16日）
- 黃武忠，〈鄉間的小角色——黃春明與宋澤萊小說人物之比較〉，《民眾日報》12版（1980年10月18日）
- 李昂，〈〈舞鶴村的賽會〉簡評〉，《民眾日報》第13版（1979年9月）。
- 周寧，〈宋澤萊的小說集〈打牛湳村〉介紹〉，《時報周刊》第44期（1978年10月）。
- 林梵，〈從廖偉竣到宋澤萊——寫在〈變遷的牛眺灣〉刊出之前〉，《民眾日報》第13版（1969年02月22日）。

五、傳記、專訪及其他

- 李金定等，〈與宋澤萊談小說——《廢墟台灣》面面談（1）〉，《台灣時報》第30版（1997年8月21日）。
- 李金定等，〈與宋澤萊談小說——《廢墟台灣》面面談（2）〉，《台灣時報》第30版（1997年8月25日）。
- 李金定等，〈與宋澤萊談小說——《廢墟台灣》面面談（3）〉，《台灣時報》第30版（1997年8月26日）。
- 李金定等，〈與宋澤萊談小說——《廢墟台灣》面面談（完）〉，《台灣時報》第30版（1997年8月27日）。

作家大事紀

年份	事紀
1952年	出生於台灣雲林縣二崙鄉。
1972年	發表小說〈審判〉於《文壇》一四五期、發表〈李徹的哲學〉於《文壇》一四八期。
1973年	考入國立台灣師範大學歷史系，大學時期即有三部長篇心理小說。自稱自己早期的小說是「搭上現代主義的末班車，多為個人內心世界的描繪」。發表小說〈嬰孩〉於《中外文學》第九期。
1974年	小說〈紅樓舊事〉於《中外文學》二十三、二十四、二十六期連載。
1976年	國立台灣師範大學歷史系畢業，至彰化縣福興國中任教。
1978年	三月起，陸續發表「打牛湳村」系列小說，震撼了台灣文壇。自此創作觸角伸展到探討台灣農村和城鎮環境及思想變遷上。 十月：小說〈打牛湳村〉獲第一屆時報文學獎推薦小說獎。
1979年	四月：小說〈打牛湳村〉獲第十屆吳濁流文學獎。〈漁港故事〉獲第四屆聯合報短篇小說獎第三獎。
1980年	由於參禪之故，作品銳減，但仍發表了小說〈追逐〉（《現代文學》復刊號十期）、〈花城悲戀〉（《台灣文藝》六十七期）以及評論〈文學十日談〉、〈給台灣文學界的七封信〉等引發迴響的作品。
1981年	十月：赴愛荷華大學國際作家工作坊研究。
1983年	〈土〉獲第十四屆吳濁流文學獎新詩獎佳作。
1984年	〈福摩莎許諾—流落的歸回〉獲第十五屆吳濁流文學獎新詩獎正獎。
1986年	結合同志創辦《台灣新文化雜誌》。
1989年	五月：發表五二○週年文〈我看到了血流滿面〉（《台灣文藝》一一七期）。
1994年	至四月八日：發表小說〈變成鹽柱的作家〉於《自立晚報》。
1995年	與王世勛創辦《台灣新文學雜誌》。
1996年	獲第十九屆吳三連文學獎小說獎。
1998年	負責主編《台語小說精選卷》由台北前衛出版社出版。
2001年	結合林文欽、王世勛及台語文學陣營創辦《台灣e文藝》。主導創立「台灣新本土社」

年份	事紀
2005年	獲第七屆礦溪文學獎特別貢獻獎。參與成立「台文戰線」。應彰化師範大學「作家現身」之邀，演講主題為「深談魔幻寫實主義小說」。
2006年	《廢墟台灣》列入文建會「全國閱讀運動」六十三本文學類好書名單。應彰化師範大學「彰化縣作家講座月曆」之邀，講座主題為「宋澤萊的現代主義文學」。考取中興大學台灣文學研究所。
2007年	從福興國中任教退休。

照見人間煙火的作家

—— 李昂

作家小傳

　　李昂（1952～），本名施淑端，出生於彰化縣鹿港鎮，中國文化學院（今中國文化大學）哲學系畢業、美國奧立崗州州立大學戲劇碩士。

　　姊姊施淑女（施淑）、施寄青都是作家。因為覺得姊姊施叔青寫小說已經夠為施家揚名了，筆名「李昂」便是借用母親的姓氏「李」，而取名為「昂」則是希望可以昂首挺胸的意思。

　　十四歲初二的時候，開始創作第一篇小說，十六歲寫〈花季〉，次年發表於《中國時報》副刊，〈花季〉並入選爾雅年度小說選《五十七年短篇小說—十一個短篇》，從此便以驚人之姿進入文壇。

　　著名代表作有《殺夫》、《暗夜》、《迷園》、《北港香爐人人插》、《自傳の小説》等，其小說作品亦被翻譯成日、

英、法、德、荷、瑞典等國語言。

　　曾以《殺夫》獲聯合報中篇小說首獎，一九九一年，以《鹿窟紀事》獲時報文學獎報導文學首獎、並於二〇〇四年獲法國文化部頒法國藝術及文學勳章（最高等級），也是台灣賴和文學獎第一位女性得主。

與作家面對面

張佳琪：老師，我想先從您小時候的生活經驗開始談起。鹿港
是您的家鄉，從您小時候到現在，實際上鹿港已經變
化很多，而您對於鹿港的印象從以前到現在有什麼不
同？或是說鹿港在您小時候的影響是如何呢？

李　昂：現在的鹿港跟我小時候的鹿港真是完全不一樣。很多
作家發現他們的故鄉跟寫作有很密切的關係。我到現
在寫了那麼多年，很清楚地發現我寫小說基本上是以
兩個地方為主：一個是鹿港，一個是台北。鹿港是我
的故鄉，而台北是我住最久的地方。很多年前那個傳
統的鹿港之於我，真的就像我小說裡面寫的，每一個
港口都住著一個鬼，還有很多陰暗的老房子沒有被拆
掉，也留下很多歷史的遺跡。比如說我小時候會看到
很多殘破的房子，在大廳中擺著一口棺材，棺材邊就
坐著一個瘋子，後來才知道他的父母親都因二二八事
件死了，後來小孩也瘋了，沒辦法好好埋葬，就把那
個裝了死人的棺材放在廳堂裡面。像這些都是非常深
刻的記憶，所以我會說如果沒有鹿港，我的小說至少
應該會失色一半。

張佳琪：聽老師這麼說，您對鹿港的印象是比較陰暗、晦澀的
嗎？

李　昂：嗯，可是也有另一方面的好處。比如當年鹿港的盛況
與傳說，她在乾嘉年間曾經是台灣非常富庶的海港，
而且很特別的是那時跟中國有很多往來，是兩岸中很
重要的一個橋樑，所以我們曾經有很輝煌的歷史記
憶，那時很多的船頭行與大商家真是有錢，他們留下

許多事蹟跟故事，尤其是海上的貨運，因爲通常都充滿了挑戰和冒險，所以就有關於海盜的故事啦！還有在我小時候最常聽到如某一家非常有錢，可是在一次大颱風裡，他們剛好有一列貨船在台灣海峽翻覆了，運的貨全部泡湯，損失很多錢，更不用講那些人員的傷亡。後來家裡又失火，這個家庭在一夜之間，從非常富裕變成最貧窮的。就像這樣大的變遷和鹿港的繁榮，留下非常多的故事，可是我不曾經歷上這繁榮的時代，而是經歷比較有滄桑、灰暗的鹿港，有很多鬼故事。

張佳琪：在老師的小說裡頭，從大學時代的「鹿城系列」一直到《看不見的鬼》，好像都跟鹿港息息相關，想請教老師對鹿港印象的轉變？老師提到小時候的鹿港跟現在已不同了，而老師對家鄉的鹿港有什麼期許，希望它變成什麼樣子？

李　昂：要把鹿港回復到我過去小時候的樣子當然是不可能了，何況也沒有必要爲了一個地方的觀光或懷舊的目的而保留下來。所以它當然會不斷地往前走，可是我們當然希望台灣保留一些根源性的東西，不要再破壞它。我想這幾年台灣整理了很多地方史料，留下許多的文化資產，這都是非常好的事情。可是我覺得這部分的鹿港是別的作家可以寫的，就像宋澤萊搬到鹿港住了很多年，所以他的筆下可以寫出鹿港這樣一個小鎮的風貌。如果以後有機會與能力的話，我也想寫寫鹿港現今的狀況，可是這個恐怕是比較高難度了，要我回去住一陣子才有可能往這個方面發展。

張佳琪：繼續談談老師小時候的一些經驗。我知道老師的兩位

姊姊，跟老師的年紀有點差距，但是不論是生活上、
或是個性或是文學上，他們對老師都有影響。比如我
之前曾看到一篇評論是，老師說您的姊姊施叔青跟您
是個性與性質上最接近的小說家。可不可以請老師就
這三方面的影響談談。

李　昂：施叔青寫的其實跟我的非常不一樣，與其說我們兩個
性質相近，倒不如說我們兩個差別很大，因為看我們
兩個的小說即便是同樣寫鹿港，表現出來的也是不大
一樣，更何況我們後來的人生遭遇也是不大一樣，
像她去結婚然後有丈夫、小孩，以及長時間住在香港
跟紐約，居住台灣的時間比較短；而我大部分時間都
住在台灣，這些生活上的種種差異，顯得我們兩個是
非常不一樣的。再來，施叔青跟我雖然是姊妹但在個
性上恐怕也不一樣，因為我是家裡最小的，我們兩個
差了七歲，使得我們所處的鹿港的階段也不一樣。至
於說影響當然是有，如姊姊與施叔青都寫小說，讓我
覺得這兩個跟你都是很親近、普通的人都可以寫作的
話，表示寫作也不是很困難的事情，所以我想我做為
作家也就變成是很容易又自然的事情，這跟前面兩個
姊姊都寫東西是有密切關係的。

張佳琪：我知道老師現在跟施淑老師住在一起。請問在生活方
面呢，您們有沒有什麼互相影響的地方？剛剛老師有
提到施叔青作家，跟老師的個性相當不同，那麼施淑
老師跟您不同或是相同的地方在哪裡？

李　昂：施淑老師除了早年寫過一些作品之後，後來就都搞學
術。因此不管是我還是施叔青，常常會把作品給她看
然後互相討論，在這方面的影響很大。除此之外，我

們雖然住在一起，但基本上是各過各的生活，尤其我最近花很多時間在全世界各處旅行，所以我在家的時間其實也沒有那麼多，可是因為我們對文學共同的愛好，所以還是有很多可以互相分享的，比如讀的書啊，還是理論啊，尤其施淑讀了很多理論，對我當然有相當的影響。

張佳琪：再來想請教老師的是，我最近整理老師的評論還有作品，發現您的文學作品相當的多，在這當中老師是怎樣去得到一些靈感，使得您產生這樣的作品？

李　昂：其實比較很多多產的作家，我寫的不算太多。你想我從十幾歲開始寫，寫了四十年也只不過寫了十來本小說，算起來其實也不算太多。我想應該這樣子講：我的創作來自於最基本的東西，很可能就是需要有一些東西感動我。我比較難做到的就是為了一個理想或是為了一個目標，非常目的性的去寫一個小說。通常都是因為這事情感動我，所以我才會去寫它。當然不同階段感動我的會是不同的東西，比如說我在寫《北港香爐人人插》那個階段，對台灣的這些女性與政治的關係非常感興趣，所以就寫了這方面的小說。也就是說隨著我人生每個不同的個階段而讓我有想要寫不同的東西。

張佳琪：剛剛老師提到在《北港香爐人人插》階段，老師關注的是屬於政治與女性的議題，而從老師歷年的創作來看，老師也非常關注「性別」這個部分，比如像《殺夫》一開始便是眾所矚目的作品，裡邊就已經涉及到「性」的議題。歷年來關於老師這方面的討論也相當多，不過還是想請教老師，為什麼會特別關注「性」

的這方面來作爲老師創作小說的一個題材？

李　昂：我想自從佛洛伊德的學說之後，整個二十世紀的小說，大概很難不處理到性的問題，只是因爲過去台灣的這些約束，使得作家比較少寫到這樣的東西。因爲時代的關係，就是在我寫作的那個時代還很少作家寫到，所以我寫了就很容易變成一個很大的議題。可是如果你現在來看這些年輕作家寫的東西，性大概也就變成人生的一個非常自然的重要議題，所以我想我只是因爲寫的階段比較早一點，才會變成這麼特別。如果你放在長遠的文學史上來説的話，或者你跟國外來比較的話，我想這一點都沒有什麼特別的地方，因爲不是有作家這樣講：「人生不外生、老、病、死、戰爭、愛情。」愛情裡面一定會跟性有關，只是看怎麼樣子的寫作方式而已。

張佳琪：剛剛老師也提到政治的部分，而在閲讀老師的小説當中，常常可見把「性」與「政治」兩議題相結合。想請教老師，爲什麼會把這兩個議題放在一起來加以討論？又有哪一些政治議題是老師比較關注的？

李　昂：我比較關注的政治問題當然是在前面寫過的國族的建構與理念。我想這也是台灣這麼多年處在一個未定的狀況之下的一種思考方式。台灣實際上是一個主權獨立的國家，可是又沒有國家之名，在建構台灣這樣的一個國家的概念時，它究竟會引導我們到什麼地方？這是我非常關注的。爲什麼性跟政治這麼有關，我想由一個最簡單的説法就可以很好的解釋這個事情，人們不是常説「權力是最好的春藥」嗎？既然權力是最好的春藥，而春藥基本上就是要性的滿足。如果權力

代表一種支配的話，那麼在政治權力之下去支配的性，這當然就變成一個十分值得去討論的問題。因為這當中有權力的介入，而不只是超越了男歡女愛的界線，所以這個東西在過去就像我說的，如果台灣的約束使得性方面不容易被寫的話，那當然跟政治的關係也就很難去書寫，可是隨著社會慢慢的開放，我相信這方面還是一個可以大量書寫的範疇。

張佳琪：剛剛老師提到這一部分，讓我想到去年老師出版了《鴛鴦春膳》這本書，那裡面也是談到吃跟性的連結。從老師以前的《殺夫》一直到現在的《鴛鴦春膳》，對於「性」的這樣一個議題，老師關注的焦點有沒有不一樣？還是有什麼樣的轉變？

李　昂：應該這麼說我寫最多性而且最露骨的，在華文世界裡到目前為止還沒有寫這麼多的，應該在我一本書叫《自傳の小說》裡面，那大概是寫得最全面而且最多的。我想對於一個作家而言，我當然希望是第一個去寫到的，而不是跟著人家的腳步或流行才去寫的。尤其是我很幸運的碰到一九九〇年代台灣社會剛好在開放的氛圍和空間裡，我們能探討很多女性的議題，包括同志，包括很多的人權問題，一九九〇年代可以說是個百花齊放的時候。我非常感謝我生在這年代的台灣，使得我有這麼大的自由可以從事這一方面的寫作，因此我基本上還是覺得這跟一個國家的自由的程度有非常大的關係，從這點看整個用華文書寫的社會裡面，我還是說非常感謝台灣有這樣的自由讓我寫這樣的東西，如果我今天生在中國大陸或者別的地方的話，我相信我無法寫這樣的東西。

張佳琪：老師剛剛也提到「吃」的這一部分跟「性」做結合，
　　　　這是什麼樣的觀點？

李　昂：那更簡單。告子說過「食、色性也」對不對？那是兩個
　　　　最重大也最基本的人類賴以存活的方式嘛！因為吃的關
　　　　係你活下來，因為性的關係你綿延子孫，這也是一種存
　　　　活的方式。在這裡面，他們因為文化傳遞的關係，每一
　　　　個民族就對吃延伸了很多的不同的禁忌跟解釋，所以我
　　　　在《鴛鴦春膳》裡邊說飲食很可能真的是人類最大、最
　　　　華麗的冒險，因為我們看到很多嘗試都只是少數人在
　　　　做，只有吃是所有的文化所有的人都牽涉進來的，庶民
　　　　有庶民吃的文化，上流社會有上流社會吃的方式，所以
　　　　這真的是一個全民運動，尤其台灣這一陣子的美食風潮
　　　　也使我們真正感覺那吃與我們息息相關，這裡面就有很
　　　　多值得探討的東西，當然也包括「食、色性也」的另一
　　　　個，就是「色」，這兩者之間會產生什麼樣的關係，就

▲李昂著作《鴛鴦春膳》。

變成一個非常有趣的話題。

張佳琪：就老師來講「食」跟「性」其實都是人生最基本的慾
望的需求？

李　昂：這基本上是人賴以存活的最基本的東西，要有人類最
基本的就是靠這「食」跟「色」嘛！

張佳琪：談談老師剛剛提到的《自傳の小說》。那裡面談到謝
雪紅的故事，而那天我也有來聽老師的演講，老師說
是刻意忘掉有關於謝雪紅實際上發生的一些歷史的事
件，而以謝雪紅當作一個符碼，來作為百年來女性的
一個串連，那麼想請教老師，在真實與虛構之間不曉
得要怎樣拿捏或是怎樣處理？

李　昂：我想那小說整個都是虛構，因為我已經很清楚的講我
拿謝雪紅來串起一個台灣百年來的女人的故事。所有
精彩的故事大概都在她的革命、愛情與流離失所中發
生，從一個最貧窮的童養媳到權傾一時的台盟的主
席，我想百年來沒有一個台灣女人有她這麼樣多采多
姿的一生，所以與其說我寫謝雪紅，倒不如說我只是
用她作一個引子來串連所有的東西，包括革命啦、戰
爭啦、愛情啦等等。所以我寫每一個片段的謝雪紅，
真正用到只是些非常象徵性的東西，比如說逃亡、跟
男人的關係或是被鬥爭、被關和他的愛情，就只是這
樣子而已，其他的部分都是虛構。所以我的立論非常
清楚，它只是一部小說。有的人會問我你怎麼可以把
謝雪紅寫成這個樣子？我只好一而再、再而三的說台
灣的讀者有個很討厭的地方就是他們一定會把小說當
作真實的部分，而最恐怖的就是小說常常要跟作者劃
等號，我想這個國民的素質是非常低才會有這樣子的

閱讀心態，這也是我們一直想教給社會大眾的，小說是一個虛構的東西，它不見要跟真實的事件有必然的關係，也不見得跟作者有那麼深刻的關係。

張佳琪：老師說作者跟小說中的人物不見得有必然的關係，那像我們作為一個讀者要怎樣來閱讀或是詮釋老師的小說？不知老師是否有認為比較恰當的角度去閱讀您的作品？

李　昂：很簡單的說就是你就把它當小說，然後看看那個小說家想要透過小說傳達什麼樣的訊息，而不太需要花那麼多時間去猜測與現實的關係。比如說可能大家的焦點都在《北港香爐人人插》裡面的林麗姿是不是寫陳文茜？以致於她要跳出來對號入座，我覺得這些作為一個八卦的題材當然是一件很好玩的事情，可是我主要還是想說其實看《北港香爐人人插》這樣的小說不在陳文茜是不是林麗姿，而是在女人沒有任何權力的資源，或者說根本沒有男人那麼多的資源的時候，像林麗姿這樣一個女性所代表的一個女人跟權力的關係。那他們要擠身進政治核心的時候，她可不可以讓自己變成一個工具，用她的身體去換取權力？這才是我在《北港香爐人人插》裡面想要鼓勵大家討論的，而不是討論陳文茜是不是林麗姿。如此一來，我當然也希望在其他小說裡，譬如《殺夫》，他們可以談到那真的是一個家暴事件，還有權力跟食物的關係，以及人性。我沒有把殺豬的陳江水寫成是一個真的壞人，他跟妓女春花在一起時也有溫柔的面向；那林市的悲慘命運也不完全是別人造成的，他自己也在這不幸的命運當中扮演角色。我覺得應該看的是這一些，

而不是追究我爲什麼寫這麼多的性？以及寫了這些東西到底爲了幹嘛？

張佳琪：老師在《北港香爐人人插》裡面有四篇短篇小說的用意也是這樣，我記得小說有談到政治人物以及他的家屬所面臨的一些問題。所以說這不一定是寫現實中哪一位人物，而是想藉由小說傳達出這樣的訊息而已。

李　昂：當然，很簡單而清楚的說，就是沒有一個人有像小說人物那樣精彩的人生，小說可能是從很多地方搜尋材料，加上作者的想像與創造才把它集合而成，所以對號入座眞的是完全沒有必要，因爲我相信那個眞實的人物絕對不如小說人物精彩。

張佳琪：另外關於評論的部分，最近蒐集一些資料也有看到一些評論家評論老師的小說，如王浩威先生覺得老師可能不是一個女性主義的作家，而是一位陽具寫作的女性作家，老師所凸顯的焦點可能只是一種權力跟陽具，也就是跟男性的權力的爭奪的過程，不知老師對於這樣的評論有何看法？

李　昂：如果是這樣的話，我會說他根本沒有看過我的小說，因爲像《迷園》的結尾，男主角有充分的金錢跟王浩威談的這個陽具，但後來變成一個性無能的人，那是誰導致他的性無能？是因爲那個女主角的關係。我是寫到陽具沒有錯，可是是寫到女人怎麼樣使這個陽具無能，照定義來說，這樣的一個作家是不是反而很女性主義？如果是把陽具充分的歌功頌德那才能說我是一個寫陽具的作家，可是最後如果是打垮了這些陽具，比如那個暴力屠夫後來被殺掉，《迷園》的男主角林西庚後來變性無能，在《北港香爐人人插》裡面

的那個女人更是靠著男人的陽具往權力的頂峰爬去，
那麼你怎能說我是支持陽具的呢？而不說這個女作家
是費盡苦心的要把陽具跟他的意象，以及所代表的權
力打倒呢？至於我是不是一個女性作家，我想這個問
題現在大概都不太討論，因為過了女性主義的潮流之
後，很多人以作女性主義作家為一種恥辱，因為在西
方，這變成一種罵人的話，所謂的女性主義作家就是
那些把自己吃得很胖、很難看，沒有魅力，嫁不掉的
而因此觀念偏差，或者是女同志，他們才會變成那種
女性主義作家。基本上我覺得去爭取那些頭銜是不太
必要，我認為還是從我寫《殺夫》一開始就講的，我
最關懷的最大層面還是人性，而不只是女性，只不過
是這個時代、這個階段裡面，剛好是女性有最多顛覆
的、越界的作法的時候，書寫女性變成最能表達某一
部分的人性、社會、國家、權力還有很多人生追求的
意義。

張佳琪：剛剛老師有提到女性部分的議題，從以前到現在女性
　　　　的定位實際上是一直在轉變，所以也把女性寫入老師
　　　　對於人性的看法。想請問老師從以往到現在，女性的
　　　　定位有怎麼樣的轉變？

李　昂：我想應該說不斷的轉變。因為我寫的是不斷變遷的女
　　　　性，尤其是寫了四十年，一定會觸及台灣這四十年來
　　　　女人非常重大的變化，所以與其說我是寫一種女性的
　　　　普遍性，倒不如說我是寫轉變中的女性。這四十年間
　　　　的變化非常激烈，她可以從那最保守、最沒有反擊能
　　　　力的女人，如《殺夫》裡最後只好去殺夫的女主角，
　　　　到踩在男人頭頂上的《北港香爐人人插》裡極端的林

麗姿，因爲那變化是麼大，以致於我覺得非常好玩，如果說我們現在是處在西方社會裡面，已經爭取到基本的女權，女性的平權都已經變成一種共識的時候，我相信就比較難激起這麼多的火花出來。

張佳琪：老師覺得現在的男性與女性是否達到一種平權的狀態了嗎？

李　昂：我覺得西方社會還是比較平等。在台灣，我覺得那個保守勢力的反撲還是非常大，尤其有一些是根植於女人自己與男人自己的角色扮演上，跟他們對於自己怎樣才能是一個好女人、好男人的認定上，恐怕離眞正的平權還有一段很長的距離，即便我們現在男女基本上都同工同酬，不管誰選上總統，我們都有女性保障民額，這一類事情都使得表面上看起來好像蠻平等的，可是那個根深蒂固的男女不平等的觀念，在我們社會裡面還是非常明顯。

張佳琪：如果說眞的有一天在台灣這個地方，女性跟男性達到一種平權的狀態，老師是不是還會持續關注女性這樣一個人性的議題？還是會把焦點轉移到其他地方，再探討人性的其他部分？

李　昂：我想女性不等於人性，所以藉女性來探討人性的話，是因爲她在變動當中，會有很多非常有特色的地方出現。這當然是小說家百年難遇的機會。至於權力是不是眞的能達到一種眞正的平等，我覺得這是很困難的事情。權力一定是一種浮動的關係，有高下之分。女人覺得平等的當下，男人一定覺得他的權力被剝奪，因爲他過去是在這麼高的地方，現在被拉下來到這裡的時候，就一定會反擊，在他反擊的當中還是一定會

有狀況出來；或者女人自己覺得高起來的時候，她怎麼對付權力關係中比較低的男性？這時候男性的反撲，跟女人到底要跟男人怎麼調整權力的平等，我想這永遠都會是一個問題，而且會用不同形式表現，所以我倒不擔心會有一天沒有題材寫作。

張佳琪：老師之前有到過南極，我對那邊也很好奇，想請老師談談對南極的印象，以及去的過程或是一些較特別的經驗。

李　昂：我想所有旅行的人，到最後都要去那種大家到不了的地方，因為旅行有部分是代表一種冒險，你離開你熟悉的地方，去到一個陌生的地方，當然就會有一些adventure（冒險）。以前有許多犯難，因為以前的船很容易沉沒，或者會碰到野獸等等很多不可克服的力量，可是到了二十一世紀時，不可能像海明威去非洲打獵，也不像早期的哥倫布有新大陸可以發現，更不可能希臘去探索海洋，現在是連去遠洋都不是夢想，旅行者都在做兩個很極端的東西，一個是依然去找很少人到得了的地方，南極當然是一個方向，因為這裡基本上還不太開放觀光，我們是在南極的陸地上住了兩天兩夜，這是比較特別、真正感動我的地方，世界上有一個很大的困境就是我們太多人了，所以把整個地球原來的生態破壞殆盡，只有像在南極這樣的地方，因為限制進入也很難到達，所以保留了像是《聖經》裡面的樂園的地方。如果說有亞當與夏娃存在的沒有被破壞的地方，我可以想像的就是南極，因為那裡沒有太多人為的因素去糟蹋她。這部分讓我覺得這是一次很特別的旅行。另外有一種旅行就是回來在

地，也就是我們現在台灣正鼓勵的，花更多的時間去
關心你身邊的土地。我覺得這可能是以後我會花工夫
去旅行的，也就是說我很樂意花很多時間在台灣的某
一個地區住比較久，像我這次來作（中興大學）駐校
作家至少有兩個月的時間，我對台中就不是走馬看
花，不像以前每次都坐高鐵來這裡吃個飯又回家。像
這樣的狀況，如果你願意的話至少會對這個地方有較
多的接觸，所以我最近就不坐計程車，如果時間來得
及的話就坐公車。因為坐計程車是你從一個門口到另
一個門口，過程不需要去找尋，司機幫你做得好好
的，你根本看不到什麼，可是如果你必須去認路而且
還不是自己開車，要去問那公車司機說我這樣可不可
以到哪裡？然後乘客很熱心的告訴你說這一站要趕快
下車，像這樣的東西，或者你直接用腳去走，你就會
感覺到你真的跟那個地方有比較多的關係，我想這一
部分的台灣旅行也是我會努力的。

張佳琪：聽老師這樣的敘述，想請問老師是否會考慮寫旅遊文
　　　　學這一方面的著作？

李　昂：可能暫時不會。因為我覺得我還是想寫小說，這些旅
　　　　行的部分很可能就會用到小說裡面來，可是不像一般
　　　　的旅遊文學，真正的必須寫一個地點、一個經歷或一
　　　　個過程。這些旅遊的東西會被我打散到小說裡面來，
　　　　我覺得這樣對我個人可能更有成就感。

張佳琪：剛剛有提到歷來有許多評論者對老師的小說可能有褒
　　　　也有貶，面對這些評論者，老師會有什麼感覺或是想
　　　　法？

李　昂：在過去因為台灣社會的不開放，所以很多的評論都是一

些很惡意的人身攻擊；或者是因爲觀念很狹隘，所以他們採取一種很保守的立場來看我的小說。我想這些評論很快的就被時代淘汰掉了，現在大概沒有人會去相信這些評論上所說的，那麼至於那些很有建設性的評論，比如我一直非常佩服王德威在各方面的學識與批評、理論的建構，我前陣子寫了一個小說拿給他看，他告訴我的一些建議就真的非常好，而且好到我願意回來改。像這樣的評論就是非常有意義，我也很樂意聽到這樣的評論。至於那些罵我的，老實說，最好的證明就是當年罵我《殺夫》的評論，你看二十五年後全部被淘汰，現在沒有人覺得他們說得有道理了。

張佳琪：現在社會案件也都陸陸續續發生這樣的狀況，而老師在當時已經寫出未來會發生的情形。

李　昂：不只未來，那個時候的家暴問題已經非常嚴重，只是沒有浮上檯面而已。那個時候有沒有殺夫的案子？當然有，只不過是過去殺夫都一直被污名化，讓人覺得會殺丈夫的都是像潘金蓮那種淫婦，可是其實在那麼保守傳統的社會，女人無力反抗之下，最後只有殺丈夫，我想這在越保守、越傳統的社會越容易發現。

張佳琪：閱讀老師的作品，「性」的議題相當多，剛剛老師也有提到這跟愛情有關係，在您的小說裡頭愛情其實應該有很多面向的，可以請教老師個人對愛情有什麼樣的觀感或想法？

李　昂：我想愛情可能要越過那個邊界，像「性」可能是比較容易去看到的越界，所以性當然比愛情更容易來表達那個時代的變遷，或是變遷的爭議性的地方。可能還是有很多人會贊成柏拉圖式的愛情，也就是說我雖然

是個已婚的女人，可是我有一段柏拉圖式的愛情，我基本上是不會被挑戰的，而大家也都能接受這樣的事情。可是你一個已婚的女人是不是可以出去跟人家睡覺，這是一個很值得探討的問題。雖然我的小說裡面寫到愛情，但我可能不像其他女作家花那麼多篇幅來寫愛情，而是更關心愛情跟性裡面權力的關係，跟社會的關係，甚至有更大的隱喻，跟一個國家的寓言，或者與體系相關，我對這些方面的興趣，勝過只是寫兩人之間的一段愛情。

張佳琪：那老師個人的愛情觀呢？

李　昂：我個人的愛情觀當然是覺得好可惜喔，現在這麼老了很難去談戀愛了，也覺得很後悔，「啊，年輕時怎麼沒有去多談幾個戀愛喔！非常可惜！」不得不承認有一些事情真的是隨著年齡機會就越來越少，可是呢你說坐在這裡惋惜也不必要啦，因為人生除了愛情的確還有很多事情可以做，既然人生是多面向的，而且是一個長遠的追求與探索的話，我當然會去發掘新的關懷面向與層次。或是以前有寫到但沒有那麼深入的，現在是不是能夠用一種不同的方式來重新詮釋呢？這就是我最近反省的。

張佳琪：除了剛剛提到「性」與「愛情」的部分，再回到之前所提的政治議題，最近台灣的政治其實非常的動盪，也有很多的情況出現，我知道老師一直都非常關注台灣的民主、政治的焦點，對於台灣的未來，不知老師是否有特別的期許，或是覺得台灣的未來該怎樣去走？

李　昂：我覺得我是越看越沒有信心，越看越覺得前途一片黑暗，因為跟中國的關係勢必會讓台灣一直處於一種動

盪當中。有一些人要跟中國有比較多的接觸，有一些人不想，這個拉扯的力量會把台灣撕裂。所以以前我們說藍綠對決，現在是親中跟獨立的拉扯，這恐怕會是下一個階段裡，一個對台灣非常大的傷害。可是你說要兩邊勢力不互相拉扯，這是不可能的事情，因為每個人都覺得他所信仰的那一套是對台灣最好的，而且更恐怖的是，如果你是百分之三十對百分之七十，那百分之七十的人贏定的時候，基本上那拉扯的力量也不會那麼勢均力敵。可是現在卻是用蠻相等的力量在拉扯，不要講台獨好了，就說要維持現狀跟親中，維持現狀占很大的比例，可是那親中的力量顯然還是不斷的加強當中，這將使台灣永無安寧之日。你問我一個關於台灣的看法，我其實不樂觀，而且沒有遠景，我們能夠做的，到目前為止，我倒反而覺得讓政治議題爭議降到最低，對我們來講，搞不好會有一個比較安逸的、和平的生活空間。可是有一點是我們絕對要繼續爭取的，我們的下一個目標不是在爭取統獨，而是爭取人權。我想在陳雲林來的這次，不管是學運，或是民眾的抗爭，焦點已非常清楚的出現——人權，而不是要統一還是要台獨。因為我們大概都知道統一跟台獨在目前是兩個很遙遠的事情，你花這麼多時間在這上面時，也只不過是造成更大的撕裂，可是人權卻是不管我們活在怎麼樣的台灣都要據理力爭的，所以要回來爭取基本的人權與保障，而不是我們看到的警察治國與鎮暴部隊掌控一切，情治單位重新死灰復燃，這個部分恐怕是我們下一個階段要十分努力的。

張佳琪：請問老師剛剛談的政治議題，會在您的小說裡頭特別展現嗎？

李　昂：可能用不同的方式來表現，大概直接去寫到的機會不大，因爲我一直不太喜歡寫那種過了這個時代那議題就沒有的，比如說我們現在寫一個大家都覺得很嚴重的陳水扁絕食，可是不要說五年，一年之後，陳水扁絕不絕食干我們什麼事？真的是會變成這樣子，所以對這些很容易就過去、或者是很容易就被淡忘的議題，基本上我不太有興趣。

張佳琪：就是可能比較共同的狀況。

李　昂：比較有共通性，比較有長遠的時間的效益的問題。

張佳琪：老師最近有很多的旅行，除了台灣之外，也把視野放在世界。所以就是說老師從以前的鹿港出發，一直到台北，現在開始把焦點放在台灣之外，或是跟台灣本身有關聯的議題，而不是把台灣獨立起來與世界不相關，這樣的一個歷程。不知我詮釋的對嗎？

李　昂：我想基本上是對的，可是呢，爲什麼這一步走了四十年？其實我在二十幾歲大學剛畢業的時候，就到美國去讀書，那時候我也可以寫跟國外相關的議題，可是我卻放棄了那個部分，因爲當時我覺得怎麼寫都寫不過美國的作家，當然你可以說我用一個外來者的觀點來寫美國，可是兩相比較之下，我用同樣的工夫來寫台灣可以表現更多，或是用同樣的工夫來寫美國，卻永遠都不能跟美國作家比的話，我當然選擇寫台灣。

　　可是現在我覺得當時去美國讀書的階段，整個地區性的問題還不會被全球化來干擾，但我們現在已經明顯看到全球化的影響，比如美國次級房貸的問題，

影響到整個世界，他們說是百年難得一見的金融風暴，這種世界性的與生活相關，已經使得地區性的意義在減弱當中，所以老實說我要是沒有碰到這樣一個國際間新的變動，一個全球化影響的話，我還不會有那麼多的慾望去寫離開台灣之外的，寫的可能還是以台灣為主然後再寫外面，而不會台灣與外面等量，世界在做一個很巨大的改變。

　　我運氣很好的是我是那一代的作家，在台灣面臨了重大的社會改變，我們對民主自由的追尋和變化，女性角色翻天覆地的改變，然後現在又碰到全球化對台灣造成必然的影響。如果說變動才會產生議題，也會產生很多思考的話，那麼我會說我是處在一個小說作家，或者對一個台灣的作家非常有利的時空，因為我處在一個變動的時代，而變動產生一些檢討和反省的空間。

張佳琪：所以老師現在主動把焦點放在台灣與世界的關係，或是對於世界各國的一些看法與感受？

李　昂：可能都不會去寫到我怎麼去看法國或是德國，因為那畢竟都非常浮面，這恐怕也不是我要寫的。我的目標可能還是寫台灣在全球化狀況之下的相關聯繫。

張佳琪：如果要請老師形容自己的話，不知老師會怎樣形容您自己？

李　昂：哇！我的人生也做了很多轟轟烈烈的事情，現在比較討厭的是身體狀況正在變差。像我這麼愛旅行的人，很討厭記憶力開始衰退，體力大不如前，這是我目前最大的致命傷。可是，人生沒有抱怨就能使事情改善的，所以目前就是要儲備一個不同的往前走的方式。

你的體力、記憶力變差，你覺得自己在變老的過程當中，而去寫什麼樣的東西，這也一個改變嘛對不對？就如我說的，變化造成議題，而議題造成反省跟檢討的空間。我目前處在一個往老的過程當中，也產生了新的議題，有一些過去我不太會面臨到人生的問題，比如人生的意義、死亡、健康等方面，現在都變成了問題。也希望因此開拓另一個寫作的面向，將來會怎樣不知道，這可能還值得我往後二十年的努力。

張佳琪：老師在創作的時候會把感興趣的議題與靈感蒐集起來嗎？不知老師創作的歷程是怎樣的狀況？

李　昂：因為我寫得很慢，我不像有一種作家，他可能花了很多時間來構想，但坐在書桌前可能三個月就可以寫出一個長篇小說來。我完全不是這樣，我是一面想一面寫，所以我可能一個長篇小說寫了四年，這四年當中不斷因為改變而改變小說的發展，所以我的小說是不斷的慢慢的修改、慢慢的成長而寫出來的。可是那種三個月坐下來寫一部小說的人，也不見得只有那三個月的時間，搞不好他們也用前面四年的時間來讓他的小說發展、成熟，然後只用了三個月來寫，而我可能總共寫了四年又三個月，可是一直不斷地在寫與改。

張佳琪：您對未來人生的規劃，還是會在小說創作部分？

李　昂：如果說還有什麼事情是我可以做的，我很樂意不要寫小說而去唬弄一陣子，可是我發現我能夠做的事情很少，我也不會打字，所以去做秘書人家也不一定要，現在記憶力又比較不好了，所以要去幫人家排行程恐怕也做不好。現在會用到我的人，一定是跟我還能夠寫，以及社會關係有必然相關，我可以從頭去過

一個不一樣的人生嗎？唉，我想還是需要一個非常的規劃，而且要很認真的去執行。比如說我現在當然可以跑到非洲，把這一切丟下來，從新去經歷一個不同的生活，可是我告訴你，我在非洲一定無聊死了，最後的結果一定是像三毛一樣到非洲也沒事幹，然後就拿出筆來寫東西，所以我只不過是寫了不同的東西而已，還是在寫作。所以現在才發現他們有一個形容詞，說什麼老的什麼東西玩不出新把戲？我現在真的覺得很慘──叫我不寫作，想過一個不同的人生好像也不是那麼容易。

張佳琪：那麼可以說寫作就是您的人生嗎？

李　昂：有一點。我覺得蠻可惜的，如果人生可以重來一次的話，不要把寫作這麼樣籠罩我的人生可能是比較好的，可是我的寫作跟我的人生掛勾，是我花了許多時間寫才有現在小小的成就，所以也更該感謝我花了這麼多時間在寫作上。

張佳琪：應該是老師對小說創作也非常有興趣，才會把它放在人生很重要的部分。

李　昂：當然啦，我以前年輕時有一個理念，就是寫一個小說比去談一個戀愛還快樂，因為寫小說你會有不斷的挑戰然後享受，可是戀愛就算有一天你得到了，但兩個人在一起久了也沒什麼好玩的，而小說是一個需要不斷去克服與超越的東西。

張佳琪：老師，我們今天的訪談就到此結束，謝謝老師接受我的訪問！

（李昂口述，張佳琪提問、錄音、記錄）

作家印象

一、初見風采

　　無意間得知李昂老師將於十一月份起，在中興大學擔任駐校作家，為期兩個月，這讓我十分欣喜，因為老師將在中部駐足一段時間，代表可以向老師請益的機會與時間增多了。老師駐校的這段期間，有多場的演講與座談，第一個場次探討的主題為「小說與電影的謝雪紅」，於是我懷著略微緊張的心情前往中興聆聽。這是我第一次在螢光幕外見到李昂老師，老師比我想像的還要平易近人，一點也不像老師每每在小說中挑戰禁忌的形象。

▲李昂宣傳照。

在這場座談中，大家先觀看有關謝雪紅的紀錄片，而後再由李昂老師帶領大家認識這位受爭議的女性——謝雪紅。老師談論自己如何追尋謝雪紅的行跡，甚至在早年就前往對岸探訪，可惜未帶相機，錯失了記錄歷史的重要時機。老師又說自己如何與謝雪紅身邊的男性友人「搏感情」，套出了一些八卦。老師述說這些點滴時的表情生動、語氣鏗鏘，時而還會在白板上畫圖，顧盼之間，相信全場聽眾都能感染老師這份風采，而我更是聽得入迷，不禁對謝雪紅產生莫大的興趣，也留下深刻的印象，我想這就是老師的魅力吧！

會後老師必須趕往高鐵烏日站，匆促之間，我簡單的說明自己的身分與要採訪老師的原因，沒想到老師一口就答應，並且囑咐我可以與助教聯繫，預約訪談的時間，這讓我受寵若驚，之後在助教的幫忙下，順利安排了十一月二十五日下午一點的採訪。

二、寫作啟蒙與鹿港經驗

李昂老師有兩位亦師亦友的作家姊姊，帶領老師進入創作的世界，有了姊姊的建議，老師開始投稿。目前老師和姊姊施淑同住，雖有各自的生活，但對於文學的喜好是相同的，因此會時常分享閱讀或寫作的心得。而另一位姊姊施叔青長期居住香港或紐約，不論在個性上或寫作風格上都與老師不同，但仍影響老師甚多。老師在談論兩位姊姊時，臉上不時浮出笑容，這讓我感受到，也許老師與兩位姊姊各有彼此的空間，因而沒有緊密相處，但老師對於姊姊的情感卻不因此而減少。

鹿港是李昂老師的家鄉，深刻影響老師的寫作經驗。從大學時代的「鹿城系列」一直到《看不見的鬼》，都與鹿港息

息相關。老師說鹿港給予他的印象比較灰暗、滄桑，鹿港從早期的富庶到後來的沒落，這之間的變遷，也為鹿港留下許多故事，提供老師許多寫作的題材。然而，鹿港的變化並非只有如此，從以前的素樸小鎮到現在的觀光要點，其實鹿港轉變的更多。在談論這些鹿港經驗時，看得出來老師對於這個城鎮是充滿感情的。

三、性、政治、食慾

李昂老師的作品中，多為關注「性」與「政治」的議題。「性」是人生非常自然的重要課題，老師常藉由女性來探討「性」，這並不代表老師只將焦點放在女性身上，老師最關懷的最大層面還是人性，只是在目前這個社會階段裡，恰好女性是有最多顛覆的、越界的作法的時候，因此書寫女性變成最能表達某一部分的人性、社會、國家、權力，及很多人生追求的意義等。

在老師的作品中也有將「性」與「政治」相結合的情形，對於這樣的寫作想法，老師說：「權力是最好的春藥」，因此將「性」與「政治」結合，是非常自然的事。老師不像其他作家花極長的篇幅來寫愛情，而是更關心愛情跟性裡面權力的關係，跟社會的關係，甚至是與國家的關係，老師對於這些議題的興趣，勝過只寫兩人之間的一段愛情。在談論政治的同時，老師也提出對於台灣現今民主的看法，從中可以知道老師一直都很關心台灣的政治，雖然老師說目前有點不樂觀，但從老師的話語中，還是可以感受老師對於台灣未來的期許。

除了「性」與「政治」的議題外，近年來老師也關注另一個焦點——「食」與「性」的結合。老師認為所謂「食、色，

彰化學

性也」,因此兩者一樣密不可分,「食」與「性」是人類賴以存活最基本的東西,兩者間會產生什麼樣的火花,則是老師所關切的。另外,老師說「吃」(食)可以說是一個全民運動,其中一定有許多值得探討的問題。然而老師不單只寫「食」與「性」,其中亦有涉及與政治的相互關係。老師將人生中最基本的慾望——「性」、「食」與「政治」,結合討論,赤裸寫出人性真實的一面。

四、旅行、放眼世界

　　最近老師不斷的旅行,還曾到南極的陸地上住了兩天兩夜。這讓我十分好奇,不知是什麼樣的機緣,促成老師的南極之旅?而這趟旅行中,老師又有什麼特殊的經驗?關於旅行的問題,老師談了許多,老師覺得南極保留了像是《聖經》裡面的樂園的地方,因為沒有太多人為的因素去糟蹋她,老師還說如果有亞當與夏娃存在的地方,可能就是像南極這樣的環境。在老師訴說南極種種的同時,讓我體會到老師對於地球生態的關懷,也讓我聯想到老師最近寫作有關農村、小鎮的文章。我想老師在這些旅行中,是將經驗化為對生命的體悟,再實現於老師的作品之中。

　　然而老師的旅行,不只是單純的旅遊而已,老師將視野放眼天下,讓小說的觸角逐漸伸向台灣以外的世界。老師說作為一個台灣的作家,以往覺得能將有關台灣的議題寫好就已經非常了不起,但現在全球化的潮流之下,台灣很難置外於全球化的過程當中,所以台灣怎麼跟全球化接軌,以及會產生什麼樣的變化,則是老師目前身為一個作家將要探索的一個重要方向。老師從以前的鹿港出發,一直到台北,現在開始把焦點放

在台灣之外，或是跟台灣本身有關聯的議題，這些歷程都能夠顯現出老師對於家鄉、台灣的深切關懷。

五、一切只為了愛

訪談最後，我請教李昂老師未來的人生規劃，是否還是創作？老師笑笑表示，如果人生可以重來一次，並不希望寫作是這麼樣的籠罩自己的人生。但是，老師又說也是因為寫作，如今才有現在小小的成就，所以該感謝自己花了這麼多時間在寫作上，這也是源於對於寫作的興趣。然而，訪問過程中，我看到的是老師對於寫作的熱誠，老師談論寫作時的氣韻風采，那樣的飛揚神情，我想老師是樂在其中的。還記得老師曾在自訪的文章中提到，「一切只是為了愛而寫作」，而「只有創作，是個永恆的情人」。因此我更確信，創作是老師人生中最重要的部分，也是最甜蜜的部分。

（張佳琪　撰寫）

創作年表

年份	創作
1975年12月	小說：《混聲合唱》（台北：中華文藝月刊社）。
1976年4月	訪談：《群像──中國當代藝術家訪問》（台北：大漢文化出版有限公司）。
1977年4月	小說：《人間世》（台北：大漢文化出版有限公司）。
1982年1月1日	小說：《愛情試驗》（台北：洪範出版社）。
1983年11月	小說：《殺夫》（台北：聯經出版社）。
1984年1月1日	小說：《她們的眼淚》（台北：洪範出版社）。
1984年5月	專欄選集：《女性的意見──李昂專欄》（台北：時報文化）。
1985年1月1日	小說：《花季》（台北：洪範出版社）。
1985年9月	小說：《暗夜》（台北：時報文化）。
1985年9月	社會調查：《外遇》（台北：時報文化）。
1986年	專欄選集：《走出暗夜》（台北：前衛出版社）。
1986年2月	小說：《一封未寄的情書》（台北：洪範出版社）。
1987年6月	散文：《貓咪與情人》（台北：時報文化）。
1988年11月	小說合集：《年華》（台北：時報文化）。
1989年	民間故事繪本：《水鬼城隍》（王家珠繪圖）（台北：遠流出版社）。
1989年	民間故事繪本：《懶人變猴子》（蕭草繪圖）（台北：遠流出版社）。
1990年	報導文學：《非小說的關懷》（台北：社會大學）。
1990年8月	合集：《浪跡都市》（台北：明田出版社）。
1991年2月	小說：《甜美生活》（台北：洪範出版社）。
1991年3月	小說：《迷園》（自印）（台北：貿騰發賣）。
1992年4月	小說：《李昂集》「台灣作家全集·短篇小說卷／戰後第三代」（台北：前衛出版社）。
1993年	譯作：藤井省三譯〈夫殺〉（〈殺夫〉譯作）（寶島社出版）。
1993年2月	傳記：《施明德前傳》（台北：前衛出版社）。
1994年3月	專欄選集：《李昂說情》（台北：貿騰發賣）。
1995年5月	散文合集：《春天該去布拉格》（台北：爾雅出版社）。

年份	創作
1997年9月	小說：《戴貞操帶的魔鬼系列——北港香爐人人插》（台北：麥田出版社）。
1999年8月	小說：《禁色的暗夜》（台北：皇冠文化）。
2000年3月	小說：《自傳の小說》（台北：皇冠文化）。
2000年3月	小說：《漂流之旅》（台北：皇冠文化）。
2001年3月	人物寫真：《月光交響曲——伍佰大事紀寫真書》（台北：商周出版社）。
2002年7月	散文：《愛吃鬼》（台北：一方出版社）。
2002年12月	演講合集：《欣賞對手，翱翔藍天》（台南：統一夢公園）。
2004年1月	小說：《看得見的鬼》（台北：聯合文學出版社）。
2005年3月	小說：《花間迷情》（台北：大塊文化出版社）。
2007年8月	散文：《鴛鴦春膳》（台北：聯經出版社）。
2008年3月	編選：《九十六年小說選》（台北：九歌出版社）。
2008年11月	鄉鎮記錄：《復得返自然——名人與台灣農村的交會》（台北：行政院農業委員會水土保持局）。
2008年12月	鄉鎮記錄：《上好一村：18個充滿Sun與Hope的小鎮故事》（與劉克襄、林文月合著）（台北：天下雜誌）。
2009年1月	小說：《七世姻緣之台灣／中國情人》（台北：聯經出版社）。
2009年10月	散文：《愛吃鬼的華麗冒險》（台北：有鹿文化）。

參考文獻

一、專著

- 黃絢親，《李昂小說中女性意識之研究》（台北：萬卷樓出版社，2005年）。

- 楊青矗，《覆李昂的情書》（高雄：敦理出版社，1987年）。

二、碩博士論文

- 林于仙，《李昂《鴛鴦春膳》飲食經驗研究》（彰化：國立彰化師範大學國文學系碩士論文，2010年）。

- 施佩玲，《李昂《殺夫》的女性書寫》（彰化：國立彰化師範大學國文學系碩士論文，2010年）。

- 許君如，《一九六〇年代台灣學院派本省籍女作家成長小說研究——以陳若曦、歐陽子、施叔青、李昂為例》（台北：國立台灣師範大學國文學系在職進修碩士班碩士論文，2010年）。

- 蔡東攸，《李昂小說中的性題材研究》（台北：國立台灣師範大學國文學系在職進修碩士班碩士論文，2010年）。

- 陳宜屏，《論李昂小說中的女性問題之呈現》（台北：淡江大學中國文學系碩士班碩士論文，2009年）。

- 劉依潔，《施叔青與李昂小說比較研究——以「台灣想像」為中心》（台北：輔仁大學中文系博士班博士論文，2009年）。

- 莊嘉薰，《鹿港雙姝——施叔青與李昂的小說主題比較》（台北：國立政治大學國文教學碩士學位班碩士論文，2009年）。

- 李宜芳，《台灣當代施家朱家姐妹九〇年代小說創作風貌》（宜蘭：佛光大學中文研究所博士論文，2007年）。

- 林秀蘭，《論李昂、平路與朱天心的記憶書寫》（台北：台北教育大學台灣文學研究所碩士論文，2006年）。

- 張琬貽，《台灣當代女性小說中的鬼魅書寫（1980～2004）》（新竹：清華大學中文研究所碩士論文，2005年），頁25-32。
- 楊芳瑜，《書寫與閱讀的焦慮——李昂小說中的女/性主題意識建構》（台中：東海大學中文研究所碩士論文，2005年）。
- 黃于青，《鹿港書寫——李昂小說研究》（桃園：中央大學中文研究所碩士論文，2005年）。
- 吳佩樺，《李昂及其《殺夫》人物心理分析》（高雄：高雄師範大學國文教學碩士班碩士論文，2005）。
- 游貴花，《李昂及其《迷園》研究》（高雄：中山大學中文研究所碩士論文，2005年）。
- 曾素雲，《李昂九十年代小說中主題意識與人物分析》（台中：東海大學中文研究所碩士論文，2004年）。
- 許蕙薪，《惡夢成真——女性哥德小說中的社會幽禁：以安·瑞克莉芙的《義大利人》和李昂的《殺夫》為例》（台北：輔仁大學英國語文研究所碩士論文，2003年）。
- 黃絢親，《李昂小說中女性意識之研究》（彰化：彰化師範大學國文教學碩士班碩士論文，2003年）。
- 蔡淑芬，《解嚴前後台灣女作家的吶喊和救贖——以郭良蕙、聶華苓、李昂、平路作品為例》（台南：成功大學歷史學系碩士論文，2003年）。
- 王鈺婷，《身體、性別、政治與歷史——以《行道天涯》和《自傳の小說》為考察對象》（台南：成功大學台灣文學研究所碩士論文，2003年）。
- 吳惠蘭，《飛翔並且穿越——台灣新女性主義小說文本特徵論》（福州：福建師範大學碩士論文，2003年）。
- 謝怡婷，《李昂小說的性別論述研究》（高雄：中山大學中文研究所博士論文，2003年）。

- 江足滿，〈「陰性書寫／圖像」之比較文學論述：西蘇與台灣女性文學、藝術家的對話〉（台北：輔仁大學比較文學研究所博士論文，2003年）。

- 楊翠，〈鄉土與記憶——七〇年代以來台灣女性小說的時間意識與空間語境〉（台北：台灣大學歷史研究所博士論文，2003年），頁92-113及361-379及428-480。

- 朱艷，〈求贖的困惑與理性的探尋——論李昂女性主義文學的嬗變〉（武漢：華中師範大學碩士論文，2001年）。

- 林慧雅，〈性別、族裔與民間信仰：第三世界女作家作品中民間傳說的策略運用〉（台北：輔仁大學比較文學研究所博士論文，2001年）。

- 鄭雅文，〈戰後台灣女性成長小說研究——從反共文學到鄉土文學〉（桃園：中央大學中文研究所碩士論文，2000年），頁131-142。

- 顏利真，〈從鹿港到北港：解嚴前後李昂小說研究（1983～1997）〉（台中：靜宜大學中文研究所碩士論文，2000年）。

- 許淑真，〈政治與傳記書寫：謝雪紅形象的變遷〉（台中：東海大學歷史研究所碩士論文，1999年）。

- 胡慈容，〈台灣八十年代愛情小說中的女性語言〉（彰化：彰化師範大學國文研究所碩士論文，1999年）。

- 曾意晶，〈族裔女作家文本中的空間經驗——以李昂、朱天心、利格拉樂·阿鳥、利玉芳為例〉（台北：台灣師範大學國文研究所碩士論文，1998年），頁24-41及65-75。

- 洪珊慧，〈性·女性·人性——李昂小說研究〉（新竹：清華大學中文研究所碩士論文，1998年）。

- 廖國祥，〈格奧格·比希納《弗依查克》，格哈特·豪普曼《鐵路管理員提爾》及李昂《殺夫》作品中主人翁由「社會邊緣人」成為「兇手」之心路歷程探討〉（台北：輔仁大學德國語文學研究所碩士論文，1994年）。

三、單篇期刊論文

- 廖炳惠，〈夢鎖泉漳兩岸情：試論李昂《七世姻緣》的跨地情愛書寫〉，《中正大學中文學術年刊》2010卷第1期（2010年6月），頁99-109。

- 劉亮雅，〈女性、鄉土、國族——以賴香吟的〈島〉與〈熱蘭遮〉以及李昂的《看得見的鬼》為例〉，《台灣文學研究學報》第9期（2009年10月），頁7-36。

- 蔡林縉，〈遷徙，從鹿城到都蘭——《月光下，我記得》改編李昂小說的空間／地方轉移〉，《台北教育大學語文集刊》第16期（2009年7月），頁135-168。

- 黃錦珠，〈收攝於浪漫——讀李昂《七世姻緣之台灣／中國情人》〉，《文訊》第283期（2009年5月），頁134-135。

- 邱子修，〈跨文化的性／別政治評析：李昂的《迷園》和愛特伍的《強盜新娘》〉，《文山評論》第2卷第1期（2008年12月），頁121-156。

- 薛清江，〈李昂小說《殺夫》中的倫理與人性關懷——以柏納德・威廉斯的「道德運氣」為核心的詮釋〉，《漢學研究集刊・雲林科技大學》第7期（2008年12月），頁197-222。

- 水筆仔，〈飲食男女的禁忌話題——掀開人性面紗的李昂〉，《源雜誌》第72期（2008年11月），頁22-27。

- 石曉楓，〈口舌，及其之外的慾望流轉——李昂《鴛鴦春膳》評介〉，《文訊》第266期（2007年12月），頁98-99。

- 李孟舜，〈原鄉的迴響——李昂小說中鹿港經驗的多重特質〉，《2006青年文學會議論文集：台灣作家的地理書寫與文學體驗》（台南：國家台灣文學館籌備處，2007年3月），頁163-189。

- 顧正萍，〈報導與虛構之間——〈彩妝血祭〉的敘事手法〉，《輔仁國文學報》第23期（2007年2月），頁103-122。

- 劉亮雅，〈跨族群翻譯與歷史書寫：以李昂〈彩妝血祭〉與賴香吟〈翻

譯者〉為例〉,《中外文學》第34卷第11期（2006年4月），頁133-
155。

· 上野千鶴子著,張文薰譯,〈李昂《自傳の小說》書評〉,《文學台
灣》第56期（2005年10月），頁119-131。

· 蕭義玲,〈慾望、流言與敘述——從《殺夫》到《自傳の小說》〉,
《興大中文學報》第16期（2004年6月），頁131-151。

· 吳達芸,〈李昂謝雪紅與李昂——兩個女人誰是誰？〉,《印刻文學生
活誌》第9期（2004年5月），頁176-188。

· 劉亮雅著,王梅春、廖勇超譯,〈在全球化與地化的交錯之中：白先
勇、李昂、朱天文和紀大偉小說中的男同性戀呈現〉,《中外文學》
第32卷3期（2003年8月），頁63-78。

· 唐毓麗,〈從殺夫小說《女陪審團》與《殺夫》——探勘手刃親夫的隱
喻世界〉,《東海中文學報》第15期（2003年7月），頁269-306。

· 劉亮雅,〈九○年代女性創傷記憶小說中的重新記憶政治——以陳燁
《泥河》、李昂《迷園》與朱天心《古都》為例〉,《中外文學》第
31卷第6期（2002年11月），頁133-157。

· 楊翠,〈《妖精》的自傳·《女人》的小說——論李昂《自傳の小說》
中的性記憶文本〉,《興大人文學報》第32期（2002年6月），頁247-
275。

· 邱彥彬,〈「記憶失控錯置的擬相」——李昂《自傳の小說》中的記憶
與救贖〉,《中外文學》第30卷第8期（2002年1月），頁183-216。

· 邱貴芬,〈《彩妝血祭》導讀〉,《文學台灣》（2001年4月）第38
期,頁153-156。

· 呂正惠,〈隱藏於歷史與鄉土中的自我——李昂《自傳の小說》與朱天
心《古都》〉,《台灣文學學報》第2期（2001年2月），頁179-190。

· 劉紀蕙,〈追求娃娃的自戀書寫——評李昂的〈有曲線的娃娃〉〉,
《文學台灣》第37期（2001年1月），頁86-92。

- 洪珊慧，〈鹿港小鎮的人事素描——論李昂「鹿城故事」系列小說〉，《台灣新文學》第16期（2000年9月），頁190-199。

- 郝譽翔，〈世紀末的女性情慾帝國／迷宮／廢墟——從《迷園》到《北港香爐人人插》〉，《東華人文學報》第2期（2000年7月），頁189-205。

- 吳興文，〈柏楊、林海音、李昂與徐仁修的「蠻荒之旅」〉，《文訊》第176期（2000年6月），頁14-22。

- 彭小妍，〈《迷園》與台灣民族論說——記憶、述說與歷史〉，《殖民地經驗與台灣文學：第一屆台杏台灣文學學術研討會論文集》（台北：遠流出版社，2000年2月），頁183-194。

- 郝譽翔，〈讓人頭疼讓人瘋狂——閱讀李昂〉，《幼獅文藝》第554期（2000年2月），頁50-53。

- 劉亮雅，〈世紀末台灣小說裡的性別跨界與頹廢：以李昂、朱天文、邱妙津、成英姝為例〉，《中外文學》第28卷第6期（1999年11月），頁109-134。

- 李鴻瓊，〈為死亡所籠罩的主體著論「迷園」中的語言、歷史與性〉，《中外文學》第28卷第2期（1999年7月），頁42-79。

- 廖朝陽，〈交換與變通著讀李昂的《迷園》〉，《中外文學》第28卷第2期（1999年7月），頁8-20。

- 吳凰珍，〈非關色情——「性」在李昂《殺夫》中的意義〉，《中正大學中國文學研究所研究生論文集刊》第1期（1999年4月），頁93-110。

- 陳玉玲，〈李昂《殺夫》的陰性書寫——論李昂的《殺夫》〉，《台灣文學經典研討會論文集》（台北：聯經出版社，1999年3月）。

- 陳修齊，〈淺評「戴貞操帶的魔鬼系列」〉，《水筆仔：台灣文學研究通訊》第6期（1998年10月），頁43-48。

- 張金墻，〈台灣文學中的女性空間——以呂赫若、李喬、李昂的小說為主〉，《台灣新文學》第8期（1997年8月），頁305-323。

·林芳玫，〈《迷園》解析——性別認同與國族認同的弔詭〉，（台北：里仁出版社，1997年4月），頁271-296。

·彭小妍，〈李昂小說中的語言——由〈花季〉到《迷園》〉，（台北：里仁出版社，1997年4月），頁263-270。

·楊照，〈評「香爐事件」文學世界裡沒有傷害別人的特權〉，《新新聞週報》第544期（1997年），頁66-67。

·王德威，〈序論著性·醜聞·與美學政治——李昂的情欲小說〉，《北港香爐人人插》（台北：麥田出版社，1997年）。

·李喬，〈如何評論「北港香爐」——台灣的文學文化〉，《日本文摘》第140期（1997年），頁143-145。

·邱貴芬，〈歷史記憶的重組和國家敘述的建構：試探《新興民族》、《迷園》、《暗巷迷夜》的記憶認同政治〉，《中外文學》第25卷第5期（1996年10月），頁6-29。

·賀淑瑋，〈性、空間與身分著論李昂小說的政治美學〉，《台灣文藝（新生版）》第156期（1996年8月），頁35-49。

·陳淑純，〈《殺夫》、《暗夜》與《迷園》中的女性身體論述〉，《文學台灣》第19期（1996年7月5日），頁128-145。

·陳麗芬，〈性話語與主體想像——李元貞《愛情私語》與李昂《迷園》〉，《現代中文文學評論》第5期（1996年6月），頁83-92。

·劉玉華，〈解析《迷園》的政治與性別認同〉，《輔大中研所學刊》第6期（1996年6月），頁417-427。

·邱貴梅，〈論李昂《殺夫》的女性意識覺醒〉，《台南師院學生學刊》第17期（1996年1月），頁59-71。

·邱麗人，〈第二性的反抗象徵：殺夫〉，《夏潮論壇》（1995年10月），頁58-60。

·詹宏志，〈電影《殺夫》中的社會壓抑〉，《夏潮論壇》（1995年10月），頁56-57。

- 焦雄屏，〈人性全面壓抑的悲劇——談《殺夫》的藝術傾向〉，《夏潮論壇》（1995年10月），頁50-53。

- 彭小妍，〈女作家的情慾書寫與政治論述——解讀《迷園》〉，《中外文學》第24卷第5期（1995年10月），頁72-92。

- 廖咸浩主持，李文冰紀錄整理〈撕去的第十三章——李昂「人間世」的情欲初探〉，《幼獅文藝》第81卷第6期（1995年6月），頁82-85。

- 陳儒修，〈死亡和歡愉都居住在這裡——從《殺夫》和《黃金稻田》談電影中的肉身呈現〉，《聯合文學》第11卷第4期（1995年2月）。

- 江寶釵，〈敘事實驗、失落感及其因應之道——論李昂的《迷園》〉，《台灣的社會與文學》（台北：東大出版社，1995年）。

- 劉毓秀，〈李昂與女性之謎〉，《從四○年代到九○年代——兩岸三邊華文小說研討會論文集》（台北：時報文化，1994年）。

- 藤井省三著，張季琳譯〈日文版《殺夫》解說〉，《中國文哲研究通訊》第4卷第1期（1994年），頁153-166。

- 王德威，〈華麗的世紀——台灣·女作家·邊緣詩學〉，《小說中國》（台北：麥田出版社，1993年6月），頁161-192。

- 黃毓秀，〈《迷園》裡的性與政治〉，《當代台灣女性文學論》（台北：時報文化，1993年5月），頁71-107。

- 劉登翰編，〈李昂與蕭颯、廖輝英等女作家的小說創作〉，《台灣文學史》下冊（福州：海峽文藝出版社，1993年），頁606-616。

- 康原編，〈真摯情感的感性——李昂〉，《文學的彰化——彰化縣新文學作家小傳》（彰化：彰化縣立文化中心，1992年），頁118-123。

- 施淑，〈文字迷宮〉，《李昂集》（台北：前衛，1992年），頁265-279。

- 施淑，〈迷園內外——李昂集序〉，《李昂集》（台北：前衛出版社，1992年），頁9-12。

- 呂正惠，〈《迷園》的兩性關係與台灣企業主的真貌〉，《聯合文學》

第7卷第11期（1991年9月），頁161-165。

・古繼堂，〈悲愴峻峭的李昂〉，《台灣愛情文學論》（福州：海峽文藝出版社，1990年3月），頁134-142。

・古繼堂，〈《愛情試驗》賞析〉，《中國當代青年女作家評傳》（北京：中國婦女出版社，1990年），頁295-298。

・古繼堂，〈李昂評傳〉，《中國當代青年女作家評傳》（北京：中國婦女出版社，1990年），頁274-286。

・簡瑛瑛，〈女性・主義・創作・李昂訪問〉，《中外文學》第17卷第10期（1989年3月），頁184-196。

・楊昌年，〈社會變革下的愛情——析介李昂的貓咪的情人〉，《光華》第14卷第1期（1989年1月），頁64-65。

・賀安慰，〈李昂小說中的性反抗〉，《台灣當代短篇小說中的女性描寫》（台北：文史哲出版社，1989年1月），頁92-102。

・朱偉誠整理〈女性作家的天空：蔡源煌與李昂對話〉，《台北評論》第3期（1988年1月），頁132-145。

・孟樊記錄〈從李昂的《殺夫》到台灣文學的國際化：蔡源煌訪馬漢茂〉，《台北評論》第3期（1988年1月），頁124-131。

・呂正惠，〈性與現代社會——李昂小說中的「性」主題〉，《台北評論》第3期（1988年1月），頁104-115。

・子宛玉，〈新女性情歸何處？從「暗夜」裡打開「心鎖」〉，《風起雲湧的女性主義批評》（台北：谷風出版社，1988年），頁433-443。

・楊昌年，〈李昂的〈貓咪與情人〉〉，《現代散文新風貌》（台北：東大出版社，1988年），頁133-151。

・郭楓，〈暗夜中的幽魂——李昂小說《暗夜》評析〉，《台灣文藝》第107期（1987年9月），頁136-148。

・蔡英俊，〈女作家的兩種典型及其困境——試論李昂與廖輝英的小說〉，《文星（復刊號）》第110期（1987年8月），頁96-101。

- 白少帆、王玉斌，〈李昂及其《殺夫》〉，《現代台灣文學史》（瀋陽：遼寧大學出版社，1987年），頁894-898。

- 奚密，〈黑暗之形：談《暗夜》中的象徵〉，《中外文學》第15卷第9期（1987年2月），頁130-148。

- 王德威，〈移情！自戀！〉，《聯合文學》第2卷第8期（1986年6月），頁212-213。

- 古添洪，〈讀李昂的《殺夫》——譎詭、對等與婦女問題〉，《中外文學》第14卷第10期（1986年3月），頁41-49。

- 黃碧端，〈價值轉換的反諷〉，《聯合文學》第16期（1986年2月），頁144-145。

- 王渝，〈大珠小珠落玉盤——台灣海外作家評論家眼中的《殺夫》〉，《收獲》第4期（1986年）。

- 王瑞香，〈暗夜之後是否有黎明？試評李昂《暗夜》中的女性〉，《婦女新知》第50期（1986年）。

- 苦苓，〈新書看版：《暗夜》、《凡夫俗子》〉，《文藝月刊》第200期（1986年），頁76-82。

- 陳銘磻，〈教你如何看待「外遇」〉，《婦女雜誌》第210期（1986年），頁42-43。

- 劉紀蕙，〈FROM LOO PORT TO TAIPEI——The world of women in Lee Ang's Works〉，《FU JEN STUDIES》第19期（1986年），頁65-88。

- 王德威，〈花季的焦慮〉，《聯合文學》第1卷第10期（1985年8月），頁212。

- 金沙寒，〈小論李昂假面〉，《文訊》第18期（1985年6月），頁99-102。

- 唐文標，〈時代的追憶——〈一封未寄的情書〉評介〉，《一九八四台灣小說選》（台北：前衛出版社，1985年2月），頁67-70。

- 張系國，〈小論《殺夫》〉，《新書月刊》第12期（1984年9月），頁30-31。

- 康原，〈小說中的象徵義——小論李昂的《殺夫》〉，《文學界》第10集（1984年5月），頁40-45。

- 葉石濤等評論，許振江記錄〈李昂作品討論會〉，《文學界》第10集（1984年5月），頁18-32。

- 康原，〈愛情與性慾——小論《愛情試驗》〉，《台灣文藝》84期（1983年9月），頁147-152。

- 吳錦發，〈略論李昂小說中的性反抗〉，《愛情試驗》（台北：洪範出版社，1982年）。

- 林依潔，〈叛逆與救贖——李昂歸來的訊息〉，《前衛雜誌》第2期（1978年10月）。

- 彭瑞金，〈現代主義陰影下的鹿城故事〉，《書評書目》第54期（1977年10月），頁29-36。

四、報章雜誌相關評論

- 丁文玲，〈李昂《鴛鴦春膳》再展飲食暴力美學〉，《中國時報》第A14版（2007年8月29日）。

- 楊年熙，〈巴黎夜空下台灣文學閃耀〉，《聯合報》第C6版（2004年11月9日）。

- 郝譽翔，〈鬼聲啾啾的國族寓言〉，《中央日報》第17版（2004年6月20日）。

- 陳宛茜，〈李昂談鬼顛覆台灣性與歷史新書以女人之筆寫女鬼五段故事結局魔幻又寫實扣緊社會議題「很像佛書」〉，《聯合報》第A12版（2004年2月11日）。

- 趙靜瑜，〈滿紙荒唐言一把復仇淚李昂寫女鬼也寫台灣民間文化〉，《自由時報》第49版（2004年2月11日）。

・趙靜瑜，〈《愛吃鬼》寫下世界美食經驗〉，《自由時報》第40版（2002年7月11日）。

・應鳳凰，〈李昂的女性主義小說〉，《國語日報》第5版（2002年1月19日）。

・古添洪，〈揶揄與解構——讀李昂的《北港香爐人人插》〉，《台灣日報》第31版（2000年8月23日）。

・徐秀慧，〈自傳還是小說？〉，《中央日報》第12版（2000年6月19日）。

・呂正惠，〈李昂是如何塑造謝雪紅的？〉，《聯合報》第48版（2000年5月8日）。

・楊照，〈性、血腥與女性命運——李昂的《殺夫》〉，《中國時報》第37版（1998年10月6日）。

・吳明益整理，瘂弦主持〈小說家的挑戰〉，《聯合報》第4版（1998年1月19日～1月20日）。

・蔡詩萍，〈北港香爐，美學經營失了耐性〉，《民生報》第34版（1997年10月2日）。

・王浩威，〈解剖《北港香爐人人插》——該來看看李昂的文學成績成就〉，《中國時報》第41版（1997年9月25日）。

・陳文芬，〈藤井省三著李昂對林麗姿充滿同情〉，《中國時報》第23版（1997年9月18日）。

・董成瑜，〈何春蕤：李昂眼界有不足之處，胡淑雯：小說人物描繪太膚淺〉，《中國時報》第5版（1997年9月18日）。

・陳世昌，〈香爐出書，李昂又成焦點〉，《中時晚報》第3版（1997年9月16日）。

・楊照，〈寫實英雄主義與寫實主義的陷阱——小論李昂〉，《中國時報》第27版（1997年8月23日）。

・南方朔，〈作家的墮落或超越（上）、（下）〉，《中國時報》第27版

（1997年8月18～8月19日）。

‧平路，〈虛假的陽具、真實的刑台〉，《中國時報》第27版（1997年8月18日）。

‧張娟芬，〈參政權與情慾權之間〉，《中國時報》第11版（1997年8月6日）。

‧陳海華，〈愛情的漩渦〉，《中國時報》第34版（1997年8月3日）。

‧蔡源煌，〈含沙影射與文學公案〉，《中國時報》第11版（1997年8月2日）。

‧王德威，〈愛慾相煎，纏綿不絕著當代小說的情慾寫作風潮〉，《中國時報》第39版（1996年2月1日）。

‧簡瑛瑛，〈屠刀上的月影——李昂的《殺夫》〉，《中國時報》第35版（1996年1月8日）。

‧下村作次郎，〈台灣文學在日本：現代台灣文學的高峰——李昂的《殺夫》〉，《民眾日報》第22版（1995年11月11日）。

‧董青枚，〈回歸文學、定位超然〉，《民眾日報》第26版（1995年11月9日）。

‧下村作次郎著，葉石濤譯，〈台灣文學在日本（上、中、下）〉，《中華日報》第14版（1995年10月31～11月2日）。

‧馬瑩君，〈激情與真情——評李昂「假面」〉，《台灣日報》第9版（1994年2月16日～2月18日）。

‧王蘭芬，〈李昂鬼國寓言異色作品〉，《民生報》第A2版（1994年2月11日）。

‧黃毓秀，〈李昂與女性之謎〉，《中國時報》第34版（1994年1月1日）。

‧劉黎兒，〈城市無故事小說家須另尋新徑〉，《中國時報》第C8版（1993年11月10日）。

‧洪金珠，〈李昂的鬼日作家熱烈討論〉，《中國時報》第C8版（1993

年11月9日）。

・馬瑩君，〈從李昂的《貓咪的情人》探索女性情結〉，《中央日報》第
　16版（1993年3月25日-3月28日）。

・黃毓秀，〈被虐癖的女人？談李昂小說《迷園》〉，《自由時報》副刊
　（1992年12月19日）。

・張娟芬，〈李昂以「女性方式」為施明德寫傳〉，《中國時報》第31版
　（1992年8月28日）。

・呂正惠，〈《迷園》的雙線與困惑〉，《民生報》第26版（1991年6月
　16日）。

・林美娜，〈李昂的最愛──《施明德前傳》〉，《自立晚報》第5版
　（1990年12月16日）。

・張系國、李昂，〈殺夫、殺妻、沙豬：張系國VS李昂〉，《中國時
　報》第18版（1988年11月10日）。

・黃凡，〈快、熱、猛、又愛貓的李昂〉，《中央日報》第16版（1988年
　4月6日）。

・莫昭平，〈李昂──台灣作家的一張「國際牌」，《殺夫》在世界出版
　界掀起外語風潮〉，《中國時報》第58版（1988年1月6日）。

・劉紹銘，〈沙豬、婦解、文評〉，《中國時報》第8版（1987年8月11
　日）。

・朱瑾，〈《殺夫》的英譯、出版與書評〉，《聯合報》第8版（1987年3
　月30日）。

・張系國、李昂，〈性愛與沙豬：李昂、張系國越洋筆談〉，《中國時
　報》副刊（1987年2月12日）。

・黃美惠，〈西方人讀《殺夫》這麼看！譯做《屠夫之妻》，興趣在
　「妻」不在「殺」〉，《民生報》第9版（1987年1月12日）。

・洛夫，〈台灣作家的定位〉，《中國時報》第8版（1986年9月25日）。

・劉蓮，〈李昂的年輕世界──評介《花季》〉，《大華晚報》第10版

（1986年8月24日）。

- 龍應台，〈台北的紅男綠女——評李昂的《暗夜》〉，《自立晚報》第10版（1985年10月16日）。

- 王希成，〈談李昂的「愛與罪」〉，《台灣新聞報》第8版（1984年12月1日）。

- 蔡國榮，〈冷靜、矯情話《殺夫》〉，《聯合報》第9版（1984年9月11日）。

- 楊子，〈謀殺親夫〉，《聯合報》第8版（1983年10月3日）。

- 吳錦發，〈略論李昂小說中的性反抗〉，《自立晚報》副刊（1983年7月12-7月13日）。

- 黃武忠，〈社會轉型中的女性——李昂印象〉，《台灣日報》副刊（1982年7月18日）。

- 康原，〈思鄉情懷——小論李昂〈鹿城故事〉〉，《自立晚報》第10版（1982年）。

五、傳記、專訪及其他

- 林瑩秋，〈不必富過三代才懂吃——李昂跟著父親大膽吃遍珍禽異獸〉，《財訊》第298期（2007年1月），頁294-296。

- 陳宛茜專訪，〈作家書房捧著電腦李昂四處流浪打稿〉，《聯合報》第A12版（2004年2月9日）。

- 劉潔妃，〈李昂這次換寫看得見的鬼〉，《大成報》第B7版（2004年2月1日）。

- 李友煌，〈石鼓文學觀抗煞說心思女作家手筆詩文照人心〉，《民生報》第A10版（2003年5月28日）。

- 蔡淑華，〈旅行到鬼魂的國度——專訪李昂〉，《自由時報》第39版（2001年11月15日）。

- 潘弘輝，〈女人·性·政治——專訪李昂〉，《自由時報》第39版

（2000年7月22日）。

· 邱貴芬，〈李昂：性和情慾之外〉，《台灣日報》第25版（2002年5月
25日～91年5月26日）。

· 劉子鳳，〈當李敖碰到李昂〉，《聯合報》第28版（2000年5月22
日）。

· 蘇沛，〈台灣文學經典名家特寫——李昂〉，《聯合報》第37版（1999
年2月21日）。

· 朱偉誠，〈女性作家的天空——蔡源煌與李昂對話〉，《台北評論》第
3期（1998年1月），頁132-145。

· 邱貴芬，〈李昂——訪談內容〉，《（不）同國女人聒噪——訪談當代
台灣女作家》（台北：元尊文化，1998年）。

· 陳宛蓉`，〈李昂：不斷用寫作向社會禁忌挑戰〉，《1997台灣文學年
鑑》（台北：行政院文建會，1998年），頁238-239。

· 陳文芬，〈八卦由人說，作家教你讀小說〉，《中國時報》第5版
（1997年9月21日）。

· 張夢瑞、王蘭芬，〈北港香爐人人插，李昂說來龍去脈〉，《民生報》
第19版（1997年9月18日）。

· 李蓮珠、王燕如，〈李昂出生書香世家〉，《大成報》第2版（1997年7
月29日）。

· 楊光記錄整理，〈我的小說是寫給兩千萬同胞看的——李瑞騰專訪李
昂〉，《文訊》第132期（1996年10月），頁72-76。

· 李昂，〈李昂論李昂，虛構與偽裝〉，《聯合報》第37版（1995年1月
14日）。

· 王美琇，〈擁有十八般武藝的奇女子——李昂〉，《自立早報》第6版
（1993年10月6日）。

· 張玉佩，〈從性到政治《施明德前傳》作者李昂〉，《聯合報》第26版
（1993年3月4日）。

· 林黛嫚，〈女作家談女作家廖輝英VS.李昂VS.曹又方〉，《中央日報》
　第16版（1991年9月2日～9月3日）。

· 簡瑛瑛，〈女性・主義・創作・李昂訪問〉，《中外文學》第17卷第10
　期（1989年3月），頁184-196。

· 朱偉誠整理，〈女性作家的天空：蔡源煌與李昂對話〉，《台北評論》
　第3期（1988年1月），頁132-145。

· 方梓，〈文學兩路看──蕭新煌與李昂對談「小說與社會」〉，《自立
　晚報》第10版（1986年8月25日-8月26日）。

· 馮青，〈無情的洪荒與寂寞──訪談李昂〉，《文學家》第7期（1986
　年），頁14-17。

· 康原，〈一切只為了愛──訪李昂談其作品〉，《自立晚報》第10版
　（1985年9月6日）。

· 施淑端，〈新納蕤思解說──李昂的自剖與自省／施淑端親訪李昂〉，
　《新書月刊》第12期（1984年9月），頁22-28。

· 黃武忠，〈社會轉型中的女性──李昂印象〉，《台灣作家印象記》
　（台北：眾文出版社，1984年5月），頁191-199。

· 林依潔，〈叛逆與救贖──李昂歸來的訊息〉，《前衛叢刊》第2期
　（1978年10月），頁93-113。

作家大事紀

年份	事紀
1952年	四月七日生於鹿港。本名施淑端，排行老么。父親經商，母親是個典型的家庭主婦。家境中等。
1958年	上鹿港國民小學。
1964年	就讀彰化女中初中部。姊姊施叔青已開始發表作品。
1965年	開始寫第一篇作品〈安可的第一篇情書〉，原計畫為長篇，寫了五萬多字即中斷。
1966年	在姊姊施淑的建議下，將〈安可的第一篇情書〉改為兩萬多字短篇的〈草原的盛夏〉，試投《文學季刊》，未被採用。
1967年	考上彰化女中高中部。開始寫〈花季〉，開啓其「現代主義」時期的創作。
1968年	十二月五日〈花季〉發表於《徵信新聞報》副刊，被選入《五十七年短篇小說選》。 十二月〈婚禮〉發表於《中國時報》。
1970年	就讀文化大學哲學系。經朋友介紹，認識台灣婦運前輩呂秀蓮。
1973年	大學四年級。結束其長達六年之久的「現代主義時期」，開始回頭凝視自己故鄉——鹿港，撰寫「鹿城故事」系列。
1974年	六月：大學畢業。
1975年	三月：到加拿大溫哥華，開始寫〈雪齋〉。 九月：到美國奧勒岡，就讀奧勒岡州立大學戲劇系。
1977年	冬天，獲奧勒岡州立大學戲劇碩士學位。結識黨外運動人士。
1978年	在聖塔芭芭拉白先勇住處看到陳定山之《春申舊聞》，其中〈詹罔氏殺夫〉的社會新聞引發構想，遂以〈婦人殺夫〉為題，著手寫作。 六月：自紐約回國。 九月：開始任教於文化大學戲劇系。
1981年	受詹宏志與張武順之邀，在《中國時報》上撰寫「女性的意見」專欄文章。完成〈轉折〉、〈誤解〉，結束其長達八年的「人間世系列」時期。〈別可憐我，請教育我〉獲第四屆中國時報「時報報導文學」首獎。
1982年	以一九七八年末完成舊作〈婦人殺夫〉為題材，繼續發展成中篇小說。

彰化學

年份	事紀
1983年	〈殺夫〉獲聯合報中篇小說首獎。因大膽呈現性及暴力，引起文壇極大的矚目。 三月：文經社出版多位作家愛情類散文合集《情弦》首篇為李昂〈曾經有過〉。 十一月：中篇小說〈殺夫〉由聯經出版社出版。
1984年	修改以留學生為題材的中篇《歸鄉》，但仍未完成，開始蒐集資料寫作另一部中篇〈暗夜〉。
1985年	一月：短篇小說集《花季》重由洪範書店出版。 五月：《暗夜》完成。 七月：完成報導與專欄型式作品《外遇》。 六月二十二日至八月十三日：《暗夜》連載於《中國時報》。
1986年	開始長篇小說《迷園》寫作。 七月：至德國參加「現代中國文學大同世界」會議。 八月二十至二十二日：〈台灣作家的定位——記「現代中國文學大同世界」〉發表於《中國時報》。 十一月：英文版《殺夫》（The Butcher's Wife）由葛浩文教授翻譯，由美國North Point Press出版。
1987年	《殺夫》英文版在《洛杉磯時報》、《舊金山記事報》、《科克斯書評》等皆有書評。《殺夫》德文版在德出版。 五月十三日：參加由《台灣文藝》舉辦的「作家那裡去？」座談會。 九月：赴愛荷華參加「國際寫作計畫」。 十月：赴德參加「法蘭克福書展」。
1988年	《殺夫》在英國出版。
1989年	法國漢學家貝羅兒譯《殺夫》法文版，於一九九二年秋出版。與陳幼石創辦《女性人》雜誌，兩岸同時發行。完成中篇小說〈禁色的夢〉。
1990年	《殺夫》英文版平裝本出版。 八月十八日至一九九一年三月十一日：〈迷園〉連載於《中國時報》。
1991年	〈鹿窟紀事〉獲《中國時報》報導文學獎首獎。
1992年	四月：台灣作家全集——戰後第三代之《李昂集》由前衛出版社出版。
1993年	六月：《殺夫》日文版由東大教授藤井省三翻譯，「寶島社」出版，此為李昂在日本出版的第一部翻譯作品。此外，在藤井省三的引介下，與日本女性主義理論家上野千鶴子首次舉行對談，而也因為這一場座談會被日本文壇歸類為「女性主義作家」。
1994年	三月：專欄選集《李昂說情》由賀騰發賣出版社出版。

彰化學

年份	事紀
1997年	九月三日：參加「新加坡國際作家週」座談。 七月二十三至二十六日：〈北港香爐人人插〉發表於《聯合報》。
1998年	四月三十日至五月二日：至哥倫比亞大學參加「台灣文學國際研討會」。 十一月：在東京第一次與日本知名女作家吉本芭娜娜見面，兩人於訪談中相談甚歡。
1999年	四月：《迷園》日文版由藤井省三翻譯，國書刊行社出版。此外，藤井省三並於四月六日至十三日，安排李昂小說《迷園》上市的宣傳活動。李昂於四月六日赴日本參加日文版《迷園》新書簽名會。另外，藤井省三還安排李昂與上野千鶴子、吉本芭娜娜進行對談。前者由日本「岩波書店」主辦，內容刊在《世界雜誌》；後者的內容則刊載在「集英社」六月份的《昂》雜誌。 六月十一日：《殺夫》入選《亞洲週刊》評選「二十世紀」中文小說一百強，名列第八十三。
2000年	三月：《自傳的小說》、《漂流之旅》由皇冠出版社出版。李昂以近十年時間完成《自傳的小說》，引發創作動力，來自於陳芳明所著《謝雪紅評傳》一書。
2002年	獲第十一屆賴和文學獎，為第一位女性文學獎得主。
2004年	三月二十二日，法國文化部頒給了李昂代表法國文化最高榮譽的「法國文化藝術騎士勳章」。
2007年	《鴛鴦春膳》由聯經出版社出版。德文版《看得見的鬼》與義大利文版《殺夫》出版。參加「法蘭克福書展」。參加韓國「亞非文學會議」。 年底，在香港「嶺南大學」擔任駐校作家，為期三個星期。
2008年	四月九日：受邀法國參議院演講，談台灣婦女近況。 十一月至十二月：擔任國立中興大學駐校作家。
2009年	一月：《七世姻緣之台灣／中國情人》聯經版出版。
2010年	八月：李昂、劉克襄、鍾肇政等藝文界人士，參與連署反對設八輕國光石化及中科四期二林園區。 十一月十三日：聯合文學舉辦柴春芽西藏小說《祖母阿依瑪第七伏藏書》新書發表會暨兩岸作家對談講座，大陸青年作家柴春芽來台與小說家李昂、郝譽翔對談。

能寫能教的作家

—— 石德華

作家小傳

　　石德華（1955～），出生於苗栗縣通霄鎮，祖籍湖南省新寧縣。幼年因父親於彰化高商擔任教官職務，舉家遷居彰化。求學歷程中，曾就讀彰化縣的民生國小、南郭國小、彰化國中、彰化女中，並於一九七三年，考取輔仁大學中國文學系。畢業後，先後擔任正德工商、彰化高中國文科專任教師，二○○二年於彰化高中退休之後，轉任台中女中、宜寧中學等校講授相關課程，並於二○○七年應聘至台中光大社區大學兼任文學創作課程。她在教學生涯近三十年的時間中，也曾在職進修，於台灣師範大學國文研究所四十學分班結業，親身實踐「終身學習」的教育理想。

　　石老師係因「文學獎」而開始本身的創作歷程，先後曾獲第二屆梁實秋文學獎散文首獎、第三屆中央日報文學獎小說獎第三名、台灣省政府新聞處「生活在台灣」散文徵文第三名、

台灣省政府新聞處「根」短篇小說徵文首獎、第八屆「梁實秋文學獎」散文第三名、第三屆「文建會台灣文學獎」短篇小說首獎、第二屆「台灣省文學獎」短篇小說首獎等。著有《校外有藍天》、《典藏青春與愛》、《靜靜的深海》、《愛情角》等膾炙人口的好書。

　　綜觀石老師的作品，筆調清新而生動、兼具雅麗與溫婉風格。並以其濃烈情感，投注極大的心力，從事彰化人文、風土的在地書寫，堪稱為「彰化文學家」的代表人物之一。

與作家面對面

李建德：老師您好，老師曾在生平當中提及就讀於輔大中文系
　　　　時的往事。我們所知，當時的輔大中文系師資包括張
　　　　秀亞老師、林明德老師及其他中文學界的博學鴻儒。
　　　　此外，老師也曾在文章中提到，對《史記》與《紅樓
　　　　夢》特別感興趣。請問是何種機緣，促成老師對於散
　　　　文創作的興趣？在創作的過程中，是否有受到哪些先
　　　　行代散文名家的作品啟發？

石德華：在我求學的那個年代，考取中文系並不是依照自我意
　　　　願，而是依分數進行分發。從一個鄉村的孩子，獨自
　　　　負笈北上，在大學校園當中，的確「大開眼界」。而

▲石德華求學時期。

在中文系的眾多課程之中，我大一修習《史記》，在閱讀〈項羽本紀〉時，太史公文筆的運用與《史記》的精神，是我就讀高中時，從未接觸的面向。從司馬遷對項羽、伯夷、叔齊、伍子胥等人的描寫，我們可以看出，這是人生真實的寫照。

另外，林明德老師在我大一時，開設了「文學概論」這門課，引領我們閱讀鍾理和的〈原鄉人〉，則讓我第一次接觸了什麼叫做「台灣文學」，了解這位「倒在血泊中的筆耕者」。林老師開放式的教學，更讓我在往後的教學生涯中，產生了啟迪的作用。

基本上，我可以算是一個「晚熟型」的作家，在我就讀輔大中文系時，似乎沒有太大的動力，促使我進行寫作。但現在驀然回首，進行全面性的觀照時，把在中文系受到的濡染與啟蒙串接起來之後，也變成我創作的來源之一。至於機緣與名作，其實相當難以界定。或許，可以說是不斷的閱讀與創作，奠定了日後的基礎吧！

不過，讓我真正從事散文創作的觸媒，則是畢業十餘年後。我三十五歲時，父親罹患了早衰性「阿茲海默性」。當時，我教學之餘，與母親輪流照顧父親，在這段獨自一人面對強大打擊的日子裡，一次偶然的機會，我投稿《新生報副刊》，獲得刊登。後來，陸續在報刊發表後，適逢舉辦「梁實秋文學獎」，我鼓起勇氣投稿，竟得

▲石德華的獎牌。

了首獎。當我把喜訊告訴躺在病床上的父親時，他出於本能的點了點頭。但我相信，在父親的心中，他仍是感到喜悅的。只可惜，八月被告知獲獎，預計於十一月頒獎，但九月時，父親就溘然長逝了。因此，我作了決定，從此之後，只要是我所寫的文章，一律以「本名」發表，不另取「筆名」，也算是告慰父母親從小培養我練字、作文的庭訓吧！

李建德：老師任教近三十年，也曾發生過學生看到您的文章被刊登出來，因而在深夜撥電話向您詢問的趣事。請問老師您是如何在散文創作與教學的兩大領域上，如產生交集與互動？

石德華：這個問題牽涉到「教改」的功與過。十年教改千錯萬錯，但在一件事上，卻不能否定教改的功績，也就是，透過教改，國語文的教學，已逐漸回歸到「文學的本質」上。以往的聯考時代，對於國文課，一向只是填鴨式的「背多分」教法。教改之後，經過轉型期的「痛苦」，現在已成為學生「文學力」的培養。

　　有學生寫卡片告訴我：老師，是您教會我，該如何欣賞一篇文章的。也有數理資優生曾高興地告訴我，他從輕視國文，到錄取清大後，大一國文老師要他們分析〈阿Q正傳〉並撰寫報告，當時全班皆墨，唯有他能完善呈現。而其中的原因，正是高中階段，我在國文課採取的教法。

　　隨著國文教學「文學力培養」的宗旨定型，我的教法日漸受到肯定。因此，我在前幾年退休之後，多次到各級學校國文科研習會進行演講，幫助其他國文老師共同學習這些教學方法。相信，透過這些廣大教

師群的共同努力，國文教學的品質，日後絕對會加速提升。

李建德：在老師教學歷程中，包括正德商工、彰化高中、台中女中與宜寧中學，在這段時間的散文創作，老師多以校園題材、勵志導向進行觀照。而老師退休之後，要如何因應社會的現實面？

石德華：正如人的生命一般，人不只一面，散文寫作也是多面向的。退休之後，走出校園，我依然沒有停筆，只是不再書寫校園，而且閱讀可以更大量，更整體全面，比如全套一系列閱讀洪醒夫、龍瑛宗、楊逵，讓閱讀帶有研究精神，知性的收穫使心靈異常飽實，也讓我不輕易流露的深沉、真實的一面呈顯而出，那就是我的社會意識，對不公不義的強烈痛惡，對弱者的悲憫關懷，我想，創作題材自然就會跟著改變。其實，我本來就是外表比內心浪漫，感性掩住了務實面的一個人，比如我與書同名的得獎單篇的小說〈愛情角〉，一般人只看篇名，可能會是一部描寫男女情愛的小說，愛情，好像與我的外形比較符合，但是，這篇小說之中，卻蘊涵了我們台灣社會的最大問題──對立，它是政治書寫，我以愛情作為外在的包裝，寫出台灣多年來的社會對立問題。我以這篇小說，表達了我多年來的台灣觀點，很多事並不能簡單只以二分畫分，怎麼台灣族群一到選舉就失去理性，很長一段日子，身為「外省第二代」，我必須誠實的說，我常被膚淺刺傷。這篇小說，我的創作主旨簡單就是：意識型態使一切美事成憾。

李建德：在老師從事散文教學時，對於現今暫行課綱、九八課

綱，或者是部分民間團體提出的將國文課畫分為「中國、台灣、世界」三部分，有什麼看法？

石德華：是的。當課綱一直沒有一個明確的答案時，對於教育最前線的中學國文教師來說，是相當困擾的一件事。一般人多半著眼於我的散文，便將我歸入「現代文學」之流，殊不知我散文的基礎，是受到古典文學的涵泳與濡染。我認為，文言文可以說是最具邏輯性、最精確的語言。在唐宋八大家的文章當中，我們可以發現相當多的優點，值得加以學習。

此外，與其把國文區分為中國文學、台灣文學、世界文學，倒不如還原文學的本質。中學學生為了培養文學力，勢必廣泛接觸中國文學、台灣文學、世界文學，因此，應視為完整的個體，而不能加以強行畫分。

與其區分國文的範疇，相對來說，老師專業的能力則更為重要。一個具備專業能力的老師，便能面對多元文化、營造出活潑生動的教學環境。學生也就能自然而然地學習到更多的文學之美。

然而，這就反映出現今國文師資的最大盲點：對文學的涉獵仍嫌不足。唯有老師對文學能有正確的認知，方能引導學生樂於學習。

李建德：我們知道，現今有許多的火星文、次文化、e世代的網路用語。但是，對於一個愛好文學的初學者而言，老師可否提供一些寫作方面的「渡人金針」？

石德華：面對這種問題，我們可說是「山既不就我，那我便就山。」首先，我們要讓學生了解，師生之間並非對立的兩極。有時候，可以透過這種次文化的方式，與他們溝通，當學生把老師視為「自己人」之後，也就能

彰化學

事半功倍了。這就是以手段來達成目的的用法。

　　但應加以釐清的是，必須清楚讓學生認知，火星文、次文化，在電腦世界可以使用；在實際創作時，則必須使用正式場合的語言文字。因此，我在學生高一階段時，便使用循循善誘的溝通方式，讓他們充份理解。

李建德：老師曾提及，以外省第二代的身分融入台灣本土的生活之中，對於地方文學，如〈城中有座山〉、〈美食地圖──小西巷的氣味〉，或是〈肉圓絕不可吃兩碗〉，都寫出了彰化的在地特色。請問老師在從事這方面的寫作時，是如何入手的？有無什麼配套措施呢？

石德華：對於安身立命的所在，除了情感之外，我找不到第二種理由可以取代。我在彰化居住了三十多年（六歲定居，四十多歲遷居台中），其中，只有大學四年離開過，難道不算彰化人嗎？我父母的骨灰都安置在彰化，我算不算彰化人？除了自然而然的情感，我無法訴說我與彰化。就因自然所以深刻，不需造作的形式。生命與共，怎麼會不產生對土地的情感呢？在離鄉北上，到輔大中文系就讀時，曾因在西門町看到彰化客運而追著車子跑，與走下客運車的鹿港鄉親，以河洛話溝通：「阿伯、阿桑，恁鹿港來的嗎？我嘛是彰化囝仔耶！」當時，不真明白自己為什麼會這麼做？現在想來，那根本就是鄉愁。

　　此外，我在從事彰化在地書寫時，曾受到老作家李篤恭先生等人的協助，他帶著我到彰化的二二八「古蹟」，告訴我關於彰化的史事，我深度了解彰化，是李前輩的引領。很遺憾在1999年，由於我在推動

「情定陳稜路」老街甦醒活動時，受到外界極大的抹黑與污名化，讓我受創極深，當時已遷居台中二年。正好趁時「療傷」之後，不再從事彰化的書寫，轉眼將近十年，現在回想起來，令我後悔莫及。這十年間，彰化藝文界的耆老日漸凋零，考獻難，著實令人遺憾。如今事過境遷，我反倒感謝生命中有這一場磨練，每一樁挫折都像一門功課，使人一層深似一層明白人生與自己。因此，我非常鼓勵有志於從事在地書寫的新人。由於耆老會逐漸凋零，所以，動作要快。

李建德：除了散文、小說的純文學之外，老師受到藝文界耆老的提攜，也投入報導文學的範疇。請問您能否談談這方面的創作心路歷程？

石德華：只要文學的底子夠扎實，報導文學一定寫得好。因此，一定要回到文學的本質。其次，要做足功課、真心誠意面對受訪者。誠如崔百城，他當時以將近九秩高齡的佝僂老人，仍戮力於文學的創作。詹冰則在圖像詩之外，仍發願創作宇宙詩。令我不禁感歎，為什麼社會對於高齡的老作家不加以重視呢？從中，也讓我獲益良多。

李建德：請老師談談各階段的代表作品？

石德華：以〈開麥拉！春〉而言，當時充滿了創作的活力，即使在現在看來，我也認為這算是一篇不錯的經典之作。

其次，在〈愛情角〉中，我透過男女之間的愛情，反映了台灣社會意識型態問題。在文中，表面上被認為痛恨外來政權的「老車居先」許老車居，代表的其實是希望政治更加清明的「人格者」。而戀人之間，即便金童玉女也會因為彼此政治立場殊異而黯然

分手，以小見大，那父子、好友因政治而反目，在台灣也常見，以此類推，所有好的理念、政策，都會因不理性而分裂難諧。再者，我寫〈城中有座山〉時，則透過今昔之間的對比，表達出我與居住城市的深層聯結，你不夠愛一個人是因為你未曾參與他的年少，我不旦讓八卦山融入成為生活的一部分，也讓人看見八卦山的過往歷史，這真是一座光榮的有身世有故事的山，而這山就在我的城。我先前說過的，我如何能不愛這座城？「愛」究竟該怎樣定義？誰來定？我必須同於你嗎？你又憑什麼問我「愛不愛」？我自然而然書寫自己於此成長茁壯成家立業的城，這應該是一種文學的永恆價值。至於較不受重視的〈凝注的餘光〉，是我最愛的作品。

　　我以雙方面的筆法，寫出彰化在二二八事件時，三角公園附近發生的真實事件。我寫出年輕外省兵與本省銀樓老闆之間的衝突與不同的視角，這是經由我公婆口述得知的，故事相當精彩。這篇文章中，也寫了在我八歲時，父親收到祖父殉國所留下的遺物，當下長跪、遙祭、痛哭的印象。在這些場景中所反應出的小人物性格的側寫，希望透過今天的專訪之後，能夠讓社會大眾多注意這篇文章。

李建德：老師近年擔任不少校內、校際、地域性質的文學獎評審，請問老師對於這些文學獎及其作品的看法？

石德華：對於這些文學獎來說，我認為最大的特點是「評審態度嚴謹化」，這種現象，使參賽相對來說比較公平。然而，參賽作品表面上看來極多，但內容則流於二元化，有些是「半制式」的，讓評審一眼就可以看出哪

些是「制式」的、哪些是「命題」的、哪些才是具創
意的、有感而發的。我認為，唯有純文學的、創意十
足的、流暢度佳的、主題性足夠的，方能成為一件好
的作品。因此，我相當鼓勵年輕寫手，熱愛生活、相
信這世界除了功利競逐之外，必有一塊心靈的永恆定
靜之處，那裡只屬於真情、思考與性靈，它必定借助
於文字。自古無場外的舉人，僅管寫、常常寫、習慣
寫，當然有勇氣從事寫作，方能寫出優秀的作品。

　　我認為有些好作品，具端莊大方之相，有些則充
滿前衛實驗的精神，身為評審多年，我說，你先別管
如何得獎，你管保自己很想寫，很有得寫最重要，要
端莊或創新都不是問題？只要能打動人的心就行。

　　網路發達的時代，評審備受考驗的還有參賽文章
抄襲，剽竊，改造，拼貼的問題，文學有個要素叫自
律，文學人怎會有多餘心力從事投機變詐、營逐名聲
的虛妄事？返過來清明內照吧，寫作是一件無比安
靜、絕對孤獨的事。

李建德：老師幼年遷居彰化，又在彰化任教多年，更推動「老街
　　　　新生」運動。期間雖受某些因素影響，暫時淡出彰化文
　　　　壇。在這段時間內，彰師大林明德副校長於二〇〇七年
　　　　推動「啟動彰化學：彰化研究學術研討會」與「彰化文
　　　　學國際學術研討會」，從而產生了「彰化學」與「彰化
　　　　文學」。請問老師，以一個彰化在地人的角色，對於
　　　　「彰化文學」與「彰化學」的期許為何？

石德華：「淡出彰化文壇」言重了，書寫彰化的文字工作因此
　　　　中斷是真的，加上家住在台中，又從彰化高中退休，
　　　　我與彰化的距離就遠了，是林明德老師來到彰師大，

彰化學

讓我能重溫與彰化的牽繫，林老師理解我與彰化的情感，生命交疊，其實無可割裂。還有，吳晟、楊翠他們編彰化縣國民中小學台灣文學讀本，也沒漏過我的選文，我與彰化能有這樣的聯結，心中很溫熱，有一種沒辜負今生的感覺。

往年，我的書籍都透過非彰化系統的大地、圓神出版，當我得知林明德老師推動「彰化學叢書」時，我深刻認為，所有彰化人，都應感謝「不是彰化人的彰化人」——林明德老師。因此，當林老師告訴我，應該寫一本書，來記錄彰化、回饋彰化時，我便立刻答應了。也因為林老師的投入，才能使彰化學在蓬勃發展之下，亦保存著多一層的溫厚。

然而，我想問林老師的是，在林老師「發凡起例」，推動彰化學、彰化文學之後，有誰足以接替這麼重大的責任？誰又有這份能力呢？這是所有彰化的有識之士，都應共同思考的。

（石德華口述，李建德提問，李建德錄音、記錄）

能寫能教的作家

一、訪談緣由

　　離開中學階段，轉眼已經九年了。在我就讀國中時，仍是聯考時代，以國立編譯館的六冊教本授課。且相對於英文、數學、理化的功利學科而言，衛道中學並不重視國文課。因此，當時未能閱讀石德華老師的文章。後來，因緣際會下，進入技職體系的台中技術學院資管科，在這種充斥「形下之器」的學

▲石德華的素描。

科之中，更是不可能與石老師的著作產生交集。

　　作爲治學方法的一環，個人先對既有資料加以整理，包括國家圖書館的「當代文學史料影像系統」、「中華民國期刊論文索引」、各種網路書店所登錄石老師的著作。其次，再到國圖將這些資料妥善影印，並預先拜讀，做「預習」的工夫。並透過林明德老師的居中牽線，電洽石老師聯繫專訪相關事宜。

　　在通電話的過程中，石老師言談極爲優雅，可以聽出身爲中文人的風範。老師對於林明德老師這次的計畫相當支持，願意提供相關資料與文本，並允諾專訪的時間。

二、現身說法

　　十二月三日當天下午，我與林明德老師、專業攝影名家鄭先生、簡先生一起到了石老師位於台中市的寓所，受到石老師與師丈施先生的熱烈接待，並開始將近兩小時的專訪。

　　在專訪中，石老師對於她的散文創作歷程，作了極爲完整的表述。誠如她所說的這兩段話：

　　基本上，我可以算是一個「晚熟型」的作家，在我就讀輔大中文系時，似乎沒有太大的動力，促使我進行寫作。但現在驀然回首，進行全面性的觀照時，把在中文系受到的濡染與啓蒙串接起來之後，也變成我創作的來源之一。至於機緣與名作，其實相當難以界定。或許，可以說是：經由不斷的閱讀與創作，奠定了日後的基礎吧！

　　不過，讓我眞正從事散文創作的觸媒，則是畢業十餘年後。我三十五歲時，父親罹患了早衰性「阿茲海默性」。當時，我教學之餘，與母親輪流照顧父親，在這段獨自一人面

對強大打擊的日子裡，一次偶然的機會，我投稿《新生報副刊》，獲得刊登。後來，陸續在報刊發表後，適逢舉辦「梁實秋文學獎」，我鼓起勇氣投稿，竟得了首獎。當我把喜訊告訴躺在病床上的父親時，他出於本能的點了點頭。但我相信，在父親的心中，他仍是感到喜悅的。只可惜，八月被告知獲獎，預計於十一月頒獎，但九月時，父親就溘然長逝了。因此，我作了決定，從此之後，只要是我所寫的文章，一律以「本名」發表，不另取「筆名」，也算是告慰父母親從小培養我練字、作文的庭訓吧！

這兩段話，道出了石老師對於文學創作的渡人金針：唯有不斷地閱讀與創作，才是創作的最佳指引。

三、教學經驗

石老師也認爲，她在輔大中文系就讀時，受到林明德老師極大的啓發，從而成爲她日後從事教學的取法對象。她並提出一項重大的教育問題：

現今國文師資的最大盲點：對文學的涉獵仍嫌不足。唯有老師對文學能有正確的認知，方能引導學生樂於學習。

國文師資的最大盲點，即是對於文學的涉獵仍嫌不足。這句話，讓師範體系出身的我，著實嚇出一身冷汗。因爲，以儒道義理會通爲研究重心的我，雖然有時也從事古典散文、古典詩的創作，但對於現代文學的印象，仍然停留在國中時期的填鴨式教法，幾近「厭惡」地背徐志摩、余光中新詩的「注釋」與「賞析」，遑論有心力去閱讀世界名著了。

不過，石老師在訪談中，說了一段話，讓我印象深刻。石老師說：

　　我在現代散文的基礎，是受到古典文學的涵泳與濡染。我認爲，文言文可以說是最具邏輯性、最精確的語言。

　　當代散文名家，無一不是脫胎自古典文學的濡染。即使如鼓吹不用典的胡適，他的筆觸，也是來自於「舊學商量加邃密，新知涵養轉深沉」（戲引朱子〈鵝湖寺和陸子壽〉句）。有人意圖把現代文學與古典文學脫鉤，在面對這些強而有力的驗證時，就顯得不堪一擊了。

四、熱愛鄉土

　　其次，石老師又提及，她以一個外省第二代的身分，從事彰化的在地書寫，爲小西巷、彰化肉圓、八卦山、八堡圳、三角公園等彰化本身的地、事、物，留下文學的見證。石老師說：學術的殿堂過於崇高了，一般人會望之卻步；但是，透過文學的書寫，可以使大眾產生親切感，之間的距離，也就消弭於無形之中了。

　　然而，由於政治力的操弄，石老師受到外界的污名化，不復過問彰化文壇動態將近十年。但是，在訪談時，石老師提起曾經隨著李篤恭先生踏查過的明昌彩券行、三角公園、華陽市場等地時，其眉飛色舞、興高采烈的神情，便可發現，石德華老師對於彰化的熱愛，實是出自於一個居住於彰化三十多年的「在地彰化人」的眞情實感，並非矯揉造作者所能表達出來的。

五、創作品鑑

　　石老師在訪談中，更說明了她在散文創作時各時期的得意

之作，諸如〈開麥拉！春〉，是她首次獲獎的作品，其中流露出的創造力，令她相當滿意。其〈凝注的餘光〉，透過銀樓老闆、被槍殺的少年外省兵，與石老師父親遙祭祖父的場景，寫出大時代下的共同悲劇，不會因為族群殊異而不同。並透過男女之間的愛情為包裝，反映了台灣藍綠之間的意識型態問題，寫成了〈愛情角〉這篇政治小說。這讓我想起，太史公之父司馬談在其〈論六家要旨〉中，蘊藏了政論散文的用意。石老師曾說，她在大學中文系時，相當喜愛《史記》。不知是否有「先聖後聖，其揆一也」的旨趣呢？

此外，石老師也指出，唯有純文學的、創意十足的、流暢度佳的、主題性足夠的，方能成為一件好的作品。文學人口雖非大眾，但永遠不會消失。鼓勵青年寫手從事文學創作與在地書寫，保存珍貴的文化資產。

▲石德華的相關著作。

六、結語

　　雖然，石老師目前已離開彰化，並定居於台中市。但是，她對彰化文學、彰化學，仍然有著極大的期許。也期待著日後的彰化學與彰化文學能更加興盛。

　　綜觀本次的專訪，個人清楚體認到，在石德華老師的性格中，有著為家鄉彰化全心全意奉獻、投注心力的「湖南騾子」精神，也看到她身為教育家循循善誘的一面；更可發現，她的文學素養之中，有著傳統孔門儒教「溫柔敦厚」的典範，令我獲益良多。

（李建德　撰寫）

創作年表

年份	創作
1988年	散文：〈尋夢〉（《新生副刊》）。
1989年	合集：《開麥拉！春：第二屆梁實秋文學獎得獎作品集》（台北：中華日報）。
1990年	專欄：「心如藍天」（《中華日報·青春天地》）。 散文：〈讓我慢慢飛〉（《台灣月刊》第90期，頁26-27）。 散文：〈自在的理由〉（《台灣月刊》第91期，頁69-70）。
1991年	散文：〈歲月注〉（《台灣月刊》第99期，頁48-52）。 散文：〈春風正得意〉（《台灣月刊》第99期，頁65-67）。 專欄：「真情瀟灑」（《新生副刊》）。 其他：〈非關紀傳與編年〉（《台灣月刊》第103期，頁1）。 散文：〈年少的事，深深淺淺〉（《台灣月刊》第105期，頁9-12）。
1992年	小說：〈與子偕老〉獲台灣省政府新聞處「根」短篇小說徵文首獎。
1992年	合集：《藤蘿上的淚珠》（南投：台灣省政府新聞處）。
1993年 7月1日	散文：《校外有藍天》（台北：圓神）。
1993年	散文：〈月台〉（《台灣月刊》第127期，頁49-50）。
1994年	散文：《典藏青春與愛》（台北：圓神）。
1994年	專欄：「新人類·心思維」（《國語日報》）注：後改名為「跳動的青春」
1995年	散文：《靜靜的深海》（彰化：彰化縣政府文化局）。
1995年	散文：〈青春可如此，亦可不如此〉（《台灣月刊》第152期，頁22-24）。 專欄：「紅塵心願」（《新生副刊》）。
1996年	散文：《很溫柔的一些事》（台北：圓神）。
1996年	其他：〈深植一棵生活的樹，浪漫成蔭——吳府廉的國畫歷程〉（《台灣月刊》第164期，頁56-61）。
1997年	散文：〈我的思考會轉彎〉（《明道文藝》第259期，頁32-35）。 散文：〈情商與情殤〉（《明道文藝》第260期，頁23-25）。 散文：〈跨階〉（《明道文藝》第261期，頁56-57）。

年份	創作
1998年	散文：《青春捕手》（台北：圓神）。 散文：〈讀書就是穿涼鞋〉（《講義》第140期，頁66-67）。 散文：〈由多情到嫵媚〉（《彰化藝文》第1期，頁66-67）。 散文：〈站在風吹不到的地方〉（《明道文藝》第262期，頁42-43）。 散文：〈辣妹的青春祭〉（《明道文藝》第264期，頁52-55）。 散文：〈變臉〉（《明道文藝》第268期，頁63-69）。
1999年	散文：〈城中有座山〉（《彰化藝文》第1期，頁60-61）。 散文：〈伸張夢想的羽翼〉（《彰化藝文》第4期，頁44-47）。 散文：〈付出是今生最好的記憶〉（《明道文藝》第284期，頁38-43）。
2001年	散文：《愛情角》（台北：大地）。 散文：〈千古煙塵〉（《明道文藝》第309期，頁84-87）。 散文：〈座位〉（《中華副刊》，2001年12月15日）。 散文：〈援引〉（《中華副刊》，2001年11月28日）。
2002年	散文：《懂得》（台北：圓神）。 散文：〈不只是清涼口感〉（《幼獅文藝》第583期，頁84-86）。 散文：〈肉圓絕不可吃兩碗〉（《幼獅文藝》第585期，頁66-67）。
2003年	合著：《國文新概念題典》（台中：康熙文化）。 合著：《上課十五分鐘文學》（台北：萬卷樓）。 散文：《新好女孩新好男孩》（台北：楷達）。 散文：〈請在嗶一聲之後〉（《自由副刊》，2003年9月19日）。 散文：〈寫詩〉（《自由副刊》） 散文：〈純淨的魚肚白〉（《中華副刊》，2003年9月10日）。 散文：〈薰衣草不能太濕〉（《台中女中校務通訊》2003年5期）。 其他：〈始終就在人文裡——專訪東海大學校長王亢沛博士〉（《文訊》第211期，頁28-32）。

彰化學

年份	創作
2004年	合著：《語文高手(三)進階篇》（台北：大同資訊）。 散文：〈你好，昨日你好〉（《自由副刊》，2004年4月24日）。 散文：〈春日・特寫〉（《文訊》第223期，頁84）。 其他：〈崔百城文字是生命的唯一〉（《文訊》第220期，頁40-41）。 其他：〈詹冰——生活中有美有愛有詩〉（《文訊》第220期，頁65-66）。 其他：〈楊念慈——一涉文學豈能真正淡然〉（《文訊》第220期，頁68-69）。 其他：〈陳千武——文學等重於生命本質〉（《文訊》第220期，頁69-70）。 其他：〈美食地圖——小西巷的氣味〉（《文化視窗》第68期，頁40-45）。
2005年	散文：〈元氣〉（《自由副刊》，2005年12月7日）。 散文：〈帶著皮箱去流浪〉（《聯合副刊》，2005年）。
2006年	合著：《高分策略語文高手四》（台北：大同資訊）。 合著：《高分策略語文高手六》（台北：大同資訊）。 散文：〈化蝶・添霜〉（《台灣日報副刊》）。
2007年	合集：《遇見散文——名家精選40篇》（台北：龍騰文化）
2008年	散文：〈素香麵〉（《人間福報副刊》，2008年2月20日）。 散文：〈輕盈〉（《聯合副刊》，2008年5月）。 散文：〈滿川風雨看潮生〉（《映象光大》首刊，頁68-74）。 散文：〈月光蕃薯〉（《聯合副刊》，2008年12月6日）。
2009年	散文：《時光千噚：石德華散文集》（台中：晨星）。
2011年	小說：《青少年版西廂記》。

參考文獻

一、單篇期刊論文

・宋裕，〈理想為眉，現實為睫──介紹《上課十五分鐘文學・現代文學篇》〉，《國文天地》第216期（2003年5月），頁78-80。

・鄭喻如・〈寫人・抒懷・記旅──評《靜靜的深海》〉，《文訊》第119期（1995年9月），頁6-7。

二、傳記、專訪及其他

・石德華：〈讀書就是穿涼鞋〉，《中華日報》（1997年1月5日）。

・湯芝萱：〈石德華從閱讀看人生全貌〉，《中央日報》（1996年9月25日）。

作家大事紀

年份	事紀
1955年	十月二十七日：出生於苗栗縣通霄鎮，祖籍湖南省新寧縣。父親石屏先生（1926～1989），母親張雪琴女士（1930～2007）。
1958年	大弟石德忠出生。
1960年	二弟石德孝出生。
1961年	因父親擔任彰商教官，全家由台中市遷居彰化市。入彰化市民生國小就讀，再轉入南郭國小。
1967年	入彰化縣立初中就讀。（現改制為彰化縣立彰化藝術高中）
1970年	入省立彰化女中就讀。
1973年	入私立輔仁大學中國文學系就讀，在林明德教授「文學概論」課程，開始接觸「台灣文學」，受到極大的啟發。
1977年	與好友劉蕗娜合編輔大中文系四年乙班班刊《我耕集》。大學畢業，任教於彰化縣私立正德工商。
1979年	任教於省立彰化高中。與施純德先生結婚。
1981年	女兒養涵出生。
1988年	父親患「阿茲海默症」。第一篇散文〈尋夢〉，刊登於《新生副刊》。
1989年	散文〈綠原晞照〉，獲文藝節徵文入選；小說〈咖啡人生〉，獲省新聞處小說徵選佳作；散文〈開麥拉！春〉，獲第二屆「梁實秋文學獎」散文首獎。父親病逝於彰化基督教醫院，享年六十四歲。
1990年	小說〈羽翼輕輕的鳳凰〉，獲第三屆「中央日報文學獎」短篇小說第三名。第一個專欄「心如藍天」，刊於《中華日報·青春天地》。
1991年	散文〈歲月注〉，獲省新聞處散文徵文第三名。第二個專欄「真情瀟灑」，刊於《台灣新生報·副刊》。
1992年	小說〈與子偕老〉獲「省新聞處小說徵文」首獎。
1993年	出版勵志散文集《校外有藍天》。
1994年	出版勵志散文集《典藏青春與愛》。第三個專欄「新人類。心思維」刊登於《國語日報》。（注：該專欄後改名為「跳動的青春」）
1995年	第四個專欄「紅塵心願」刊於新生副刊。散文〈凝注的餘光〉，獲第八屆「梁實秋文學獎」散文第三名。
1996年	出版生活散文集《很溫柔的一些事》。論文〈從來江水流不盡——八堡圳人物誌〉，獲八十五年獎勵教育人員研究著作獎。

年份	事紀
1998年	出版勵志散文集《青春捕手》。擔任彰化縣文化局文化藝術諮詢委員。
1999年	於省立彰化高中任職滿20週年。並結合地方藝文界,推動「情定陳稜路」老街新生活動。
2000年	三月二十七日:小說〈愛情角〉,獲第二屆「台灣省文學獎」短篇小說首獎。
2001年	出版小說集《愛情角》。
2002年	出版生活散文集《懂得》。任教滿二十五年,自省立彰化高中退休。應邀到各校進行文學與教學之相關演講。
2003年	出版勵志散文集《新好女孩新好男孩》、《上課十五分鐘文學》、《國文新概念題典》。
2004年	任教於台中市私立宜寧中學。出版《語文高手(三)進階篇》。
2005年	三月十六日:於國立彰化師範大學國文學系視聽教室演講,講題為「散文的眼睛」,收入林明德總策劃:《親近台灣文學:作家現身》(台中:五南,2007年),頁103-116。八月三日:於國立彰化師範大學國文學系視聽教室演講,講題為「左文學右教學──在理想與現實之間」,收入林明德總策劃:《親近台灣文學:作家現身》(台中:五南,2007年),頁117-143。
2006年	出版《高分策略語文高手四》、《高分策略語文高手六》。六月十九日:於國立彰化師範大學國文學系視聽教室演講,講題為「天光雲影共徘徊──轉型中的中學國文教學」。
2007年	出版《遇見散文──名家精選四十篇》。母親逝世於彰化家中,享壽七十八歲。
2008年	任教於台中光大社區大學成人文學創作班,主編光大社區大學《映象光大》人文雜誌。
2009年	出版散文集《時光千噚》。
2011年	出版小說《青少年版西廂記》。

彰化學

國家圖書館出版品預行編目資料

親近彰化文學作家 / 林明德編.－－初版.－－台中市
　　：晨星，2011.2
　　面；公分.－－（彰化學叢書；32）

　　ISBN 978-986-177-479-4（平裝）

　　1.作家 2.臺灣傳記 3.文學評論 4.訪談 5.彰化縣

783.324　　　　　　　　　　　　　　　100001811

彰化學叢書
032

親近彰化文學作家

編著	林 明 德
主編	徐 惠 雅
排版	林 姿 秀
封面設計	許 紘 捷
總策畫	林 明 德 · 康 　 原
總策畫單位	彰 化 學 叢 書 編 輯 委 員 會

發行人　陳銘民
發行所　晨星出版有限公司
　　　　台中市407工業區30路1號
　　　　TEL：04-23595820　FAX：04-23597123
　　　　E-mail：morning@morningstar.com.tw
　　　　http：//www.morningstar.com.tw
　　　　行政院新聞局局版台業字第2500號
法律顧問　甘龍強律師
承製　知己圖書股份有限公司 TEL：（04）23581803
初版　西元2011年2月23日

總經銷　知己圖書股份有限公司
　　　　郵政劃撥：15060393
　　　　（台北公司）台北市106羅斯福路二段95號4F之3
　　　　TEL：（02）23672044　FAX：（02）23635741
　　　　（台中公司）台中市407工業區30路1號
　　　　TEL：（04）23595819　FAX：（04）23597123

定價 380 元
ISBN 978-986-177-479-4
Published by Morning Star Publishing Inc.
Printed in Taiwan
版權所有，翻譯必究
（缺頁或破損的書，請寄回更換）

◆ 讀 者 回 函 卡 ◆

以下資料或許太過繁瑣，但卻是我們了解您的唯一途徑
誠摯期待能與您在下一本書中相逢，讓我們一起從閱讀中尋找樂趣吧！

姓名：_____ 性別：□ 男 □ 女 生日： / /

教育程度：_____

職業：□ 學生 　　　□ 教師 　　　□ 內勤職員 　　□ 家庭主婦
　　　□ SOHO族 　　□ 企業主管 　□ 服務業 　　　□ 製造業
　　　□ 醫藥護理 　　□ 軍警 　　　□ 資訊業 　　　□ 銷售業務
　　　□ 其他 _____
E-mail：_____ 　　聯絡電話：_____

聯絡地址：□□□ _____

購買書名：親近彰化文學作家

・本書中最吸引您的是哪一篇文章或哪一段話呢？

・誘使您購買此書的原因？

□ 於 _____ 書店尋找新知時 □ 看 _____ 報時瞄到 □ 受海報或文案吸引

□ 翻閱 _____ 雜誌時 □ 親朋好友拍胸脯保證 □ _____ 電台DJ熱情推薦

□ 其他編輯萬萬想不到的過程： _____

・對於本書的評分？（請填代號：1. 很滿意 2. OK啦！ 3. 尚可 4. 需改進）

封面設計 _____ 版面編排 _____ 內容 _____ 文／譯筆 _____

・美好的事物、聲音或影像都很吸引人，但究竟是怎樣的書最能吸引您呢？

□ 價格殺紅眼的書 □ 內容符合需求 □ 贈品大碗又滿意 □ 我誓死效忠此作者

□ 晨星出版，必屬佳作！ □ 千里相逢，即是有緣 □ 其他原因，請務必告訴我們！

_____

・您與眾不同的閱讀品味，也請務必與我們分享：

□ 哲學 　　　□ 心理學 　　□ 宗教 　　　□ 自然生態 □ 流行趨勢 □ 醫療保健

□ 財經企管 □ 史地 　　　□ 傳記 　　　□ 文學 　　　□ 散文 　　　□ 原住民

□ 小說 　　　□ 親子叢書 □ 休閒旅遊 □ 其他 _____

以上問題想必耗去您不少心力，為免這份心血白費

請務必將此回函郵寄回本社，或傳真至（04）2359-7123，感謝！
若行有餘力，也請不吝賜教，好讓我們可以出版更多更好的書！

・其他意見：

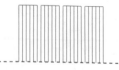
更方便的購書方式：

1 網站：http://www.morningstar.com.tw
2 郵政劃撥 帳號：15060393
　　　　　戶名：知己圖書股份有限公司
　　請於通信欄中註明欲購買之書名及數量
3 電話訂購：如為大量團購可直接撥客服專線洽詢

◎ 如需詳細書目可上網查詢或來電索取。
◎ 客服專線：04-23595819#230 傳真：04-23597123
◎ 客戶信箱：service@morningstar.com.tw

啟動彰化學・見證半線風華

彰化學027
鹿港丁家大宅
李昭容 著／定價：320元

不僅有丁家人物傳記，丁家人物傳記、歷史
史料與族譜，還有丁家大宅的建築格局，可
說是研究鹿港丁家最全面也最齊備的書籍。

彰化學028
畫家圖說彰化
——不破章、張煥彩與彰化作家
施並錫 編著／定價：350元

施並錫教授於書中摹繪台灣水彩畫的發展，有
極為翔實的敘述，並試圖透過畫家之眼建構
不破章熱愛之「光之鄉」彰化。

彰化學029
追尋心靈原鄉
——康原的鄉土書寫研究
章綺霞 著／定價：250

康原書寫彰化歷史與人文，透過歷史考據、
耆老訪談、田野調查，一步步建構出豐富的
彰化人文地圖。

彰化學030
鹿港工藝八大家
林明德、吳明德 編／定價：300元

本書共收錄鹿港工藝八大家，每一位工藝大
師的創作歷程，都在台灣藝術史上刻下了一
道道珍貴的印記。

彰化學031
陳再得的台灣歌仔
陳益源・陳必正・陳芳慶 編
／定價：300元

透過陳再得的歌仔，可看到全台地名由來與
芳苑鄰近的寺廟沿革等，這些正是深入探究
彰化地方傳說多元面貌的寶貴線索。

戶　　名：知己圖書股份有限公司
劃撥帳號：15060393
服務專線：04-23595819轉230
傳真專線：04-23597123
E - m a i l：serviec@morningstar.com.tw
如需詳細出版書目、訂書，歡迎洽詢
晨星出版：http://star.morningstar.com.tw
晨星網路書店：http://morningstar.com.tw

往昔，
有一府二鹿三艋舺的符碼；
今天，
人文彰化見證半線風華。

彰化文學概括古典與現代文學作家，歷經清領時期、治時期、戰後到現代，大概有一〇〇人之譜。

而本書選列近代較具知名度的文學作家，包括賴和、亨泰、錦連、曹開、施文炳、吳晟、林武憲、康原、蕭、愚溪、宋澤萊、李昂與石德華等十三人，文類涵漢詩、新詩、散文、小說、兒童文學與報導文學。

每位作家的書寫次序，由小傳、訪談、印象、創作紀、研究資料，以至作家生平，循序漸進，知感並重配合圖像，以跡近作家的內心世界。

http://www.morningstar.com.tw

晨星出版　　　定價 380元

ISBN 978-986-177-479-4

晨星事業群
Morning Star Group

9 789861 774794　00380